古典文獻研究輯刊

二九編

潘美月・杜潔祥 主編

第18冊

劉毓崧文集校證（第一冊）

陳開林 著

國家圖書館出版品預行編目資料

劉毓崧文集校證（第一冊）／陳開林 著 — 初版 — 新北市：
花木蘭文化事業有限公司，2019〔民 108〕
目 8+156 面；19×26 公分
（古典文獻研究輯刊 二九編；第 18 冊）
ISBN 978-986-485-957-3（精裝）
1. 劉毓崧 2. 學術思想 3. 文學評論
011.08   108012006

ISBN-978-986-485-957-3

9 789864 859573

古典文獻研究輯刊
二九編　第十八冊　　　　　　ISBN：978-986-485-957-3

劉毓崧文集校證（第一冊）

作　　者	陳開林
主　　編	潘美月　杜潔祥
總 編 輯	杜潔祥
副總編輯	楊嘉樂
編　　輯	許郁翎、王筑、張雅淋　美術編輯　陳逸婷
出　　版	花木蘭文化事業有限公司
發 行 人	高小娟
聯絡地址	235 新北市中和區中安街七二號十三樓
	電話：02-2923-1455／傳真：02-2923-1452
網　　址	http://www.huamulan.tw　信箱 hml810518@gmail.com
印　　刷	普羅文化出版廣告事業
初　　版	2019 年 9 月
全書字數	792803 字
定　　價	二九編 29 冊（精裝）　新台幣 58,000 元　　版權所有・請勿翻印

劉毓崧文集校證（第一冊）

陳開林 著

作者簡介

陳開林（1985～），湖北麻城人。2009 年畢業於重慶工商大學商務策劃管理學院，獲管理學學士學位（市場營銷專業商務策劃管理方向）。2012 年畢業於湖北大學文學院，獲文學碩士學位（中國古代文學先秦方向）。2015 年畢業於華中師範大學文學院，獲文學博士學位（中國古代文學元明清方向）。現為鹽城師範學院文學院講師。主要研究宋元明清文學、近代文學、中國古典文獻學、經學。出版專著《〈全元文〉補正》，並在《圖書館雜誌》《文獻》《中國典籍與文化》《古典文獻研究》《圖書館理論與實踐》《中國詩學》等刊物發表論文 90 餘篇。

提　　要

　　儀徵劉氏（劉文淇、劉毓崧、劉壽曾、劉師培）四世傳經，馳譽藝林。劉毓崧的文集內容豐贍，極富學術價值，有整理、考釋之必要。基於此，本書選擇劉毓崧文集作為考察對象，以期為學界提供一個較為完備的文本。內容主要包括兩個方面：一、以求恕齋《通義堂文集》十六卷為底本，施以現代標點。二、對劉毓崧文集加以疏證。疏證有別於傳統的箋注，重在文字音讀、版本異同、文字釋義等，而是側重於作品繫年、為何人代筆、引書考索、相關人事觀點的補充說明等，以便為相關研究提供較為集中的材料。

目次

〔註1〕　「代」，正文作「儀徵縣志稿」。

前　言

　　清代是中國學術的集大成時期，一直備受學界矚目。關於乾嘉學人的研究，更是清代學術研究的重中之重。雖然學界已經做了大量的研究工作，成果豐碩，但還存在一些較爲突出的問題。就研究對象而言，目前的研究主要聚焦於知名學者。就如同梁啓超、錢穆同名著作《中國近三年學術史》那樣，所論述的「只是清代少數著名學者的『特寫鏡頭』」、「只描繪了十幾株或幾十株清代學術史上的『參天大樹』」（戴建業《別忘了祖傳秘方 ——讀張舜徽〈清人文集別錄〉〈清人筆記條辨〉》）。而一些相對隱晦的學者，則較少被關注，甚至沒有被關注。而這一被忽略的群體中，不乏學術精湛，成就卓著之人。他們的學術不應該被湮沒，亟待重視和開發。

　　即如儀徵劉氏，先後誕生了劉文淇、劉毓崧、劉壽曾、劉師培等著名經師，形成了四世傳經的美談，馳譽藝林。這樣一個經學世家理應受到學界的重視。但觀覽學界的現有研究成果，相關研究根本談不上豐富，甚至有些貧乏。其中，由於劉師培在近代政治、學術中的特殊角色，情況稍微有所不同。而對劉文淇、劉毓崧、劉壽曾的關注，總體而言，則較爲冷落。比如劉毓崧，除了張舜徽《清代揚州學記》、劉建臻《清代揚州學派經學研究》、郭院林《清代儀徵劉氏左傳家學研究》等專著中，由於探究儀徵劉氏的經學，因而對其經學有籠統的概述，但不過是作爲乃父劉文淇的附庸，所言極爲簡略，未能展開論述。此外，直接相關的研究專著沒有，論文也寥寥無幾，僅見兩篇：王興國《編校金陵本〈船山遺書〉的功臣劉毓崧、張文虎》（《衡陽師範學院學報》2018 年第 2 期）、黃耀堃《劉毓崧〈唐元和寫本說文木部箋異跋〉表微》（《傳統中國研究集刊》2013 年第十一輯）。這一研究現狀，和一個有著較大

經學成就的經生和經學家族的雙重身份是不相符合的。這個局面需要得以改善。

一、劉毓崧的生平

劉毓崧，字伯山，一字松崖。嘉慶二十三年（1818）生，同治六年（1867）卒，年五十。江蘇儀徵人。劉文淇（1789～1854）之子。其子劉壽曾撰有《先考行狀》。少承庭訓，質性英敏，頗受時人讚譽。然科場不順，茲節錄其科考一節如下：

> 道光丙申府試，太守劉鑒泉先生，以先考「時藝有根柢」，取列第一。丁酉，受知於仁和龔季思尚書，取入縣學。戊戌，以經解受知於壽陽祁相國，拔置第一，歲試一等二名，補廩膳生。庚子科試，歷程毛伯雨少宰試經解，又列第一，拔取優貢生。先是祁相國於歲試後，面諭學官，舉報優行。先祖寓書，命先考力辭，不獲。至科試時，相國內轉，少宰代之，猶加歎賞，遂膺是選。人僉謂「兩世經明行修，名副其實」。辛丑朝考，以事未赴。前後十赴鄉闈，自己未科報罷後，遂絕意近取。咸豐己卯，客遊袁浦，河帥楊至堂先生，擬為納粟補官，宛謝之。同治乙丑，前署廣東巡撫郭芸仙中丞，保舉人才，以先考「覃思博覽，崇尚樸學，宜置之八旗官學，責以講課」，疏入報聞。先考於中丞，無一日之雅，蒙登薦牘，自以分不克當，辛未上書陳謝。〔註1〕

程晚《劉先生家傳》亦稱「前後十赴鄉闈，多以三長實對見遺。而先生不改故操，己未後遂絕意進取。」〔註2〕其科場經歷及心態和其父頗為相似。後遂絕意仕途，專意於學。先後入杜文瀾、曾國荃、郭沛霖等幕，為其編書、校書、課子，正如張舜徽所言：「終其身以編書、校書餬口於外。」此外，另著有《春秋左氏傳大義》、《周易舊疏考正》、《尚書舊疏考正》、《毛詩舊疏考正》、《禮記舊疏考正》、《經傳通義》、《史乘通義》、《諸子通義》、《彭城獻徵錄》、《王船山年譜》、《通義堂詩文集》、《通義堂詩集》、《通義堂筆記》等。

〔註1〕 劉壽曾著，林子雄點校，楊晉龍校訂：《劉壽曾集》，中央研究院文哲研究所籌備處 2001 年版，第 106 頁。

〔註2〕 繆荃孫纂錄《續碑集傳》卷 74，周駿富編輯《清代傳記叢刊》第 119 冊，臺北明文書局 1985 年版，第 305 頁。

二、劉毓崧的貢獻

　　首先是編書校書之功。張舜徽《清人文集別錄》稱劉毓崧「自少從父文淇客遊四方，助之校書。居曾國藩、國荃幕中最久。任事金陵書局，校勘《王船山遺書》，用力尤勤。又嘗爲杜文瀾纂輯《古謠諺》一百卷，於是徒歌野語，始有總集，裨益於藝林爲大。（下略）然毓崧一生精力，瘁於校書」。此其犖犖大者。

　　關於《王船山遺書》，《通義堂文集》卷八《王氏船山叢書校勘記自序》稱：

> 　　衡陽王氏船山叢書，其目錄可考者七十五種，稿本訪得者六十
> 一種。湘鄉爵相及介弟爵帥捐俸授梓，自癸亥冬至丙寅夏，刻成五
> 十三種。此四年中，延致諸同人或校稿本，或校寫本，或校刻本。
> 毓崧亦在局中，專司覆校稿本。

　　可知在《王船山遺書》編刻過程中，稿本、寫本、刻本的校勘各有分工，而劉毓崧專門負責覆校稿本。曾國藩在成書後曾撰有一序，稱：

> 　　道光十九年，先生裔孫世全始刊刻百五十卷。新化鄧顯鶴湘皋
> 實主其事。湘潭歐陽兆熊曉晴贊成之。咸豐四年，寇犯湘潭，板毀
> 於火。同治初元，吾弟國荃乃謀重刻，而增益百七十二卷，仍以歐
> 陽君董其役。南匯張文虎嘯山、儀徵劉毓崧伯山等，分任校讎。庀
> 局於安慶，蕆事於金陵。先生之書，於是粗備。〔註3〕

　　曾國藩特舉張文虎、劉毓崧二人，則二人之功績可想而知。

　　除了張舜徽所提及的《王船山遺書》、《古謠諺》之外，劉毓崧還參與了其他一些典籍的校勘和編纂。《通義堂文集》卷五《校刻〈漢書〉凡例》、《舊唐書逸文序》、《舊唐書逸文自序》，卷八《輿地紀勝序》、《輿地紀勝跋》、《輿地紀勝續跋》、《輿地紀勝校勘記序》、《輿地紀勝補闕序》等文可證。

　　其次，研經證史之貢獻。劉壽曾稱：

> 　　生平涉學至博，旁通諸經史百家之書，不尚墨守，惟是之求。
> 一事一義，必洞悉古今異同之故，析及精微。凡所寓目，略能闇誦，
> 廣座中聞先考談論，或私取原書核之，皆無有誤。〔註4〕

〔註3〕曾國藩著，唐浩明編《曾國藩全集》第 14 冊，嶽麓書社 2011 年版，第 210 頁。
〔註4〕劉壽曾著，林子雄點校，楊晉龍校訂：《劉壽曾集》，中央研究院文哲研究所籌備處 2001 年版，第 107 頁。

　　檢其《通義堂文集》十六卷，博涉四部，多爲考據之文。其中，證經之文，曾別爲一書，名《通義堂集》，二卷，有光緒十六年思賢講舍刻本。從這些考證文章的題目可以看到，劉毓崧研究的話題範圍很廣，除了尋常的文史之外，還涵蓋了金石學、中藥學、版本學、命理學等。其中《法家出於理官說》（上下篇）、《墨家出於清廟之官說》（上中下篇）、《從橫家出於行人之官說》（上中下篇），已經不再是就一個具體問題展開自己的討論，提出自己的解決方案，而是上升到了「辨章學術，考鏡源流」的層面，具有極高的學術史價值。這是一般考據家難以企及的。

　　特別值得一提的是，儀徵劉氏治《左傳》一事。劉文淇《春秋左傳舊注疏證》一書未竟其業，有鑒於此，劉毓崧才有了「思竟其業」的想法。劉壽曾曾稱：

　　　　先祖湛深經術，尤致力於《左氏春秋》，所著《左傳疏證》一書，長編已具，先考思竟其業，謂：「《左氏》是非不謬於聖人，學術最正。」因歷採秦、漢以來發明《左氏》一家要誼者，咸甄錄之，擬編爲《春秋左氏傳大義》。又以先祖所著《左傳舊疏考正》，凡孔沖遠襲取劉光伯《述議》文，悉加辨正，《自序》謂：「群經中六朝舊疏，半乾沒於唐人之手。」將次第考正，稍還舊觀。以簀力《左氏》，有志未逴。〔註5〕

　　然而，天不假年，隨著劉毓崧的早逝，此事亦未能卒業，以致其子劉壽曾再爲賡續〔註6〕。正如張舜徽先生所言：「如此規爲浩大，自非一人之力所易成。加以文淇遊幕四方，助人編書校書，終年兀兀，更無暇治此繁難之大經。條章雖立，而篇簡多至。其子若孫，繼志述事，三世爲之，而猶未克畢

〔註5〕劉壽曾著，林子雄點校，楊晉龍校訂：《劉壽曾集》，中央研究院文哲研究所籌備處2001年版，第107～108頁。

〔註6〕孫詒讓《劉恭甫墓表》：「嘉慶之學，爲義疏之學者，又有劉先生孟瞻，治《春秋左氏傳》，謂：鄭、賈、服三君古義久爲杜氏所晦蝕，孔《疏》不能辨也。乃鉤稽三君佚注，精校詳釋，依孫氏《尚書疏例》，爲《左氏疏證》。凡杜、孔排擊者，糾正之；乾沒者，表著之。草創四十年，《長編》衰然，《疏證》則寫定一卷，而先生遽卒。其子伯山先生繼其業，亦未究而卒。伯山先生長子恭甫知縣，紹明家學，志尚閎遠，年三世之學，未有成書，創立程限，銳志研纂。屬稿至襄公四年，而恭甫又卒。千秋大業，虧於一簣，斯尤學人所爲參歎而不釋者已。」（劉壽曾著，林子雄點校，楊晉龍校訂《劉壽曾集》，中央研究院文哲研究所籌備處2001年版，第6～7頁。）

其功，論者惜之。」〔註7〕雖然《春秋左傳舊注疏證》未能最終完書，但儀徵劉氏治《左傳》已顯揚海內。

另外，劉毓崧還有保存文獻的貢獻。薛壽《學詁齋文集》卷下《續方言疏證書後》，稱：

> 江都沈君與九，勤學士也。與同里黃君聖臺、任君漢卿、田君季華、劉君伯山友善，時以學問相切劘。生平輒力小學，於金壇《說文注》不釋手者且數年矣。癸卯，省試返里，得咳嗽之疾，亦用心勞瘁所致。甲辰四月，竟至不起。所著《說文重文考》未成，其寫定者《續方言疏證》六卷。當易簀時，弱妻在室，遺腹未生。漢卿以通家故，往詢此稿，攜存伯山處，冀免失落，或可待刻。〔註8〕

《續方言疏證》有清光緒十二年李氏刻《木犀軒叢書》本，無序，僅書末有劉岳雲《跋》，稱：

> 右《續方言疏證》，沈與九先生所撰也。先生名齡，江都監生，為道、咸間宿儒。遭亂，稿本為通州一宵人所得，輾轉歸儀徵劉氏，即書中所稱劉先生毓崧家也。〔註9〕

關於《續方言疏證》的歸藏，薛壽、劉岳雲二人所載不同。漢卿乃任雲倬之表字。李祖望《鍥不捨齋文集》卷四有《任漢卿傳略》〔註10〕（又載《碑集傳補》卷四十一），稱：

> 君任氏，諱雲臺，改名雲倬，字漢卿。父授廷先生，隱居桃鄉，潛榮晦耀，世咸推盛德。長者娶黃氏，繼娶陶氏，子五人。君居季，陶氏出也。幼不好弄，喜讀書，初從凌曉樓先生遊。先生往粵，遂問經古於劉孟瞻、梅蘊生兩先生。學益進，尤邃於《易》。爾昌案：漢卿著有《周易諸卦合象考》一卷、《周易互體卦變考》一卷，南陵徐氏刊入許齋

〔註7〕張舜徽：《清人文集別錄》卷十四，華中師範大學出版社2004年版，第366頁。

〔註8〕薛壽《學詁齋文集》，《清代詩文集彙編》第649冊，上海古籍出版社2010年版，第505頁。

〔註9〕沈齡《續方言疏證》，《續修四庫全書》第193冊，上海古籍出版社1996年版，第83頁。

〔註10〕任雲倬著《周易互體卦變考》一卷。《續修四庫全書總目提要·經部》有柯紹忞所作提要（中華書局1993年版，第126頁），未提及其生平。今人所編《續修四庫全書總目提要·經部》也有郭彧所作提要（上海古籍出版社2015年版，第72頁），稱：「任雲倬，生卒年不詳，據是書署名，知其字漢卿，江都（今屬江蘇揚州）人。」均未參考李祖望之傳。

從書中。工楷法草書，宗安吳包世臣。甫冠，朱虹舫學使拔取經古第
一，補江都學弟子員。勤於探討典籍，與江都薛介伯壽、儀徵黃愼
臺春熙、劉伯山毓崧、上元黃菊人宗彥及余交最深，以學問相砥礪。
每帀月，各出所藝，集學詁齋相質難，數年成十餘卷，君作多載焉。
君尤重節義，家故貧，遇人有急難，走相救，唯恐弗逮。每歲春秋，
先師廟上丁釋榮，君必預日齋戒，詣禮所，率同學修祝嘏，陳祭典。
及期，釁器用幣，羅列俎豆、尊罍。大昕，鼓篋，升降以節。一日
夢得一識，告余曰：朝在秦，暮在楚，世人日日酣歌舞。謂聲義過
激，揚城繁薈，恐有變不測。咸豐三年，粵氛不靖，將圍城，以太
夫人不欲出，遂舉家陷城內。常忤賊，食日乏，妻茅氏病不起，以
甓伏其屍，題云：某某之妻死此。又云：妻有四得，凍得，餓得，
忍得，耐得。又題七絕云：不是凡人不是仙，相攜稚子入清泉。下
二句闕。蓋因母罵賊投井死，遂與二子投井中。僕王順、李福亦繼
死於井。嗟乎！士人不得志於時，閉戶著書，課徒自給。雖悅親有
道，已足傷矣。況夫與賊爲伍，目睹高堂危難，赴義不屈，更烏肯
偷生視息，食道跖之粟，易伯夷之清哉？君之五弟，僅一子名世，
祥嗣爲後，以君忠厚傳家，力學不倦，敦行立義。天之報施，雖不
於其身，必於其子孫，吾將於君卜之爾。〔註11〕

另外，《同治續纂揚州府志》卷二十四《雜志》有傳，稱：

江都諸生任雲倬，字漢卿。城陷，與子金詔投井死。題絕命詩
於壁，云：「儒冠儒服本超然，不是凡人不是仙。家與綠楊城並破，
好攜稚子酌清泉。」自注云：「不攜稚子赴井，恐分老母之食，母必
餓死，萬萬不能保全矣。」〔註12〕

據李祖望所云，任雲倬乃一勤學、「重節義」之人；據方志所載，任雲倬
重節重孝。其人有情有義，絕非劉岳雲所謂的「宵人」。據此，則《續方言疏
證》一書的遞藏，絕非如同薛壽所說的那樣簡單，稿本由任雲倬攜存劉毓崧
處，而是被「宵人所得，輾轉歸儀徵劉氏」。「輾轉」一語，可以窺見劉毓崧

〔註11〕 李祖望《鍥不捨齋文集》卷四，《清代詩文集彙編》第 637 冊，上海古籍出版
社 2010 年版，第 56～57 頁。
〔註12〕 阿克當阿修，姚文田、江藩等纂《中國地方志集成·江蘇府縣志輯》42，江
蘇古籍出版社 1991 年版，第 988 頁。

在收藏稿本的過程中應該付出了大量的努力。至於內中的細節，由於書缺有間，已難以知曉。

三、《通義堂文集》的學術價值

《通義堂文集》內容豐富，具有茲條舉數例，加以說明。掛一漏萬，在所難免。

首先，劉毓崧文集中對於史料的考訂，也釐清了一些歷史疑團，具有較高的學術價值。令人遺憾的是，這些精心考訂的結論，並沒有得到有效的利用。

比如《唐摭言》的作者王定保，由於史料記載不詳，其生平難以知曉，待發之覆不少。即就王定保的生卒年而言，今人多言之不詳。如姜漢椿《唐摭言校注·前言》稱：

> 王定保，生平事蹟可知者寥寥。現將能見到的有關記載摘錄如下：
>
> 宋陳振孫《直齋書錄解題》卷十一云：「（《唐摭言》）唐王定保撰，專記進士科名事。定保光化三年（900 年）進士，爲吳融子華壻。喪亂後入湖南，棄其妻弗顧，士論不齒。」
>
> 《十國春秋》卷六十三〔註13〕《王定保傳》云：「王定保，南昌人。舉唐光化三年進士第。南遊湖湘，不爲馬氏所禮。已而爲唐邕管巡官，遭亂不得還，烈宗招禮之，辟爲幕屬。及高祖欲稱帝，憚定保不從，先遣定保出使荊南。……〔註14〕大有初，官寧遠軍節度使。十三年冬，代趙損爲中書侍郎、同平章事，不逾年卒。定保善文辭，高祖常作南宮，極土木之盛，定保獻《南宮七奇賦》以美之，一時稱爲絕倫。所著《摭言》十五卷。定保妻吳氏，唐侍郎子華女也。〔註15〕」

〔註13〕 王定保傳見《十國春秋》卷六十二，非六十三。

〔註14〕 省略文字，《十國春秋》原作「及即位，而定保回，知其心未善也，預使倪曙迎勞之，且告以建國事。定保曰：『建國當有制度，吾入南門，軍額猶在，其不見笑於四方乎？』高祖笑曰：『朕備定保久矣，而不思此，宜其識也』」。（吳任臣《十國春秋》，中華書局 1983 年版，第 892 頁。）

〔註15〕 此下《十國春秋》原有「定保既無北歸意，吳遂縗服終身，誓不改適」。（吳任臣《十國春秋》，中華書局 1983 年版，第 892 頁。）

《四庫全書總目提要》云：《唐摭言》十五卷，五代王定保撰。舊本不題其里貫。其序稱王溥爲「從翁」，則溥之族也。陳振孫《書錄解題》謂定保爲吳融之婿，光化三年進士，喪亂後入湖南。《五代史‧南漢世家》稱定保爲邕管巡官，遭亂，不得還，劉隱辟置幕府，至劉龑僭號之時尚在，其所終則不得而詳矣。考定保登第之歲，距朱溫篡唐僅六年。又序中稱溥爲丞相，則是書成於周世宗顯德元年以後，故題唐國號，不復作内詞。然定保生於咸通庚寅（870），至是年八十五矣。〔註16〕

從上述各書記載中，可知王定保生平之大概。王定保生於「咸通庚寅」（《唐摭言》卷三《散序》），自無問題，但關於他的卒年，按《十國春秋》載，當卒於南漢大有十三或十四年（940 或 941），則爲七十餘歲；而《四庫全書總目提要》卻以爲定保卒於後周顯德元年（954）以後，當爲八十五歲，兩説不知孰是，暫且存疑。〔註17〕

《通義堂文集》卷十二有《唐摭言跋》上中下三篇。上篇考撰《唐摭言》之人，乃「琅邪之王定保，非太原之王定保」。中篇考「定保生於懿宗咸通十一年，當其時，已寄居南昌」，光化二年進士，「始爲巨昭巡官，秩滿後避亂不還，客遊廣州，遂與同時士人並爲隱辟置幕府，待以賓禮」。《唐摭言》成書於梁貞明二年九月以後，三年七月以前。下篇則針對「論者多謂定保爲浮華之士，《摭言》爲瑣細之書」展開討論，「夷考定保之立身，細繹《摭言》之用意，參稽唐末之士習人情，覺《摭言》固有資於法戒之書，定保亦有補於風教之士，未可指其瑣細，目以浮華也」。特別是《直齋書錄解題》所載「喪

〔註16〕 此下《四庫全書總目》卷一百四十「小説家類一」原有「是書蓋其暮年所作也。同時南唐鄉貢士何晦亦有《唐摭言》十五卷，與定保書同名。今晦書未見，而定保書刻於商氏《稗海》者刪削大半，殊失其眞。此本爲松江宋賓王所錄，末有跋語，稱以汪士鈜本校正，較《稗海》所載特爲完備。近日揚州新刻，即從此本錄出。惟晁公武《讀書志》稱是書分六十三門，而此本實一百有三門，數目差舛，不應至是，豈商濬之前已先有刪本耶？是書述有唐一代貢舉之制特詳，多史志所未及。其一切雜事，亦足以覘名場之風氣，驗士習之淳澆，法戒兼陳，可爲永鑒，不似他家雜錄但記異聞已也。據定保自述，蓋聞之陸宸、吳融、李渥、顏蕘、王溥、王渙、盧延讓、楊贊圖、崔籍若等所談云」。

〔註17〕 王定保撰，姜漢椿校注《唐摭言校注》，上海社會科學院出版社 2003 年版，第 1～2 頁。

亂後入湖南，棄其妻弗顧」一事，劉毓崧認爲「定保於久歿之婦翁，尚不忍於悊置，而謂於生存之伉儷竟甘忍於棄捐，此豈事理所當然而人情所宜有哉？」對這些無稽之談進行了有力的駁斥。

再如《四庫全書總目》卷一「易類一」著錄《周易集解》十七卷，稱：

> 唐李鼎祚撰。鼎祚《唐書》無傳，始末未詳。惟據《序》末結銜，知其官爲秘書省著作郎。據袁桷《清容居士集》載「資州有鼎祚讀書臺」知爲資州人耳。朱睦㮮《序》稱爲秘閣學士，不知何據也。其時代亦不可考。《舊唐書·經籍志》稱錄「開元盛時四部諸書」而不載是編，知爲天寶以後人矣。

關於李鼎祚之生平，《四庫全書總目》所言甚爲簡略。其後著述涉及李鼎祚，言及其生平時，基本不出《四庫全書總目》之考證。《通義堂文集》卷一《周易集解跋下篇》專考李鼎祚之事蹟和官階，稱：

> 新、舊《唐書》皆無李鼎祚傳。據《集解》標題，知其爲資州人，而蜀中志乘亦罕見其名氏。今以《自序》及《元和志》、《寰宇記》、《輿地紀勝》，參之《通志》、《能改齋漫錄》等書，其事蹟、官階尚可考見大略。

> 蓋鼎祚係資州磐石縣人，磐石即資州治所。州東有四明山，鼎祚兄弟讀書於山上，後人名其地爲讀書臺。明皇幸蜀時，鼎祚進《平胡論》，後召守左拾遺。肅宗乾元元年，奏以山川闊遠，請割瀘、普、渝、合、資、榮等六州界置昌州。二年春，從其議興建。凡經營相度，皆躬與其勞。是時，仍官左拾遺。嘗充内供奉。曾輯梁元帝及陳樂產、唐呂才之書，以推演六壬五行，成《連珠明鏡式經》十卷，又名《連珠集》。上之於朝，其事亦在乾元間。代宗登極後，獻《周易集解》，其時爲秘書省著作郎。仕至殿中侍御史。以唐時官品階秩考之，左拾遺係從八品上階，秘書省著作郎係從五品上階，殿中侍御史係從七品上階。由左拾遺而爲著作郎，固屬超遷；由著作郎而爲殿中侍御史，亦非左降。蓋官職之要劇閒散，隨時轉移。著作郎在武德時，秉修史之筆，貞觀後史事改歸史館。著作所司者，止於碑誌、祭文、祝文。是其始雖非閒曹，而其後竟成散秩也。殿中侍御史彈舉違失，號爲副端。未升秩之前，已稱「接武夔龍，簉羽鵷鷺」。是其始本爲劇職，而其後更屬要津也。故高祖受禪之初，即謂

「秘書清而不要，御史清而復要」。自是以後，輕重益分，故員外郎係從六品上階，侍御史係從六品下階，補闕係從七品上階，其秩視著作郎較卑。著作佐郎係從六品上階，其秩比侍御史較尊。然當日由著作郎改補闕，則以爲遷；由著作佐郎改侍御史，亦以爲遷。由員外郎改著作郎，則不以爲遷；由侍御史改著作郎，亦不以爲遷。實因輕重繫乎職任，不繫乎階資也。況乎唐時官著作郎者，本有兼侍御史之例。殿中侍御史，與侍御史遷轉之班次相同。意者鼎祚亦以著作郎而兼殿中侍御史歟？是故綜覈其生平出處，方未仕之日，即獻策以討安祿山，後此召拜拾遺，當必因其所言有驗。觀於請建昌州之奏，若早慮及寇賊憑陵，故其州曾爲兵火所焚，而節度使崔寧又奏請復置，以鎮壓夷獠。則鼎祚之優於經濟，而好進謨猷，即此可以概見。其改官御史，建白必大有可觀，惜乎奏議之不傳耳。迨身歿以後，資州人士爲立四賢堂，繪其像以祀之，尤足徵其德望素隆，爲鄉邦推重，在唐代儒林之內不愧爲第一流人。非獨《集解》之書，有功於《易》學已也。乃國史既不爲立傳，方志亦不詳述其人，凡此紀載之疏，安可以曲爲解免也哉？

文章稱「以《自序》及《元和志》、《寰宇記》、《輿地紀勝》，參之《通志》、《能改齋漫錄》等書」，實際還有《舊唐書》、《新唐書》、《唐六典》、《唐會要》諸書，鉤稽索隱，所得爲多。

至於《周易集解》一書之卷數，歷來著錄多有異說，《四庫全書總目》特「詳爲考正」，稱：

> 其書《新唐書・藝文志》作十七卷，晁公武《讀書志》曰：「今所有止十卷而始末皆全，無所亡失。」豈後人並之耶？《經義考》引李燾之言，則曰：「鼎祚《自序》止云十卷，無亡失也。」朱睦㮮《序》作於嘉靖丁巳，亦云《自序》稱十卷，與燾說同。今所行毛晉汲古閣本乃作一十七卷，《序》中亦稱王氏《略例》附於卷末，凡成一十八卷。與諸家所說截然不同，殊滋疑竇。今考《序》中稱「至如卦爻象象，理涉重玄，經注《文言》，書之不盡，別撰《索隱》，錯綜根萌，音義兩存，詳之明矣」云云，則《集解》本十卷，附《略例》一卷爲十一卷，尚別有《索隱》六卷，共成十七卷。《唐志》所載蓋並《索隱》、《略例》數之，實非舛誤。至宋而《索隱》散佚，

刊本又削去《略例》，僅存《集解》十卷，故與《唐志》不符。至毛
氏刊本，始析十卷爲十七卷，以合《唐志》之文。又改《序》中一
十卷爲一十八卷，以合附錄《略例》一卷之數，故又與朱睦㰗《序》
不符。蓋自宋以來，均未究《序》中「別撰《索隱》」一語，故疑者
誤疑，改者誤改。即辨其本止十卷者，亦不能解《唐志》稱十七卷
之故，致愈說愈詭耳。今詳爲考正，以祛將來之疑。

　　對此，《周易集解跋上篇》亦有辯證。文章首先通過避諱，得出「其書成
於代宗之朝」，解決了「李氏《周易集解·自序》未言成書年月」的缺陷；接
著就是考辨其書的卷數，稱：

　　　　至於此書之卷數，諸家目錄各有不同。《新唐書·藝文志》載李
鼎祚《集注周易》十七卷，《集注》即《集解》之異文。如其所言，
則此書原有十七卷也。北宋以後，通行之本皆係十卷，或謂其逸去
七篇，或謂其首尾俱全，初無亡失。《中興書目》既言十卷，又言十
七篇，尤令閱者無所適從。今按：《自序》云：「至如卦爻象象，理
涉重玄；經注文言，書之不盡。別撰《索隱》，錯綜根萌，音義兩存，
詳之明矣。」據此則李氏之釋《周易》，更有《索隱》一書，詳列音
義異同，兼以發揮爻象錯綜之理。雖其書久逸，卷數未見明文，然
以諸家目錄參互考之，竊疑《集解》止有十卷，而《索隱》別有七
卷，諸書稱十七卷者，係總計《集解》、《索隱》而言。故《自序》
又云：「其王氏《略例》得失相參，『采葑采菲，無以下體』，仍附經
末，式廣未聞。凡成一十八卷。」蓋除《略例》一卷爲王弼所編，
與李氏無關，其餘十七卷，則自《集解》十卷以外，《索隱》當有七
卷。是《索隱》與《集解》本相輔而行，此十七卷之目錄所由來也。
特以紀載簡略，止標《集解》，而遺《索隱》。於是《索隱》遂沈晦
而不彰。加以刊刻流傳，止有《集解》而無《索隱》，於是《索隱》
遂湮沒而莫考。此所以但知有十卷之本，不知有十七卷之本，甚至
有改《自序》中之卷數，以遷就調停，而昔人舊目相沿轉疑爲無據，
其誤甚矣。雅雨堂所刻《集解》，強析十卷爲十七卷，欲以復其舊觀，
所謂「楚則失之，齊亦未爲得也」。要之，《索隱》原附於《集解》，
而《集解》未及致詳者，實恃《索隱》以爲補苴。《自序》所謂「錯
綜根萌」，當必有裨於微言大義。惜乎《集解》存而《索隱》逸，無

以覘李氏《易》學之全。惟《索隱》之名，僅見於《集解‧自序》，
而讀者亦鮮知考究，豈非習焉不察之故歟！

《四庫全書總目》認爲「《集解》本十卷，附《略例》一卷爲十一卷，尚
別有《索隱》六卷，共成十七卷」，劉毓崧則認爲「蓋除《略例》一卷爲王弼
所編，與李氏無關，其餘十七卷，則自《集解》十卷以外，《索隱》當有七卷」。
關於《索隱》一書的卷數，二書存有爭議。

其次，文集中有些文章能夠補充現有典籍的不足。比如《通義堂文集》
卷五《海州文獻錄序》，對「文獻錄」這一類著述進行了總結，認爲：

> 有但述文者，若鄭虎臣《吳都文粹》是也；有但述獻者，若盛
> 楓《嘉禾獻徵錄》是也；有名雖言獻而實則僅載文者，若李時漸《三
> 臺文獻錄》是也；有名雖言文而實則止紀獻者，若黃潤玉《四明文
> 獻錄》是也；有所重在文而以獻爲別帙者，若鄭岳《莆陽文獻列傳》
> 是也；有所重在獻而以文爲附記者，若李濂《祥符文獻志》是也；
> 有分述文獻而判爲二冊者，若王崇炳《金華文略》、《金華徵獻略》
> 是也；有合舉文獻而勒爲一書者，若程敏政《新安文獻志》是也。

並對《海州文獻錄》一書的編撰和成就進行了說明。《海州文獻錄》，今
有清道光二十五年（1845）刻本，然卷首僅有麟慶敘。

又如卷十四《康瑞伯詩話序》，稱：

> 泰州康瑞伯廣文，敦行力學，尤深於詩。所著《伯山詩話》，分
> 爲四集。《前集》綜論古人之詩，尚未刊行。《後集》、《續集》、《再
> 續集》皆論今人之詩，業已授梓。

張寅彭主編《清詩話三編》第 8 冊（上海古籍出版社 2014 年版）僅收錄
《伯山詩話後集》、《伯山詩話續集》；《泰州文獻》第 4 輯收錄《伯山詩話後
集》、《伯山詩話續集》、《伯山詩話再續集》、《伯山詩話三續集》、《伯山詩話
四續集》。謝國楨爲《伯山全集》四十四卷撰提要，詩話部分也只有《伯山詩
話後集》四卷、《伯山詩話續集》二卷、《伯山詩話再續集》二卷、《伯山詩話
三續集》二卷、《伯山詩話四續集》二卷〔註18〕。但據劉毓崧之序，可知康瑞
伯尚有《伯山詩話前集》，今未見。

〔註18〕吳格等整理《續修四庫全書總目提要》（叢書部），北京圖書館出版社 2010 年
版，第 689 頁。

　　再次，文集還有輯佚價值。卷三《嫁殤非未婚守志辨》一文中，注文曾引沈氏欽韓《幼學堂文稿》、劉文淇《青溪舊屋文集・王肅生卒考》。《幼學堂文稿》八卷，未載《邵貞女贊序》；《青溪舊屋文集》十卷，未載《王肅生卒考》。二文係佚文。據此，可補今本之闕。雖然劉毓崧所引乃節錄，但彌足珍貴。

　　此外，文集中的代筆之作，取以和所代之人的定本進行比勘，可以發現文字改動的情況；碑誌傳文，可以瞭解當時一些人的生平大略；序跋題記可以管窺劉毓崧的學術見解和交遊情況；等等。閱讀其文集即可感知，此處不再贅述。

凡　例

一、劉毓崧文集原名《通義堂文集》，今改題爲《劉毓崧文集》。

二、劉毓崧文集的版本情況，李靈年、楊忠《清人別集總目》所言頗詳，詳
　　見本書附錄。本書以求恕齋《通義堂文集》十六卷爲底本進行整理。

三、書中避諱字改回本字，並出校說明。

四、腳註所引文字，如文中有小字注文，今改與正文同字號，加〔〕以示區
　　分。

汪士鐸敍

　　唐虞之盛，工皆世官，用高曾之榘矱而兌垂，遂以名千秋。一技且然，況於儒術？我朝乾、嘉以來，挈經饋史，方聞之彥必推江南惠、戴，以六書倡導後進，海內向風，殯前夐陋闇汶之無謂也。雲集枹應，嘉定、高郵、金壇咸樹旗鼓，築壁壘以相雄傑。阮太傅探精掇華，輯爲一書，曰《經籍籑詁》，鬱鬱彬彬，蔑以加矣。顧吾思之，昔祭酒十有四冊，非公乘何以上聞？越至於今，紅豆三世濟美〔註1〕，少詹〔註2〕、文簡〔註3〕，子弟景行，又如艮庭

〔註1〕葉德輝《觀古堂詩錄》有《惠耕漁茂才屬題先德四世傳經圖像冊。圖繪樸庵先生有聲、密雲大令元龍先生周惕、翰林學士仲孺先生士奇、徵君定宇先生棟四世像，爲作七古一首》（張晶萍點校《葉德輝詩文集》，嶽麓書社2010年版，第586～587頁），云：

聖清開國尚經術，天挺儒林兩遺逸。崑山亭林吳樸庵，身隱名彰如日出。亭林撫子學傳甥，樸庵傳子經益明。父子孫曾歷四世，大師一席誰與爭。至今人稱惠氏學，世無朱雲敢折角。傳家一卷魯春秋，詩禮趨庭異聞續。密雲大令如崑崙，上承星宿探河源。學士如河潤千里，徵君如川赴海門。鯉生鱟年奉庭訓，遺書列架搜吳郡。中有紅豆屋書，手勘九經識門徑。壯年通籍宦京曹，於時漢學幟正高。鄭盦尚書〔吳縣潘文勤〕主先進，後生奔走多賢豪。田居有心復邦族，楹書世守勤披讀。家藏學士畫一幀，仲孺印記鈐邊幅。〔余藏學士畫一幅，乃仿雲林筆，其印記爲「仲孺」篆文二字。竊疑先生名「士奇」，則字應作「仲孺」，庶合古人名字相應之例。其「仲孺」二字，「刀」旁下「刀」傍，即於上「刀」下作「二」畫。此亦秦漢人刻印「大夫」二字，大即疊「二」畫於「大」下之類似，非深於繆篆之學者，不知如此篆法。畫上題隸書一段，論倪畫尤精。〕更有徵君手寫書，易義辯證九經餘。〔余藏徵君手書《周易本義辯證》，稿之前半《九經古義》，每經手書三葉，上黏紅簽，書「呈政」二字，不知呈於何人。其本爲墨格抄本，格闌外有《紅豆齋藏書抄本》七字。〕想見當時著書樂，字畫端楷紙格疏。自遭國變藏屋壁，茫茫四顧無所適。晚歸吳下識文孫，獨抱斯圖語來歷。方今海內猶亂離，比之秦火禍更奇。六經掃地斯文

〔註4〕，賴有鐵君〔註5〕，非灼驗耶？

余同年儀徵劉君伯山沉潛敏銳，同人望而卻步。上承瞻年丈之庭詁，下腼諸郎恭甫四子之義方，蓋惠氏、王氏之續也。伯山歸道山，恭甫惜不中壽，余歎青溪老屋弦誦或輟矣。豈意良甫昆季竟克較刊君《通義堂交集》壽世哉？召陵之表章南閣，千載一軌也。伯山爲學，務在推類通達，問一得三。其曼衍灝瀚，若渤海上潮，雲霞煥爛，魚龍百族，出沒變化，觀者神眩目迷，莫能辨方，旁引沛、潔、淮、河、江、沔，驪檣四達，非徒窮一水之源委而已也。余不知良甫諸君將如《纂詁》之無吐棄耶？將如近賢之有通檢撮要辨疑雜識之有決擇也？是非善繼述者不能矣。嗚呼！察蹞远之跡，而知形依。齊楚方言，伊緩異詞，而辨聲茲已難矣。迺復由本義而引申之，旁通叚借之，遂極五音之繁會，彩色之黹繡焉。作者述者讀者之相待，其思名氏於舊德，而盛世乃多孝友之儒也。時光緒十一年八月江寧汪士鐸撰〔註6〕。

喪，太宰祀孔將信疑。披圖再拜重太息，搢紳韋布皆耆德。瞽宗釋奠一姓稀，況有流風振鄉國。傳聞老屋作祠堂，紅豆飄零故國香。行人只問經師宅，不記虞山拂水莊。〔常熟錢謙益拂水莊亦有紅豆一株，錢自作《紅豆詞》，一時和者甚眾。〕

陳黃中《東莊遺集》卷三《惠定宇墓誌銘》（《清代詩文集彙編》第301冊，第516頁），載：

曾祖有聲，始以經學教授，與同里徐枋以節義相尚。祖周惕。父士奇，仍世入詞館，有大名，世所謂老少紅豆先生者也。（下略）然君晚歲，遇雖益寒，名益高，四方士大夫過吳門者，咸以不識君爲恥，人亦以小紅豆稱之。其所以紹門風者，蓋不以爵而以德也。

〔註2〕錢大昕（1728～1804），字曉徵，又字及之，號辛楣，晚年自署竹汀居士。江蘇嘉定人（今屬上海）。傳見《清史稿·儒林二》、《清史列傳·儒林傳下一》、王昶《春融堂集》卷五十五《詹事府少詹事錢君墓誌銘》、王引之《王文簡公文集》卷四《詹事府少詹事錢先生神道碑銘》。

〔註3〕王引之（1766～1834），字伯申，諡文簡。江蘇高郵人。傳見《清史稿·儒林二》、湯金釗《寸心知室存稿》卷六《誥授光祿大夫經筵講官工部尚書加二級諡文簡伯申王公墓誌銘》、龔自珍《定盦全集》續集卷四《工部尚書高郵王文簡公墓表銘》。

〔註4〕江聲（1721～1799），字鱷濤，改字叔澐，號艮庭，學者稱艮庭先生。江蘇元和（今蘇州）人。係惠棟弟子，創立艮庭學派。傳見《清史稿·儒林二》、《清史列傳·儒林傳下一》、孫星衍《平津館文稿》卷下《江聲傳》。

〔註5〕江藩《國朝漢學師承記》卷二《江艮庭先生》：「孫沅，字鐵君，優貢生。世傳其學。」

〔註6〕汪士鐸《汪梅村先生集》十二卷《文外集》一卷，有清光緒七年刻本（《清代詩文集彙編》第612冊），未收此序。

李詳序

　　吾郡學術之正，盛於乾隆中葉，先有任、顧、賈、汪、王、劉之學，後即有焦、阮、鍾、李、江、黃之學，再後則有凌、劉之學。劉氏之學，出於凌氏，而益修其業，演迤三世，遂爲吾揚學術之大殿，其前於劉氏者，得之而愈彰焉。劉自孟瞻先生《青溪舊屋集》出，精蘊內斂，若弓之受檠，田之有畔，謹守師法者宗之。至伯山先生，每立一說，務在推闡其義，寧繁不殺，如赴五都之肆，繽賄雲集，而已以大胥市尉，爲之辨別良楛，使邪贏居奇者，不得蚩衒。故乍觀其詞，一若秦近君之說《堯典》〔註1〕，其實則自立一幹，雖枝葉扶疏，垂陰蔽畝，叩其條而振之，無不阿那隨風。此學術之富，舉其膏馥，足以沾漑數十百輩。在伯山先生稍前，則有黟人俞氏正燮，學頗相似。俞氏氾濫於道釋，先生取證於典籍，其自爲一例，櫽括舊說，別疏所出，見於子注。較之俞氏繁稱博引致累正文不同。蓋猶是高郵王氏之學，特廣大其門庭衢術，無異恉也。先生《通義堂集》，凡數十萬言，其門子恭甫君，爲刻數卷，前列原書之目，中論《漢書‧藝文志》，某家出於某官，意必恢奇可喜。昔交文孫張侯、申叔，皆許借鈔，未果。張侯橫隕，申叔浪跡。會海內俶擾，郡城數警，謙甫、誠甫兩君，抱遺書而遁，此集幸未失墜。謙甫君館於南林劉翰怡京卿所，京卿請其稿而刻之。至是海內宗仰先生學術者，不致有俄空缺如之歎。衰陋如余，求之二十年，一旦得誦其說，豈非厚幸耶？俞氏《癸

〔註1〕劉勰《文心雕龍‧論說第十八》（黃霖編著《文心雕龍匯評》，上海古籍 2005年版，第 68 頁）云：「近君之說《堯典》十餘萬字，朱普之解《尚書》三十萬言。」桓譚《新論‧正經》（朱謙之校輯《新輯本桓譚新論》，中華書局 2009年版，第 38 頁）：「秦近君能說《堯典》，篇目兩字之說，至十餘萬言，但說『日若稽古』，三萬言。」

巳類稿》、《存稿》兩種，王菽原、張石洲以師友之誼，爲之謀刻，不足爲異。京卿與先生素無淵源，復當舉世不悅學術之時，獨愛此司空城旦書，求名山之藏，而傳之其人，匪先生之幸，實天下後世之幸也。先生往館秀水杜氏，蘄水郭氏、湘鄉曾氏，皆力能傳其集，而不獲。當館杜時，爲纂《古謠諺》，月脩數金，饔飧不繼。頃觀集中，代杜撰序例，從容自適，略無愁窘之狀，於是知先生爲人謀忠，而於處己雖困彌享，可以想見。今京卿之誼，既高於杜、郭及兩曾氏，復使謙甫、誠甫兩君垂暮之年，得睹先生遺集盡播於世，其感頌宜何如！余以重念吾郡學術之衰，竊喜先生全集告成，有如古人喜心致極，翻致嗚咽，又不禁破涕爲笑也。庚申仲夏興化後學李詳〔註2〕。

〔註2〕此序見《學制齋文鈔》卷一（李詳《李審言文集》，江蘇古籍出版社 1989 年版，第 892～893 頁），又刊《亞洲學術雜誌》1922 年第 1 期（第 5～6 頁），均無文末一句。

劉承幹序

　　我朝經學之盛，陵越前載，尤莫勝於乾隆一朝。傳經家則以江左之爲淵藪，群經小學皆有纂述。若惠氏士奇、張氏惠言之於《易》，孫氏星衍、江氏聲之於《書》，陳氏奐之於《詩》，凌氏廷堪之於《禮》，段氏玉裁之於《說文》，王氏引之之於《廣雅》，其精誼通識，直躋東西京。六代而下，莫能望其項背也。群經猶有不及治者，嘉、道諸老復賡續之。《春秋三傳》，號爲紛岐，尤難董理，於是句容陳卓人立治《公羊》，丹徒柳賓叔興宗治《穀梁》，而儀徵劉文琪孟瞻治《左氏》。《左氏》奧博，出《公》、《穀》右。又丁赭寇之亂，孟瞻先生不獲卒業，以傳伯山先生毓崧，再傳恭甫先生壽曾。恭甫先生弟謙甫、誠甫兩丈，與本生家君爲戊子同歲生。予生也晚，於劉氏三先生不獲奉手。而謙甫丈左予校勘群籍者數年，敦篤樸誠，不邇雕俗畸說。晨夕與共，乃得習聞伯山先生之學。蓋上承孟瞻，下開恭甫，歸然爲江淮大師。予益鄉往之。一日，謙甫丈出《通義堂文集》十六卷相示，則伯山先生所著也。予紬繹再四，略窺其藩。說經之文得泰半，其雜文亦博雅淹貫，抗希作者，每樹一義，必求其通，每申一解，必究其緒，不爲不根之辭，亦不鄉壁虛造，與近世說經家守誤文孤證、穿鑿傅會之習。其論辯近龔定庵，而無其偏宕；其攷正近俞理初，而無其曼衍；其校勘近顧千里，而無其專斷。蓋闇然粹然，一代通儒也。即以文論，自桐城派興，往往貌爲高簡，若吐若茹，不敢盡其辭，序書則宗旨不晰，序人則義行不詳，讀者嘗惝兮怳兮而無豁然貫通之一候。先生之文，氣疏窮其端委，懼讀者之有所疑罔也，則精辨堅斷以歸諸眞，若桐城派之若吐若茹，則先生所不屑矣。抑予更有顯焉，劉氏三世治《左氏》而未卒業，謙甫丈其益續述先緒，俾告厥成。先生有知，或亦默爲心許也邪？

序既竟，而復以《左氏》敦謙甫丈，丈當亦願參筆削之微旨邪？歲在庚申仲
冬之月，吳興劉承幹〔註1〕。

〔註 1〕《求恕齋日記》第六冊《庚申日記》，十二月朔日「宴劉謙甫丈」（國家圖書館
出版社 2016 年版，第 333 頁），初三日「劉謙甫返揚」（第 334 頁）。十一月（仲
冬之月）未見載錄劉謙甫。

卷　一

《周易》履霜履讀爲禮解上

　　《周易・坤》初六爻辭云：「履霜，堅冰至。」《釋文》引鄭康成《注》云：「履讀爲禮。」案：《序卦傳》云：「履者，禮也。」《禮記・祭義》云：「禮者，履此者也。」《爾雅・釋言》云：「履，禮也。」蓋「禮」與「履」二字，音既相近，《禮記・中庸》云：「仁者，人也。義者，宜也。」皆以疊韻爲訓。「禮」與「履」疊韻，與彼正同。而又皆有行義，故可以彼此互訓，《白虎通・禮樂篇》云：「禮者，人當履而行之。」《左氏・昭二十五年傳》，《疏》引鄭康成《禮序》云：「禮者，履也。踐而行之曰禮。」皆其明證。亦可以彼此假借。《詩・商頌・長發》云：「率履不越。」毛《傳》云：「履，禮也。」《漢書・宣帝紀》及《蕭望之傳》所引俱作「率禮不越」，《韓詩外傳》及《說苑》所引亦同。此爻之「履」字，鄭君必讀爲「禮」者，蓋以「禮」是正字，「履」乃假借字。二字訓雖可通，而各有本義，故必更其字也。段氏玉裁《周禮漢讀考・敘例》云：「讀如主於說音，讀爲主於更字說義。」案：段氏辨「讀如」、「讀爲」之異，最爲確當。鄭不云「履讀如禮」，而必云「履讀爲禮」者，蓋以此爻「履」字當以「禮」字本義釋之，方與《易》義相合故也。《說文》「禮」字下云：「履也，段氏《注》云：「履，足所依。引申之，凡所依皆曰履。此假借之法也。」屨，履也。禮，履也。履同而義不同。所以事神致福也。從示，從豊。豊亦聲。」段氏《注》云：「『禮有五經，莫重於祭。』故禮字從示豊者，行禮之器。」「履」字下云：「足所依也，從尸，服履者也。從彳夂從舟，象履形。」段氏《注》云：「引申之訓踐，如『君子所履』是也。又引申之訓禮，《序卦傳》、《《詩・長發》傳》是也。」據此，則「禮」字之本義爲「事神致福」，「履」字之本義爲「足所服履」。至於「履」之訓「踐行」，「禮」之訓「踐行」，皆

引申之義也。《詩‧魏風‧葛屨》及《小雅‧大東》並云「糾糾葛屨，可以履霜」，毛公《魏風‧傳》云：「葛屨非所以履霜。」彼《詩》之「履」字是正字，其義本取於「踐行」。《禮記‧祭義》云：「霜露既降，君子履之。」彼履字亦謂踐行，與《詩》之履霜同義。此爻之「履」字，乃假借字，其義非取於「踐行」。二者迥不相同，乃注《易》者多誤釋以「踐行」之義。《集解》載荀爽《文言‧注》云：「履霜堅冰，乾氣加之。」干寶此爻《注》云：「言陰氣動矣，則必至於履霜。」九家《文言‧注》云：「履，乾命令而成堅冰也。」諸家未知「履」爲假借字，遂望文生義而失其本指。若《正義》申王弼《注》，竟以「履踐」釋之，則更誤矣。而《坤卦》實無「踐行」之象，其說與《易》義不合。九家《繫下》第九章《注》、李鼎祚《未濟》九四象《注》，並云「震爲行」，虞翻《注》中言「震爲行」及「震，行者」尤多。遍考唐以前諸家《易》注，從無言《坤》有行象者。惠氏棟《周易述》云：「爻例初爲足，足所以踐，故初爲履。」張氏惠言《虞氏義》云：「震爲足，故稱履霜。」案此卦上下皆坤，而二家以震象釋之，未免紆曲。

惟鄭君知《易》之「履霜」與《詩》之「履霜」，其義不容相混，故其箋《詩》既依「履」字釋之，《魏風‧箋》云：「魏俗至多猶謂葛屨可以履霜。」《小雅‧箋》云：「乃夏之葛屨，今以履霜。」而其注《易》則必讀爲「禮」者，蓋深明乎《周易》取象之方，故其說確不可易，非後儒以臆見揣測者所可及也。案：《虞氏逸象》云「坤爲禮」，《繫上》第八章《注》。又云「坤爲事」，《坤》六三爻《注》。又云坤爲致，《困》象《注》。《坤》與《乾》旁通，陸績《乾‧文言‧注》云：「乾，六爻發揮變動，旁通於坤。」《虞氏逸象》云「乾爲神」，《說卦》第十一章《注》。又云「乾爲神福」，《謙‧象傳‧注》。蓋坤體柔順，《雜卦傳》云「坤柔」，《說卦傳》云「坤，順也」。故有禮象。《坤》初六與《乾》初九旁通，乾爲神而坤事之，乾爲福而坤致之。與《說文》訓「禮」爲「事神致福」其義正同。況「禮」字從示從豐，豐亦聲。《說文》「示」字下云：「天垂象所以示人也。示，神事也。」「豐」字下云：「行禮之器也。」是「禮」字本諧聲而兼會意之字。《虞氏逸象》云「坤爲器」，《觀‧象傳》。《繫下傳》云：「夫乾確然示人易矣，夫坤隤然示人簡矣」，是易之取象與會意之旨尤相符合。蓋倉頡之造字，與庖犧之畫卦，本相表裏，而許叔重與虞仲翔又皆傳《孟氏易》，故《說文》與《逸象》可互證也。荀氏《文言注》云：「霜者，乾之命令。」《九家象傳注》云：「霜者，乾之命也。」《說卦傳》紀乾之象云：「爲寒爲冰。」《虞氏逸象》云：「乾爲堅剛」，《遯》六二爻《注》。又云「坤爲至」。是霜爲乾象而禮爲坤象，與堅冰爲乾象而至爲坤象，同一乾坤旁通之理。荀氏《文言注》云：「坤下有伏乾。」《九家象傳注》云：「此卦

本乾。」蓋陰陽相錯，其道本如是也。《月令》云：「季秋之月，霜始降」，又云：「孟冬之月，水始冰。」案：《剝》爲九月之卦，《乾鑿度》云：「故剝之爲行剝也，當九月之時。」《坤》爲十月之卦。《詩・小雅・采薇》云：「歲亦陽止。」鄭《箋》云：「十月爲陽，時坤用事。」霜者，九月之候。冰者，十月之候。《剝》之上九變爲上六，則成《坤》卦。故先言「禮霜」，後言「堅冰至」者，即由《剝》而成《坤》之象也。然則鄭君之讀「履」爲「禮」，固洞徹乎消息往來之例，而非獨聲音訓詁之精矣。

　　夫「禮」訓爲事神，霜降於九月，則此爻之言禮霜，必謂祭霜神於霜降之時。然不言祭霜而言禮霜者，蓋「禮」字乃古人祭祀之通稱。《周禮・大宗伯》云：「以玉作六幣，以禮天地四方。鄭《注》云：「禮，謂始告神，時薦於神坐。」以蒼璧禮天，以黃琮禮地，以青圭禮東方，以赤璋禮南方，以白琥禮西方，以元璜禮北方。」《儀禮・覲禮》云：「出拜日於東門之外，反祀方明。鄭《注》云：「此謂會同以春者也。」禮日於南門外，禮月與四瀆於北門外，禮山川邱陵於西門外。」鄭《注》云：「此謂會同以夏冬秋者也。變拜言禮者，容祀也。」賈《疏》云：「言拜無祀，言祀兼拜。」據此，則以玉薦神及拜神祀神者，皆謂之禮神。可知《周易》之禮霜，與《周禮》之禮天地四方，《儀禮》之禮日月四瀆、禮山川邱陵，文義正同，則其解當亦不異。蓋祭天地四方之神既謂之禮，祭日月四瀆山川邱陵之神復謂之禮，則祭霜神而亦謂之禮，固其宜耳。

《周易》履霜履讀爲禮解下

　　《大戴禮・天圓篇》載曾子之言，曰「陰氣勝則凝爲霜雪」。案：《淮南子・天文訓》亦有此語，蓋即本於曾子。《象傳》云「陰始凝也」，即釋禮霜之意，與曾子之言正同。董子《春秋繁露・煖燠孰多篇》云：「天之成功也，少陰與，而太陰不與。故霜加物而雪加於空。」《北堂書鈔》引蔡邕《月令章句》云：「陰陽各有少、太。少陰爲秋，太陰爲冬也。」與董子說同。案：曾子言霜雪爲陰氣者，渾言之也。董子言雪爲太陰、霜爲少陰者，析言之也。霜既爲少陰之氣，則主霜者必是少陰之神。《淮南子・天文訓》云：「至秋三月，青女出以降霜。」據《初學記》卷二所引。如此，今本「霜」字下有「雪」字非也。霜降於秋爲少陰，雪降於冬爲太陰。季秋之月有霜無雪。高《注》云：「主霜雪者」，蓋增字以足句。後人不知古人屬文之例，遂於《淮南子》本文內亦增一「雪」字，其誤甚矣。高誘《注》云：「天神，青皇女。」據錢氏塘《天文訓補注》本。他本「青皇女」作「青霄玉女」，非也。青皇蓋即青帝，所謂「周家感生，帝靈威仰」也。

夫青女爲青皇之女，《禮記·大傳》云：「王者禘其祖之所自出」，鄭《注》云：「《孝經》曰『郊祀后稷以配天，配靈威仰也。』」后稷既爲青帝之子，則霜神亦得爲青帝之女矣。《漢書·禮樂志》載《郊祀歌》，云：「后土富媼。」張晏《注》云：「坤爲母，故稱媼。」后土既稱富媼，則霜神亦得稱青女矣。正少陰之象。《說卦傳》云：「兌三索而得女，故謂之少女。」崔憬《繫上》第九章《注》云：「兌爲少陰，是少女即少陰也。」《說卦傳》云：「兌，正秋也。」《淮南子》作於西漢時，去古未遠，而《天文訓》一篇尤多三代以前古法，其說必非無本。

然則《周易》所謂禮霜，蓋謂禮青女之神於霜降之月也。《左氏》昭元年《傳》云：「日月星辰之神，則雪霜風雨之不時，於是乎禜之。」《禮記·祭法》云：「幽宗，祭星也。」鄭《注》云：「宗皆當爲禜字之誤也。幽宗，星壇也。」下即引《春秋傳》曰云云以證之。據此，則天之星辰分統雪霜風雨，蓋雪霜風雨之神即星辰也。《左傳》雖兼言日月，然其上文云「則實沈參神也」，本是專言星辰。下文云「山川星辰之神」，亦不言日月。特以日月至尊，無所不統，故此句連言之。《周禮·大宗伯》云：「以槱燎祀司中、司命、飌師、雨師。」鄭司農《注》云：「風，師箕也。雨，師畢也。」夫風師、雨師既爲主風雨之箕星、畢星，則青女亦必爲主霜之星辰無疑。蓋青女之爲星名，與婺女、織女、須女之爲星名，其例相同。《歸妹》六三爻辭云：「歸妹以須。」鄭《注》云：「天文有須女。」而禮霜神爲祭青女之星，與禱馬祖爲祭天駟之星，其例亦相同也。《周禮·校人》云：「春祭馬祖。」鄭《注》云：「馬祖，天駟也。」《爾雅·釋天》云：「天，駟房也。」《左傳》言禜霜，而《周易》言禮霜者，蓋霜不時而禳祈者謂之禜，無定期者也。《周禮·太祝》云：「掌六祈，以同鬼神示。四曰禜。」鄭司農《注》引《春秋傳》曰云云以證之。《祭法·正義》云：「須有祈禱之禮，非關正禮之事。」霜始降而祭祀者謂之禮，有定期者也。《祭法·正義》云：「宗伯所謂依周禮常祀，歲時恒祭。」案：「禮天地四方」見於《大宗伯》〔註1〕，其爲常祀可知。禮霜之禮，與禮天地四方之禮，文義既同，則亦爲常祀可知。古之君子使之必報之，故既因事以禳祈，則必因時以祭祀。如《祭法》云：「相近於坎壇，祭寒暑也。」鄭《注》云：「相近當爲禳祈。」《正義》云：「或寒暑太甚，祭以禳之。或寒暑頓無，祭以祈之。」《周禮·籥章》云：「中春，晝擊土鼓，龡豳詩，以逆暑。中秋夜迎寒，亦如之。」《正義》云：「既告神，當有祀事可知。」夫

〔註1〕 《周禮·春官·大宗伯》：「以玉作六器，以禮天地四方：以蒼璧禮天，以黃琮禮地，以青圭禮東方，以赤璋禮南方，以白琥禮西方，以玄璜禮北方。皆有牲幣，各放其器之色。」

禳祈寒暑無定期，與禜霜正同。逆暑迎寒有定期，與禮霜正同。然則因事以禳祈寒暑者，既必因時以逆寒迎暑，與因事以禜霜者，亦必因時以禮霜，其義固可比例以得之矣。況霜與風雨，皆上天之教，《禮記・孔子閒居》云：「天有四時，風雨霜露，無非教也。」鄭《注》云：「皆人君所當奉行以爲政教。」禜風雨者亦必祀風雨，則禜霜者亦必禮霜，明矣。大宗伯但言祀風師雨師，而不言祀霜者，特文不具耳。

夫《天府》言祀，「司民司祿」〔註 2〕，不得因《大宗伯》未有明文，而謂古無「司民司祿」之祀也。《左傳》言祀司寒，不得因《周禮》未有明文，而謂古無司寒之祀也。然則《周易》所言之禮霜，雖不見於《周禮・大宗伯》，亦安得謂古人無是禮乎？且先王以吉禮事鬼神，凡可以庇民者，莫不致祭。雖鬼之眾者如族屬，神之微者如貓虎，尚得與三祀〔註 3〕八蠟〔註 4〕之中，所謂「有其舉之，莫敢廢也」〔註 5〕。況霜神有肅萬物、成歲事之功，《豳風・七月》云：「九月肅霜。」毛《傳》云：「肅，縮也。霜降而收縮萬物。」《秦風・蒹葭》云：「白露爲霜。」毛《傳》云：「白露凝戾爲霜，然後歲事成。」而謂不得與靈星之祠、雲氣之祭並列於祀典，此理之必不然者也。後儒但知《左傳》言禜霜，而不知《周易》言禮霜；但知《周禮》無祀霜之文，而不知《周易》有禮霜之文，皆因習見《毛詩》「履霜」之訓爲「踐行」，遂本之以釋《周易》，而不復問履爲禮之假借。於是三代以前禮霜之典，竟湮沒而不彰矣。後世將帥霜降講武〔註 6〕，尚有古人遺意。然但祭旗纛之神〔註 7〕，而不祀霜神，未免數典而忘其祖。使非有鄭君之

〔註 2〕　《周禮・春官・天府》：「若祭天之司民司祿，而獻民數、穀數，則受而藏之。」
〔註 3〕　《禮記・祭法》：「大夫立三祀：曰族屬，曰門，曰行。」孔穎達《疏》：「族，眾也。大夫眾多，其鬼無後者眾，故言族屬。」
〔註 4〕　《禮記・郊特牲》：「八蠟以祀四方」。鄭玄《注》：「四方，方有祭也。蠟有八者：先嗇一也，司嗇二也，農三也，郵表畷四也，貓虎五也，坊六也，水庸七也，昆蟲八也。」
〔註 5〕　語見《禮記・曲禮下》。
〔註 6〕　陳鵬年《耦耕集》卷四《清涼寺題壁〔是日霜降講武〕》（李鴻淵校點《陳鵬年集》，嶽麓書社 2013 年版，第 49 頁），云：
　　　　江郊雨後足秋光，昨夜微霜葉半黃。鼓角聲中愁肅殺，漁樵影裏得清涼。?松丈室留高座，傑閣千燈拱梵王。欲剪曉霞霞一片，晚隨回雁渡瀟湘。〔寺後有偃蓋松。〕
〔註 7〕　茅元儀《武備志》卷一百○七《軍資乘戰十二・祭禡一・本朝祭旗纛儀》（明天啓刻本）載：
　　　　洪武元年，詔定親征遣將諸禮儀。以爲古者天子親征，則類於上帝造於祖宜於社禡於所徵之地祭所過山川若遣將出師，亦告於廟，社禡祭旗纛而後行。於是

注，則古制何從考哉？

莧陸當作莧睦解上

《周易·夬》卦九五爻辭：「莧陸夬夬」，虞翻本「莧」字作「莧」，據張氏惠言《虞氏義》本。「陸」字作「睦」。據晁氏說之《古周易音義》所引。《注》云：「莧，說也。《集解》引此注，「莧」字作「莧」，蓋李鼎祚所注之《周易》經文，據當日通行之本，以從時尚。而《注》中間載別本，以存古義。故其注此爻，既引荀《注》訓「莧」爲草，復引虞《注》訓「莧」爲說。後人見《集解》之經文作「莧」，疑虞《注》不當作「莧」，遂妄改「莧」字爲「莧」字耳。今據《虞氏義》本訂正。下文諸「莧」字仿此。惠氏士奇《易說》反謂作「莧」爲非，誤矣。「莧」，讀如「夫子莧爾而笑」之「莧」。《集解》所引無「如」字。惠氏棟《九經古義》及《周易述》注所引皆有「如」字。《周易本義辯證》所引「讀如」作「讀從」，義亦相近。惠氏《易說》及孫氏堂《二十一家易注》所引，「讀如」作「讀爲」。案：段氏玉裁《周禮漢讀考·敘例》云：「讀爲主於更字說義。」此爻虞注、惠氏、孫氏所引一句三「莧」字，張氏所引一句三「莧」字，皆非「更字說義」，則不當作「讀爲」無疑。然即據其說，亦可見「讀」字下必有一字，文義始明，否則不詞矣。「睦」，和睦也。《集解》所引，上「睦」字作「陸」，亦後人據《集解》經文之「陸」字以改。虞氏《注》中之「睦」字，非李氏原文也。今從晁氏《音義》所引訂正。余氏蕭容《古經解鉤沈》所引同。孫氏反謂晁氏爲非，誤矣。舊讀言莧陸〔註8〕，字之誤也。馬君、荀氏皆從俗言莧陸，非也。」張氏據此數

諸儒議上，令自今牙旗六纛藏之內府，其廟在山川壇。每歲仲秋祭山川，日遣官祭於旗纛廟；霜降日，又祭於教場；至歲暮享太廟日，又祭於承天門外；俱旗手衛指揮行禮。

田汝成《西湖遊覽志餘》卷二十《熙朝樂事》（陳志明校，東方出版社2012年版，第373頁），載：

霜降之日，帥府致祭旗纛之神，因而張列軍器，以金鼓導之，繞街迎賽，謂之揚兵。旗幟、刀載、弓矢、斧鉞、盔甲之屬。種種精明。有飆騎數十，飛彎往來，逞弄解數，如雙燕綽水、二鬼爭環、隔肚穿針、怙松倒掛、魁星踢斗、夜叉探海、八蠻進寶、四女呈妖、六臂哪吒、二仙傳道、圯橋進履、玉女穿梭、擔水救火、踏梯望月之屬，窮態極變，難以殫名。騰躍上下，不離鞍鐙之間，猶猿猱之寄木也。

又，伍煒、王見川修纂《乾隆永定縣志》卷四《學校志》（廈門大學出版社2012年版，第296頁），載：

霜降，講武事也。是日祭旗纛之神，旗牙、旗纛、旗頭也。出軍訣曰：牙旗者，將軍之精，一軍之形候。原無廟，藏主於兵器房，祭則迎主於演武亭，用羊、豕。武官戎服行禮，祭畢，大操。

〔註8〕江藩《周易述補》卷五《雜言》（附《四部備要》本惠棟《周易述》後）第一

則云：

莧陸有五解，以為一物而草木屬者，子夏也。以為草屬者，鄭康成、馬融、王肅也。以為獸者，孟喜也。以為草屬而二物者，宋衷也、荀爽也、董遇也。以為和睦解者，虞翻也、蜀才也。以上漢儒說。至王弼，云：「草之柔脆者也」。李鼎祚從虞說，兼載荀說在前者也，邱光庭從宋、荀、董說者也，項安世、吳澄、王應麟從孟喜說者也。程子、朱子、沈該又用荀義，而以為一物者也。朱子又一說，則從宋衷、荀爽、董遇者也。惠氏用虞、范義。

李慈銘光緒戊寅（一八七八）正月十六日日記（由雲龍輯《越縵堂讀書記》，中華書局 1963 年版，第 1～3 頁），稱：

《易·夬》「莧陸夬夬」，虞氏《注》：莧，說也，讀如夫子莧爾而笑之莧。張皋文《周易虞氏義》云，字當作莧，今作艸下見，傳寫誤耳。按張說是也。今李氏《周易集解》盧刻本、周刻本、惠氏《周易述》本、丁氏《周易鄭注訂正》本、盧氏《經典釋文》本、阮氏《注疏校勘記》本皆作「莧」者，誤也。《說文》：「莧，山羊細角者，從兔足，從 ，聲讀若丸，寬字從此。」〔徐氏鑒謂「莧」即今俗「羱」字。然《說文》此字說解甚可疑。「莧」既無所屬之字，何以特立一部？ 者目不正也，從丫目，讀若宋，模結切；又徒結切，與莧之音甚遠。段氏雖強以合韻當之，殊不可信。丫者，羊角也，讀若串專，工瓦切。莧為山羊，何以不從丫而反從 為聲？ 為目不正，何以從羊角取義？莧從 又從兔足，何以見細角之義？兔足好蹲居，故止見二足，以象居形。若山羊則未見其蹲居，何取象於兔足？蓋 、莧二字下之說解，皆有竄亂，非許君本文。王菉友謂莧字 其角， 其首， 其足與尾，通體象形，差近之。〕胡官切。蓋虞氏讀「莧陸」為歡睦，而古或假莧為歡，歡字呼官切，呼胡不過輕讀重讀之分。《易釋文》云：「莧，閒辯反。」此以莧為莧菜字，從馬、鄭以莧陸為商陸。宋衷以莧為莧菜之說，其字從草下見。《說文》：「莧，侯澗切。」閒用類隔，侯用音和也。又云：「三家音胡練反。」此以莧為莧字。三家者，王肅、李軌、徐邈，蓋皆同虞本，其字從 下兒。胡練即胡官，古無四聲之別也。又云：「一本作莞，華版反。」此即莞、莧同音通用，可與《論語》互證。《論語釋文》：「莧爾。莧，華版反，本今作莞。」皆足申虞氏之義。《詩·斯干·釋文》：莞音官；《說文》：莞、艸也，可以作席，胡官切：是《論語》之莧莞皆假借字，本亦當作歡，歡爾猶《左傳》之驩焉、《家語》之懽然，蓋輕讀則為歡，重讀則為莧，莧爾者，狀其舒緩和說之貌。故〈集解〉曰小笑貌。《史記·孔子世家》一曰孔子欣然笑曰，又曰孔子欣然而笑曰，皆對弟子之言，欣然即莧爾也。《易》之作莧者，古文。馬、鄭皆傳費氏《易》，費本以古文字，號《古文易》，〔見《經典釋文序錄》、《隋書·經籍志》。〕王弼亦用費《易》，自江左以來，承用王《易》，故陸氏先用閒辯一音，以「莧」為正文也。其作「莧」者，今文。蓋施、孟相傳如是。〔許君雖言《易》孟氏為古文，然以《漢志》云劉向以中古文校施、孟、梁丘三家經，或脫去「？咎悔亡」，惟費氏經與古文同。及《釋文》、《隋志》所言觀之，則施、孟、梁丘不免參以今文矣。〕虞傳孟《易》，故所據本作「莧」也。莧訓革，莧訓說，各是一家之言，虞義亦頗近迂曲。而《論語》本作「莧爾」，今作「莞爾」，無有從艸下見作「莧爾」者，此學者所當分別也。今陳氏《論語古訓》、翟氏《四書考異》、阮氏《論語校勘記》、黃氏《論語後案》諸書作「莧」，皆非。

語，謂虞氏本當作「莧睦」，其說最確。蓋舊讀言「莧陸」，虞氏既以爲誤。馬、荀從俗言「莧陸」，虞氏又以爲非，則虞本必不作「莧陸」矣。案：「莧」字與「莧」字，篆書及隸字形俱相似，最難分析。《說文》「寬」字「從宀莧聲」，是「寬」字本當宀下加莧。而今人多於宀下加莧，亦「莧」字多誤爲「莧」之驗也。

　　《說文》「睦」字從目，「陸」字從𨸏。目與𨸏形既易混，睦與陸體亦易淆。故張氏申虞氏說，謂「莧」爲傳寫誤，「陸」當爲「睦」。然「莧陸」與「莧

杭辛齋《學易筆談二集》卷一《莧陸》（天津古籍書店 1988 年版，第 292～295 頁），載：

《夬》九五曰：「莧陸夬夬。」舊說夥矣，均未得當。孟喜《章句》曰：「莧陸獸名，夬有兌，兌爲羊也。」許慎亦治孟氏《易》，故《說文》「莧」字曰：「兔足𦫳聲，讀若丸，山羊之細角者。」是孟本之「莧陸」，當作「莧陸」，應於「莧」字下加一點方合。但「莧陸」二字爲連文，今《說文》但言莧而不言陸，則所謂「山羊細角者」其爲「莧」歟，抑「莧陸」歟？虞仲翔世傳孟氏《易》者，乃曰：「莧，說也，莧讀若『夫子莞爾而笑』之『莞』，和睦也。」今《釋文》：「一本作莞，華板反。」陸，蜀本又作睦，睦親也，通也，皆宗虞說也。馬融、鄭康成、王肅皆云「莧陸」一名「商陸」，猶以莧、陸爲一物。至董遇云：「莧，人莧也。陸，商陸也。」宋衷亦云：「莧，莧菜也。陸，當陸也。」則皆以莧、陸爲二物，且「當陸」爲何物，尤莫詳其義。馬、鄭、王、董、宋五家，因皆治費《易》者也，康成雖亦兼治京《易》，京出於孟，而此則從費不從孟也。朱漢上謂「莧爲蕢，商陸，葉大於莧」。程《傳》以「莧陸」爲馬齒莧，朱子於《本義》從程《傳》曰：「莧陸，今馬齒莧，感陰氣之多者。」而《語類》則曰：「莧、陸是兩物，莧者馬齒莧，陸者章陸，一名商陸。藥中用商陸治水腫，其子紅，其物難乾。」是皆與馬、鄭諸家大同小異，同爲費《易》也。獨項平甫、吳草廬皆宗孟說。項曰：「莞音丸，山羊也。陸，其所行之路也，猶『鴻漸於陸』之『陸』。」吳謂：「莧字上從卝，羊角也，中從目，羊目也。下從兒，羊足也，故寬字諧莧聲。羊群之行，山羊居前，謂之引路殺。」是皆能闡發孟氏之義，項氏能注意於「陸」字，尤能得間。蓋莧於《易》爲畸象，無他卦可引證，而陸則明明見諸《漸》卦，則以經證經，自非羌無故實，非望文生義者可比。近儒焦氏之《易通釋》，亦以《漸》之兩「陸」字爲證，固其是也。惟焦以「莧」爲「見」字之假借，則引經而又改經，不免自相矛盾矣。項、吳二家之說，於象無詭。惟「陸」字之解釋未明，故不能發揮經義，暢達其旨。夫「陸」與水對，平地曰「原」，高平曰「陸」，高而降者曰「𨸏」。「陸」有高意，故從「𨸏」，而陰陽二字，亦均從「𨸏」。「𨸏」者，象天地陰陽之事也，而「陸」亦含有天地陰陽往來之義。四時錯行，日月代明，而日之行，有南陸北陸東陸西陸之稱。天地節，坎一至兌十，〔水澤節。〕坎北陸，兌西陸也。漸爲儀，陰陽一二，始天地南北之候，漸之陸，北陸也。夬決陰，兌月望，日月東西之候，夬之陸，西陸也。兌爲羊，其類艮，亦爲山羊。羊群行於高平之原，其狀「夬夬」，此正與九三之「夬夬」，相對舉以見義。三之「夬夬」爲獨行，五之「夬夬」則群行也，群行故象羊。孟氏之說，不可廢也，後儒異論，徒滋紛擾，無一是處。虞氏讀「莧」若「莞」，作親睦之意，則揆諸卦義，殊未安也。

睦」古本通用，《說文》「莧」字「見聲」，「莧」字「讀若丸，寬字從此」，是「莧」字與「見」字同音，「莧」字與「寬」字同音也。以《詩經》用韻考之，《衛風・考槃》之首章，「寬」字與「澗」、「言」、「謜」爲韻；《齊風・甫田》之三章，「見」字與「孌」、「丱」、「弁」爲韻。「澗」、「言」、「謜」三字與「孌」、「丱」、「弁」三字，音皆相近，則「寬」字與「見」字音亦相近可知。「寬」與「見」音既相近，則「莧」與「莧」音亦相近可知。此莧、莧通用之證。《說文》「陸」字「坴聲」，「睦」字亦「坴聲」，古字之同聲者往往通用。惠氏《易說》云：「《唐扶頌》曰『內和陸兮』，《嚴舉碑》曰『九族和陸』，《郭仲奇碑》曰『崇和陸』，洪氏皆釋云：『碑以陸爲睦。』然則漢隸「睦」皆作「陸」矣。」《周易述》、《九經古義》、《本義辯證》並同其說。此睦、陸通用之證。要之，莧與莧、陸與睦，形相近而音亦相近。據虞氏、張氏之說，則「莧陸」爲「莧睦」之誤，蓋就形相近而言也。據惠氏、段氏之說，則「莧陸」與「莧睦」相通，蓋就音相近而言也。二者語似微別，而意實相成，必兼取其說，然後「莧陸」當作「莧睦」之義始旁達而無礙矣。

　　《說文》「睦」字下云：「目順也。一曰敬和也。」「陸」字下云：「高平地。」據此，是「睦」字之本義訓爲和順，而「陸」字絕無和順之義，自當以「睦」字爲正字。《說文》「莧」字下云：「山羊細角者。從兔足，從莧聲。」似無和順之義而得訓爲說。且與「睦」字連言者，蓋「羊」字訓「祥」，《說文》「羊」字下云「祥也」。《春秋繁露・執贄篇》云：「羊之爲言猶祥與。」本有善義。《釋名・釋車》云：「羊，祥也。祥，善也。」《考工記・車人》，鄭《注》云：「羊，善也。」《爾雅・釋詁》云：「祥，善也。」《說文》「祥」字下云：「福也。一云善。」故字之從羊者多可訓善，如「義」字、「美」字、「羑」字是也。《說文》「善」字下云：「吉也。從羊。此與義、美同意。」段《注》云：「羊，祥也。故此三字從羊。」「義」字下云：「己之威儀也。從我羊。」徐鉉云：「此與善同意。」「美」字下云：「甘也。從羊。大羊在六畜主給膳也。美與善同意。」段《注》云：「羊大則肥美，膳之言善也。」「羑」字下云：「進善也。從羊久聲。」段氏《注》云：「羊善也。故從羊。」「莧」字「從莧」，《說文》「莧」字下云：「從𦫳目。」「𦫳」字下云：「羊角也。象形。」是「莧」字本取象於羊角，故訓爲山羊細角。「羊」字既有善義，則「莧」字亦得有善義。「苟」字下云：「自急敕也。從羊省。與義、善、美同意。」「莧」象羊角，與「苟從羊省」正同，故「莧」亦得有美意。「善」字可訓爲和，《呂覽・貴公篇》云：「夷吾善鮑叔牙。」高《注》云：「善猶和也。」古人謂彼此和睦爲善，《左氏》成十二年《傳》：「宋華元善於令尹子重，又善於欒武子。」襄二十

七年《傳》：「宋向戌善於趙文子，又善於令尹子木。」故相說者亦謂之相善。《左氏》襄二十六年《傳》云：「其子伍舉與聲子相善也。」「莧」字既有善義，則亦有和義，故得訓爲說，而與「睦」字連言也。

夫凡字皆有本義，有引申義，故本義訓爲物名，而引申義訓爲人事者，往往而有。如「能」字本訓熊，而引申訓爲賢能；「朋」字本訓神鳥，而引申訓爲朋黨；「烏」字本訓孝鳥，而引申訓爲烏呼；「西」字本訓鳥在巢上，而引申訓爲西方。許君作《說文》皆明揭其旨，以見發凡起例之意。至於《說文》但言本義，而後世多用其引申之義者，如「驕」字本訓馬，而引申訓爲驕恣；「鮮」字本訓魚，而引申訓爲新鮮；「獨」字本訓犬鬭，而引申訓爲孤獨；「牢」字本訓牛圈，而引申訓爲牢固；皆各有本義，各有引申義，祇可由引申義以推本義，不得據本義以廢引申義也。然則「莧」字之本義訓爲山羊，而引申之義訓爲和睦，固其宜矣。虞本既作「莧」，而復「讀如『夫子莧爾而笑』」之「莧」者。漢人注經言「讀如」者，例各不同，有讀如某字，而其字與本文異者。如《晉》卦初六爻辭云：「晉如摧如」，鄭《注》云：「摧讀如『南山崔崔』之『崔』。」《詩・鄭風・大叔于田》云：「叔善射忌」，鄭《箋》云：「忌讀如『彼己之子』之『己』。」此一例也。有讀如某字，而其字仍與本文同者。如《書・禹貢》云：「北過洚水」，鄭《注》云：「『洚』當讀如『郕降於齊師』之『降』。」《禮記・中庸》云：「仁者人也」；鄭《注》云：「人也，讀如『相人偶』之『人』。」皆與虞《注》「『莧』讀如『莧爾而笑』之『莧』」語意相同，此又一例也。余氏作《經解鉤沈》但知有前一例，不知有後一例，於是改虞《注》爲「『莧』讀『夫子莞爾而笑』之『莞』」，失虞氏之指矣。虞氏引《論語》「夫子莧爾而笑」，今本作「莞爾而笑」。何晏《注》云：「莞爾，小笑貌。」與「莧睦」之訓「和說」正相符合。《釋文》作「莧爾」，云：「莧，華版切。今作莞。」蓋虞氏所見之《論語》作「莧爾」，何氏所據之《論語》作「莧爾」，陸氏所釋之《論語》又作「莞爾」。自邢氏作《論語疏》，據唐石經定作「莞爾」，而後人不知魏以前本作「莧爾」矣。又安知漢以前本作「莧爾」哉？猶幸虞氏《注》所引，尚存略可尋見其跡。而余氏復據今本改爲「莞爾」，未免於千慮之一失矣。晁氏引虞《注》「莧說也」作「莞說也」，亦非是。《說文》「莧」字「見聲」，「莞」字「完聲」，完與見聲本相近，《大雅・韓奕》六章，完與蠻爲韻。《小雅・頍弁》三章，見與霰、宴爲韻。是其明證。故「莞」可與「莧」通，《列子・天瑞篇》：「老韭之爲莧也」；《釋文》云：「莧，一作莞。」亦可與「莧」通。《說

文》「完」字下云：「古文以爲寬字。」由偏旁例推，亦通用之證。《周易釋文》云：「莧，一本作莞」，與《論語釋文》所言相同。蓋古字之聲相近者，皆可通也。然《說文》「莧」字下云：「莧，菜也」；「莞」字下云：「艸也，可以作席」；皆與笑說和睦之意遠不相涉。故《周易》之「莧睦」、《論語》之「莧爾而笑」，雖皆可假「莧」、「莞」代之，而要必以「莧」字爲正，蓋其字本有和睦之意也。《廣雅・釋詁》云：「莧，笑也。」王氏《疏證》改「莧」爲「莞」，《字彙補》云：「莧音義同莞。」是「莧」本「莞」之俗體也。引《論語》何《注》爲證，足訂他本之誤。然「莧」字固非即「莞」字，亦係假借，其正字必當作「莧」。《經籍籑詁・十六諫》，「莧」字下引《廣雅》云：「莧，笑也。」蓋所據《廣雅》有作「莧」之本也。疑《廣雅》本作「莧，笑也」，後之傳寫者誤「莧」爲「莧」耳。蓋《廣雅》「笑也」之訓，與虞氏「說也」之訓相近，不獨合於何氏「小笑」之訓也。然則以《廣雅》、《論語》與《周易》彼此互證，「莧」爲正字有明徵矣。

《釋文》引蜀才《注》云：「睦，親也，通也。」晁氏《音義》云：「陸虞蜀作『睦和也』。」案：晁氏所引蜀才《注》，與《釋文》不同，當以《釋文》爲正。晁氏蓋誤以虞氏《注》爲蜀才《注》耳。張氏惠言《易義別錄》引蜀才《注》而申之，云：「用，虞也。『陸』既爲『睦』，則『莧』必作『莧爾而笑』之『莧』」；「之」字原本誤作「而」，今據張成孫所校訂正其說。最爲允當。蓋「陸」字作「睦」，既與虞本相同；若「莧」字不作「莧」，則二字上下不類。「睦」訓「親」、「通」，又與虞氏「和睦」之訓相近；若「莧」字不訓「說」，則二字詞義不聯。不得因陸氏偶未引之，遂謂蜀才本仍作「莧」也。然則「莧陸」當作「莧睦」又得一證矣。

況以卦象考之，《夬》爲三月之辟卦，《大壯》爲二月之辟卦。《大壯》之六五變爲九五，則成《夬》卦。虞氏《注》下文「中行?咎」，云：「《大壯》，震爲行，五在上中，動而得正。」《夬》卦上體爲兌，《大壯》上體爲震，夬卦之九五居上體之中，由震變兌者，實在此爻。虞氏《注》云：「震爲笑，言五得正位。兌爲說。」張氏惠言申之，云：「自《大壯》動也」，其說最爲精確。虞氏《逸象》云：「震爲樂、《乾・文言・注》。爲笑、《萃》初六爻《注》。爲喜笑、《兌・象傳・注》。爲大笑、《說卦》第七章《注》。爲後笑、《同人》九五爻《注》。爲言笑。《益・象傳・注》。凡言喜樂與笑者，皆震之象。」虞氏但引「震爲笑」言者，特舉一以例其餘耳。《說卦傳》第四章云「兌以說之」，第五章云「說言乎兌」，第七章云「兌說也」。虞氏云「兌爲說」，蓋本於《說卦傳》。鄭康成《萃・象・注》及杜

預《僖二十五年傳·注》皆云「兌爲說」。《兌》初九爻辭云：「和兌，吉。」《象傳》云：「和兌之吉。」鄭氏《逸象》云：「兌爲和說」，《恒》六五爻《注》。即和睦笑說之意。虞氏注《說卦傳》云：「陽息震成兌，震言出口，故說。」蓋震之中畫變爲陽爻則成兌卦，震與兌之取象多，彼此相因，故震有喜樂之象，兌亦有和說之象。虞氏合震象、兌象以釋「莧睦」，眞至當不易之論也。惠氏《易說》云：「笑，說見於面」，所謂「健而說，決而和」也。與九三「壯頄有慍」相反。壯頄者不和，有慍者不悅。《周易述》及《本義辯證》約同。其說深得經意。蓋九五之「莧睦」訓爲「笑說」，與九二之「惕號」訓爲「憂懼」，虞《注》云：「惕，懼也。變爲巽，故號。」前後相對爲文。《同人》九五「先號咷而後笑」，《旅》上九「先笑後號咷」，是其證也。九二之「惕號」，與《彖辭》之「孚號」相應，故九五之「莧睦」，亦與《象傳》之「和悅」相應也。笑說即喜樂之意，喜與慍相反，古人每相對爲文，如《論語》「三仕爲令尹，無喜色。三已之，無慍色」之類。《損》六四之「有喜」既與九二之「征凶」相對，「征凶」與「壯頄有慍」同意，故《夬》九五之「莧睦」亦與九三之「有慍」相對也。「莧睦」與「有喜」同意，學者明於此義，亦可以無疑於虞氏之說矣。

莧陸當作莧睦解下

《周易》之「莧睦」與《論語》之「莧爾」，其爲喜意一也。今本《論語》「莧」作「莞」，與今本《周易》「莧」作「莧」，其爲借字一也。然《論語》之「莞」當訓爲笑貌，人咸知之。而《周易》之「莧」當訓爲和說，人罕從之者。蓋「莞」下之「笑」字未改爲他字，故俗士亦不至於譌。而「莧」下之「睦」字多轉爲「陸」字，故通儒尚不免於誤也。

孟喜本作「莧」，陸《注》云：「莧陸，獸名。夬〔註9〕有兌，兌爲羊也。」孫氏堂引《說文》以證之，云：「孟訓爲獸，則此字當從兔足苜聲，不從艸見聲。」案：邵氏《爾雅正義》及錢氏《說文斠詮》皆謂《說文》之「莧」即《爾雅》「羱如羊」之「羱」。郭注云：「羱，羊，似吳羊而大角，出西方。」徐氏《說文繫傳》云：「《本草注》：『莧羊似麢，羊角有文。俗作羱。』」陶宏景《名醫別錄》云：「山羊即《爾雅》羱羊。」李時珍《本草綱目》云：「《說文》謂之『莧羊』，音桓。」蓋《說文》止有「莧」字，《玉篇》、《廣韻》始有「羱」字。《玉篇》云：「羱，羊大角，西方野羊也。」《廣

〔註9〕按：夬，原作「決」。段復昌《周易補注》卷七（清光緒船山書院刻本）：「孟喜曰：『莧陸，獸名。夬有兌，兌爲羊也。』」據改。

韻》云：「羱，野羊，角大。」蘇頌《圖經本草》云：「山羊，一名野羊。」李時珍云：「羊之在原野者，故名。」字或作「羬」，《廣韻‧二十六桓》列「羬」字，云：「山羊，細角」；又列「莧」字，云：「同上。」案：「莧」字既象羊角，則不應再加羊旁矣。又或作「羱」，《玉篇》云：「羱，獸，似羊，惡也。」與「莧」訓「山羊」本異。《後漢書‧馬融傳》注云：「完羝，野羊也。」完，字書作羱，與完字通。蓋羱、莧音近通用，亦猶莧爾通作莞爾也。皆「莧」之別體也。《爾雅》「羱」在《釋獸》，「羊」在《釋畜》。《本草》羊在畜部，山羊在獸部，與爾雅同。蓋以其有野與家之異也。《周禮疏》云：「案：《爾雅》：『在野曰獸，在家曰畜。』陸德明：『畜是畜養之名，獸是毛蟲總號。』」然《釋鳥》明云：『四足而毛謂之獸』，是畜與獸對文雖異，而散文則通矣。邵氏《爾雅正義》云：「古者畜亦稱獸。」鄭注《天官‧獸醫》云：「獸，牛馬之類。」《祭義》云：「古者天子諸侯必有養獸之官。犧牲祭牲必於是取之。」是散文相通也。況「莧」字本象羊角，「羱」字又從羊，故雖與羊之種類微別，而亦可名為莧羊、羱羊。是其以獸名訓莧而謂之羊者，固非無據矣。然以解他處之「莧」字則是，而以解此爻之「莧」字則非也。蓋《夬》卦上體是兌，九四爻辭云「牽羊悔亡」，所謂羊者，正取兌象。虞翻《注》云：「兌為羊。」孟氏釋「莧」字以羊，其意必以為九五與九四同是兌體。九四既言「牽羊」，則九五之「莧」字亦當是羊也。不知九四若不言「牽羊」，則九五之「莧」字容或可訓為羊。正惟九四既言「牽羊」，則九五之「莧」字必不可訓為羊矣。何則？爻辭之取象於物者，凡有二例，有諸爻之取象，彼此皆同者。如《乾》卦四言龍，「初九，潛龍勿用」；「九二，見龍在田」；「九五，飛龍在天」；「上九，亢龍有悔」。《屯》卦三言馬，六二、六四、上九，皆言「乘馬班如」。《履》卦再言虎，六三、九四皆言「履虎尾」。《姤》卦再言魚，「九二，包有魚」；「九四，包無魚」。《漸》卦六言鴻，「初六，鴻漸於干」；「六二，鴻漸於磐」；「九三，鴻漸於陸」；「六四，鴻漸於木」；「九五，鴻漸於陵」；「上九，鴻漸於陸」。《小過》再言飛鳥。「初六，飛鳥以凶」；「上六，飛鳥離之」。是其例也。有諸爻之取象，彼此各異者。如《大畜》言馬，又言牛，言豕；「九三，良馬逐」；「六四，童牛之牿」；「六五，豶豕之牙」。《頤》卦言龜，又言虎；「初九，舍爾靈龜。」「六四，虎視耽耽。」《睽》卦言馬，又言牛，言豕；「初九，喪馬勿逐」；「六三，其牛掣」；「上九，見豕負塗」。《解》卦言狐，又言隼；「九二，田獲三狐」；「上九，公用射隼於高墉之上」。《革》卦言牛，又言虎，言豹；「初九，鞏用黃牛之革」；「九五，大人虎變」；「上九，君子豹變」。《旅》卦言雉，又言鳥，言牛；「六五，射雉，一矢亡」；「上九，鳥焚其巢，喪牛於易」。《中孚》言鳴鶴，又言馬匹，言翰音。「九二，鳴鶴在陰」；「六四，馬匹亡」；「上九，翰音登於天」。是其例也。然則

一卦之中，諸爻所取之象，其物同則其名必同，其物異則其名必異，斷未有物同而名異者也。假令九五之「莧」字非訓爲羊，非取象於山羊，與九四之羊不爲一物，則合於取象各異之例。所謂物異而名亦異也。抑或九五作「莧」，而九四之羊亦作「莧」；九四作羊，而九五之「莧」亦作羊，則合於取象皆同之例。所謂物同而名亦同也。若如孟氏之說九四、九五皆取象於兌，羊是其物，同矣。九四言羊而九五言莧，是其名異矣。既非物異名異之類，又非物同名同之類。六十四卦之中未有此例，其說不可從也。且《大壯》卦一言羊，再言羝羊，「六五，喪羊於易」；九三、上六皆言「羝羊觸藩」。蓋羝爲牡羊，《大雅·生民》，毛《傳》云：「羝，牡羊也。」《說文》同。與莧爲山羊，皆是羊中之一種。羊字乃其總名，故言羝者必繫以羊，亦同物同名之例也。《夬》卦九四之「牽羊」與《大壯》之「喪羊」，句法正同。若九五之「莧」字果是山羊，則當改「陸」字爲「羊」字，云「莧羊夬夬」，方與《大壯》之「羝羊觸藩」句法相類。否則，羝字下有羊字，莧字下無羊字，與物同名同之例顯相背矣。況「莧」字訓爲山羊，則與「陸」字之文義不相連貫。孟氏「陸」字《注》，今佚不傳。項安世申之，云：「莧，山羊也。陸，其所行之路也，猶鴻漸於陸之陸。」其說尤屬非是。《周易》言物所行之地者，必加他字以足其文義，從無但以物名地名二字連文者。如《乾》九二曰「見龍在田」，田即龍所行之路也。九五曰「飛龍在天」，天亦龍所行之路也。然必加「見」字、「在」字於其句間，而不但言龍田、龍天者，恐其文不成義耳。果如項氏之說，謂「陸」爲莧「所行之路」，則必於「莧」字下、「陸」字上加「行於」一字，方與「鴻漸於陸」句法相合。否則，「鴻漸於陸」既不得但言「鴻陸」、「鴻漸於干」、「鴻漸於磐」，亦不得但言「鴻干」、「鴻磐」。「鴻漸於木」、「鴻漸於陵」，亦不得但言「鴻木」、「鴻陵」，而獨謂「莧行於陸」可以但言「莧陸」，有是理乎？況羝羊所觸之藩，且不得但言羝藩，則莧羊所行之陸，又焉得但言莧陸乎？原其致誤之由，皆因但知「莧」字本義訓爲山羊，而不知「莧」字引申義訓爲和睦，故雖巧爲傅會，而終覺支離也。夫《周易》所載之字，多不取本義而取引申之義，如「豙」字本訓「豕走」，而《周易》用爲《彖辭》之彖；「象」字本訓「南越大獸」，而《周易》用爲《象傳》之象；「豫」字本訓「象之大者」，而《周易》用爲《豫》卦之豫；「離」字本訓「離黃倉庚」，而《周易》用爲《離》卦之離；是其證也。況《周易》之「易」字訓爲「簡易」、「變易」、「不易」者，乃引申之義，而本義則訓爲「蜥易守宮」。使注《易》者皆泥於本義，而

廢引申之義，不亦扞格而難通乎？然則「莧」字當用引申義訓爲和睦，而不當用本義訓爲山羊，其理固顯然矣。

若夫諸本作「莧陸」者，多訓爲草名。馬融《注》云：「莧陸，一名商陸。見《正義》及《學齋佔畢》所引。《釋文》引作「莧陸，商陸也。」《正義》及《學齋佔畢》引王肅《注》，與馬《注》同。一名章陸，見《兼明書》所引。又引王肅《注》，與馬《注》同。或名當陸。」見《趙氏輯聞》所引。鄭康成《注》云：「莧陸，商陸也。」見《釋文》所引，《正義》引作「莧陸，一名商陸。」此皆以莧陸爲一草者也。荀爽《注》云：「莧，陰在上六也。陸亦取葉柔根堅也。去陰遠，故曰陸。言差堅於莧。莧根小，陸根大。」見《集解》所引。《趙氏輯聞》引董遇《注》，云：「陸之爲葉，差堅於莧。莧根小，陸根大。」與荀爽《注》之說正同。宋衷《注》云：「莧，莧菜也。陸，當陸也。」見《釋文》所引。《趙氏輯聞》引作「莧，蕢陸，當陸。」《學齋佔〔註10〕畢》引作「陸，商陸也。」董遇《注》云：「莧，人莧也。陸，商陸也。」見《正義》及《學齋占畢》所引。《趙氏輯聞》引董《注》云：「前人以莧陸、當陸爲二草，疑莧陸乃人莧之誤，或當陸二字是衍文。」此皆以莧、陸爲二草者也。《子夏傳》云：「莧陸，木根草莖，剛上柔下也。」見《正義》及《學齋佔畢》、《兼明書》所引。《傳》不言何草，《正義》謂其以莧、陸爲一，蓋以臆揣測之詞，未有確據。王弼《注》云：「莧陸，草之柔脆者也。」《注》不言何草，《正義》云：「《注》直云『草之柔脆』，似亦以爲一同於子夏等也。」此亦以臆揣測之詞，不足憑信。此皆渾言莧、陸爲草名，而不言一草二草者也。

案：《爾雅·釋草》云：「蕢，赤莧。」郭《注》云：「赤莧，一名蕢。今莧菜之赤莖者。」又云：「蓫薚，馬尾。」郭《注》云：「《廣雅》曰：『馬尾，蔏陸。』《本草》云：『別名薚。』今關西亦呼爲薚，江東呼爲當陸。」據此，則莧與當陸判然不同。且遍考五代以前諸家《本草》，從無言莧一名陸者，韓保升《蜀本草》云：「莧凡六種，赤莧、白莧、人莧、紫莧、五色莧、馬莧也。」是莧雖種類不一，而其名莧則同。《神農本草》云：「莧實，一名莫實。」陶宏景云：「莧實當是白莧。」蘇恭《唐本草》云：「赤莧一名蕢。」皆不言莧一名陸。至於馬齒莧別爲一類，然亦不名陸也。亦無言當陸一名莧者。《神農本草》云：「商陸又名蓫薚。」《本草綱目》引張仲景、蘇恭、甄權等說，皆不言當陸一名莧陸。宋蘇頌《圖經本草》始云：「俗名章柳，《易經》謂之莧陸」，蓋沿諸家《易》注之誤。然則謂莧、陸爲一草者非也。

郭《注》引《廣雅》云「馬尾，蔏陸」，今本《廣雅》「陸」作「薩」。《說文》無「薩」字，《玉篇》始載之，訓爲「蔏薩」，而「蔏」字下仍言「蔏陸」，

不言「蘭蓙」，是「蓙」固後出之俗字也，當從郭《注》所引作「陸」。《說文》「藚」字下云：「草，枝枝相值，葉葉相當。」《玉篇》「藚」字下引《說文》，謂即蓫薚、馬尾、蘭蓙。李時珍《本草綱目》云：「或云枝枝相值，葉葉相當，故曰當陸。或云多當陸路而生也。」據此，則草之名當陸者，本因其枝葉相當，而又生於陸路，故有此名。與皇草生於田中而名為守田，郭《注》云：「生廢田中。」薇草生於水旁而名為垂水，郭《注》云：「生於水邊。」正屬一例。言皇草者必曰守田，不得但曰田也；言薇草者必曰垂水，不得但曰水也。則言蓫藚者亦必曰當陸，不得但曰陸矣。如謂當陸與莧並言，可言莧陸，假令守田與莧並言，亦可曰莧田乎？垂水與莧並言，亦可曰莧水乎？然則謂莧、陸為二草者非也。

《周易》爻辭內重言本卦卦名者，凡四卦五爻。《乾》九三云：「君子終日乾乾」；《謙》六三云：「謙謙君子」；《坎》六三云：「來之坎坎」；《夬》九三云：「君子夬夬」，及此爻所云「夬夬」是也。他爻或稱來，或稱君子，皆就人事以言之也。此爻自當作「莧睦夬夬」，而釋以和睦，方與他爻言人事者一例。若作「莧陸夬夬」，而釋以草名，則無論草名之誤與不誤，而既與「乾乾」、「謙謙」、「坎坎」之所言不符，復與本卦九三之言「夬夬」者不合，未免前後相背矣。然則渾言草名，而不言一草二草者，亦非也。且遍考爻辭內取象於草水者，凡有三例。有但言草木而不言卦名者，如《泰》初九云「拔茅茹」；《否》初六亦云「拔茅茹」；《大過》初六云「藉用白茅」；九二云「枯楊生稊」；九五云「枯楊生華」；《坎》上六云「寘於叢棘」；《姤》九五云「以杞包瓜」是也。有既言草木又言卦名，而各自為句者，如《否》九五云「休否，大人吉」；又云「繫於苞桑」；《剝》上九云「碩果不食」，又云「小人剝廬」；《困》六三云「困於石」，又云「據於蒺藜」是也。有草木與卦名同在一句之中者，如《困》初六云「困於株木」，上六云「困於葛藟」是也。此爻之「夬夬」二字，既是卦名，若莧陸果是草名，則當以「夬夬」移至「莧陸」之上而又增一「於」字，作「夬夬於莧陸」，方與「困於株木」、「困於葛藟」句法相合。蓋既言卦名，又言草名者，必加一虛字以聯屬之，然後語意始明。否則，《困》卦何不云「株木困」、「葛藟困」乎？況爻辭之言草木者三例，雖各不同，而其上下文必有相足相成之語，以申明其義，則無不同。未有單舉草木之名，而無他字以聯屬之者也。若此爻單舉草名，則他卦之言「苞桑」、「碩果」、「蒺藜」者，何以不單舉其名乎？言「茅茹」、「白茅」、「枯楊」、「叢

棘」、「杞瓜」者，又何以不單舉其名乎？然則釋「莧陸」爲草名者，無論其爲何草，及以爲一草二草，皆與《周易》爻辭之例不合。荀氏謂「五體兌爲莧，三體乾爲陸」，《集解》引荀《注》云：「莧謂五，陸謂三。兩爻決上，故曰夬夬也。五體兌，柔居上，莧也。三體乾，剛在下，根深，故謂之陸也。」雖亦取證於卦象，然所訓既有未安，則取象未免牽合。其說未可從也。至於《釋文》引虞《注》云：「莧，薏也。陸，商也。」或作「莧，莔也」。《趙氏輯聞》引虞《注》云：「莧，薏。」《學齋占畢》引虞《注》云：「莧，莔也。陸，商也。」皆誤以他人之《注》爲虞氏之《注》，其失甚矣。《經解鉤沈》以《釋文》、《輯聞》、《學齋占畢》所引虞《注》列於《集解》所引虞《注》之前，未免眞僞倒置。《二十一家易》據《集解》所引，而斥其餘爲誤，其說是也。要之，作「莧陸」而釋爲獸者，既拘文牽義，而失之於鑿；作「莧陸」而釋爲草者，又望文生義，而失之於疏。惟作「莧睦」而釋爲和悅者，始協於文義，而與爻象相合也。後之言《易》者，折衷於虞注，而參以惠氏張氏之說，庶乎古義復明，不至沿前人之誤解也夫。

周易集解跋上篇

　　李氏《周易集解·自序》未言成書年月，《郡齋讀書志》云：「鼎祚《集解》皆避唐諱。」今以《集解》全書核之，其中以「代」字易「世」字，以「人」字易「民」字，《自序》云：「故《繫辭》云：『致天下之人』；『通其變，使人不倦；神其化，使人宜之』；『後代聖人易之以宮室』；『後代易之書契』；『萬人以察。』」今按：《繫辭》，『代』作『世』；除聖人外，『人』皆作『民』。《自序》又引「說以先之」，「之」字當是「人」字之誤。《兌·象傳》原文亦作「民」。避太宗之諱也；以「理」字代「治」字，《自序》云：「百官以理。」《坤·文言傳》，鼎祚《注》云：「理國修身。」今按：《繫辭》原文，「理」作「治」，理國即治國也。避高宗之諱也；以「通」字代「亨」字，《履》六二《象傳》，鼎祚《注》云：「是以履虎尾，不咥人，通。」今按：《象辭》原文「通」作「亨」。此外經文作「亨」，《集解》引舊注以「通」字代「亨」字者，難以枚舉。避肅宗之諱也；「豫」字缺筆作「豫」，《豫》卦、《小畜》卦、《晉》卦、《序卦傳》改「豫」爲「豫」者，不一而足。避代宗之諱也。德宗諱適，兼諱括字，處州原名括州，避德宗嫌名而改，而《集解》「括」字不避、不缺筆，《坤》六四爻辭云：「括囊。无咎無譽。」《集解》引虞翻曰：「括，結也。」《繫辭傳》云：「動而不括。」《集解》引虞翻曰：「括，作也。」《井·象辭》，《集解》引干寶曰：「括囊則同。」則作於德宗之前可知。以是推之，其書成於代宗之朝更無疑義。

觀於《序》云「臣少慕元風」，其《序》末又云「臣李鼎祚序」，蓋此書曾經表獻，其序即作於代宗之時，故篇內引用《繫辭》自「蓋取諸《離》」至「蓋取諸《夬》」，而不言「蓋取諸《豫》」者，以「豫」字乃時君御名。《自序》係進呈之文，非經傳可比。即缺筆，亦嫌於指斥故耳。《繫辭》尚有「蓋取諸《乾》《坤》」、「蓋取諸《小過》」、「蓋取諸《大過》」，《自序》不引之者。十三卦皆製器尙象之義，若備引十二卦，而獨遺《豫》卦，恐閱者疑爲脫漏。故止引八卦，而遺其五卦，所以泯避諱之跡也。若夫太祖諱虎，而《集解》有「虎」字；《乾・文言傳》云「風從虎」，《集解》引荀爽曰：「虎喻國君」，虞翻曰：「坤爲虎」。世祖諱丙，而集解有「丙」字；《蠱・彖辭》云：「後甲三日。」《集解》引《子夏傳》曰：「乙，丙丁也。」高祖諱淵，而集解有「淵」字；《乾》九四爻辭云：「或躍在淵。」《集解》引崔憬曰：「疑而處淵」，干寶曰：「淵，謂初九」。中宗諱顯，而集解有「顯」字；《自序》云：「斯乃顯諸仁而藏諸用。」元宗諱隆基，而《集解》有「隆」字、「基」字。《大過》九四爻辭云：「棟隆吉。」《集解》引虞翻曰：「隆，上也。」《繫辭傳》云：「是故履，德之基也。」《集解》引虞翻曰：「坤柔履剛，故德之基，坤爲基。」此則出自後人追改，非李氏之原文也。世、民、治、亨等字，亦有不避者，皆後人所改。是書以北宋慶曆本爲最古，計用章序作於慶曆甲申七月，明朱睦㮮所重刊者即據此本也。宋翼祖諱敬宣，祖諱殷，故「敬」字、「殷」字皆缺末筆，《訟》上九象辭云：「亦不足敬也。」《集解》本敬作[illegible]。《臨・彖辭》，《集解》引鄭玄〔註 11〕曰：「殷之正月也。」「殷」作「[illegible]」。他條仿此者甚多。其有不缺筆者，皆後人翻刻時所補也。而於唐人所諱「豫」字，仍爲缺筆。不獨加禮於故國舊君，有昔賢忠厚之遺風。《日知錄》云：「孟蜀所刻石經，於唐高祖、太宗諱皆缺書。石晉《相里金神道碑》，『民』、『瑨』二字皆缺末筆。至宋益遠矣，而乾德三年，卜禋《伏羲女媧廟碑》『民』、『瑨』二字；咸平六年，孫沖《絳守居園池記碑》『民』、『瑨』二字；皆缺末筆。其於舊君之禮何其厚與！後漢應劭作《風俗通》有諱舊君之議，自古相傳，忠厚之道如此。」〔註 12〕即成書之時代，亦藉此得以考見。其爲功也大矣！

至於此書之卷數，諸家目錄各有不同。《新唐書・藝文志》載李鼎祚《集注周易》十七卷，《集注》即《集解》之異文。如其所言，則此書原有十七卷也。北宋以後，通行之本皆係十卷，或謂其逸去七篇，或謂其首尾俱全，初無亡失。《郡齋讀書志》云：「《唐錄》稱鼎祚書十七卷，今所有止十卷，蓋亦失其七，惜哉！」《經義考》引「李燾曰：『鼎祚《自序》止云十卷，無亡失也。』朱睦㮮序云：『據鼎祚自序云

〔註 11〕「玄」原作「元」，係避諱。
〔註 12〕語見《日知錄》卷二十三《前代諱》。

十卷，而首尾俱全，初無亡失。不知唐史何所據而云十七卷也。』《崇文總目》及《邯鄲圖書志》亦稱七篇逸，蓋承唐史之誤耳。《中興書目》既言十卷，又言十七篇，尤令閱者無所適從。今按：《自序》云：「至如卦爻象象，理涉重玄〔註13〕；經注文言，書之不盡。別撰《索隱》，錯綜根萌，音義兩存，詳之明矣。」據此則李氏之釋《周易》，更有《索隱》一書，詳列音義異同，兼以發揮爻象錯綜之理。雖其書久逸，卷數未見明文，然以諸家目錄參互考之，竊疑《集解》止有十卷，而《索隱》別有七卷，諸書稱十七卷者，係總計《集解》、《索隱》而言。故《自序》又云：「其王氏《略例》得失相參，采葑采菲，無以下體，仍附經末，式廣末聞。凡成一十八卷。」蓋除《略例》一卷爲王弼所編，與李氏無關，其餘十七卷，則自《集解》十卷以外，《索隱》當有七卷。是《索隱》與《集解》本相輔而行，此十七卷之目錄所由來也。特以紀載簡略，止標《集解》，而遺《索隱》。於是《索隱》遂沈晦而不彰。加以刊刻流傳，止有《集解》而無《索隱》，於是《索隱》遂湮沒而莫考。此所以但知有十卷之本，不知有十七卷之本，甚至有改《自序》中之卷數，以遷就調停，而昔人舊目相沿轉疑爲無據，其誤甚矣。雅雨堂所刻《集解》，強析十卷爲十七卷，欲以復其舊觀，所謂「楚則失之，齊亦未爲得也」〔註14〕。

　　要之，《索隱》原附於《集解》，而《集解》未及致詳者，實恃《索隱》以爲補苴。《自序》所謂「錯綜根萌」，當必有裨於微言大義。惜乎《集解》存而《索隱》逸，無以覘李氏《易》學之全。惟《索隱》之名，僅見於《集解·自序》，而讀者亦鮮知考究，豈非習焉不察之故歟！

周易集解跋下篇

　　新、舊《唐書》皆無李鼎祚傳。據《集解》標題，知其爲資州人，而蜀中志乘亦罕見其名氏。朱睦㮮《集解序》云：「及閱唐列傳與蜀志，俱不見其人，豈遺之耶？抑別有所載耶？因附論著於此，以俟博雅者考焉。」〔註15〕今以《自序》及《元和志》、《寰宇記》、《輿地紀勝》，參之《通志》、《能改齋漫錄》等書，其事蹟、官階尚可考見大略。

〔註13〕玄，原作「元」。
〔註14〕語見司馬相如《上林賦》。
〔註15〕朱睦㮮序載朱彝尊《經義考》卷十四。

　　蓋鼎祚係資州磐石縣人，《輿地紀勝》「資州人物」門李鼎祚，注云：「磐石人。」磐石即資州治所。《舊唐書‧地理志》云：「資州磐石，漢資中縣。今州治。」州東有四明山，鼎祚兄弟讀書於山上，後人名其地為讀書臺。《輿地紀勝》「資州景物」、「古蹟」兩門並載讀書臺，注云：「在州東二十里，李鼎祚兄弟讀書於其上，俗呼四明山。」《經義考》云：「按：資州有李鼎祚讀書臺，見袁桷《清容居士集》。」

　　明皇幸蜀時，鼎祚進《平胡論》，後召守左拾遺。見《輿地紀勝》「昌州官吏」門李鼎祚注。肅宗乾元元年，奏以山川闊遠，請割瀘、普、渝、合、資、榮等六州界置昌州。見《元和郡縣志》「昌州」。二年春，從其議興建。《新唐書‧地理志》云：「昌州下都督府，乾元二年析資、瀘、普、合四州之地置。」《唐會要》云：「乾元二年正月，分資、普地置。」《輿地紀勝》「昌州州沿革」門云：「象之謹按：《寰宇記》昌州四至八到互，資、合、瀘、普、渝、榮六州，恐是割六州地置。」凡經營相度，皆躬與其勞。鼎祚未嘗官昌州，而《輿地紀勝》「昌州官吏」門列鼎祚之名，蓋當時以鼎祚家在磐石，與昌州相近，而所析六州地界，資州亦在其中，故即命原議之人，往參其事也。是時，仍官左拾遺。據《元和志》及《寰宇記》。嘗充內供奉。據《通志‧藝文略》。今按：《唐六典》卷八云：「左補闕二人，又置內供奉，無員數，才識相當，不待闕而授，其資望亦與正官同，祿俸等並全給。左拾遺二人，亦置內供奉，無員數。」《通典》卷二十一云：「自開元以來，左右補闕各二人，內供奉者各一人，左右拾遺亦然。」曾輯梁元帝及陳樂產、唐呂才之書，以推演六壬五行，成《連珠明鏡式經》十卷，又名《連珠集》。《通志‧藝文略》五行類式經門載《連珠明鏡式經》十卷，注云：「唐拾遺內供奉李鼎祚撰。」《能改齋漫錄》卷五云：「嘗考唐左拾遺李鼎祚所修梁元帝、陳樂產、唐呂才六壬書，名《連珠集》。」上之於朝，其事亦在乾元間。《新唐書‧藝文志》五行類載李鼎祚《連珠明鏡式經》十卷，注云：「開耀中上之。」今按：開耀係高宗年號，止有二年。肅宗崩於寶應元年，代宗即以是年登極。自開耀二年至寶應元年，相距已七十年，其上《集解》既在寶應元年以後，則其上《式經》豈得在開耀二年以前？竊謂鼎祚撰《式經》時，官左拾遺，有《通志》及《能改齋漫錄》可證；其官左拾遺在乾元中，有《元和志》及《寰宇記》可證。拾遺置於武后垂拱元年，高宗開耀年間尚無此官。《新書》「開耀」二字，當是「乾元」之譌。蓋始則誤「乾元」為「開元」，繼復誤「開元」為「開耀」耳。代宗登極後，獻《周易集解》，其時為秘書省著作郎。據《集解自序》末結銜。朱睦㮮序云：「鼎祚仕唐為秘閣學士。」今按：秘閣即秘書省學士，即著作郎。蓋秘書本有內閣之名，著作必用文學之士，故朱氏稱以秘閣學士，非唐時有此官名也。仕至殿中侍御史。見《輿地紀勝》「資州人物」門。以唐時官品階秩考之，左拾遺係從八品上階，秘書省著作郎係從五品上階，殿中侍御史係從七品上階。據《通典》

及《舊唐書・職官志》所分載之品秩如此。《唐六典》及《新唐書・百官志》所述亦同，惟殿中侍御史「上階」作「下階」，孫傳寫之誤。由左拾遺而爲著作郎，固屬超遷；由著作郎而爲殿中侍御史，亦非左降。蓋官職之要劇閒散，隨時轉移。著作郎在武德時，秉修史之筆，貞觀後史事改歸史館。著作所司者，止於碑誌、祭文、祝文。《通典》卷二十一云：「大唐武德初，因隋舊制，史官屬秘書省著作局。至貞觀三年閏十二月，移史館於門下省北宰相監修，自是著作局始罷史職。」卷二十六云：「初，著作郎掌修國史及製碑頌之屬，徒有撰史之名，而實無其任。其任盡在史館矣。」《唐六典》卷十云：「著作郎掌修撰碑誌、祝文、祭文。」《舊唐書・職官志》「誌」作「志」，餘同。是其始雖非閒曹，而其後竟成散秩也。殿中侍御史彈舉違失，號爲副端。見《通典》卷二十四。未升秩之前，《舊唐書・職官志》云：「殿中侍御史，武德至乾封，令並正八品上，垂拱年改。」已稱「接武夔龍，簉羽鵷鷺」。《唐會要》卷六十云：「龍朔三年五月，雍州司戶參軍韋絢除殿中侍御史，或以爲非遷，中書侍郎上官儀聞而笑曰：『殿中侍御史，赤墀下供奉，接武夔龍，簉羽鵷鷺，柰何以雍州判佐相比？』」今按：龍朔係高宗年號，在垂拱之前，其時殿中侍御史係正八品上階。據《通典》及《舊唐書・職官志》，京兆府諸曹參軍係正七品下階。京兆府即雍州司戶參軍。即在諸曹參軍之內，其秩較諸殿中侍御史實高三階。故或人有非遷之疑耳。是其始本爲劇職，而其後更屬要津也。故高祖受禪之初，即謂「秘書清而不要，御史清而復要」。《舊唐書・良吏上・李素立傳》云：「武德初，爲監察御史。素立尋丁憂，高祖令所司奪情，授以七品清要官。所司擬雍州司戶參軍，高祖曰：『此官要而不清。』又擬秘書郎，高祖曰：『此官清而不要。』遂擢授侍御史。」《唐會要》卷六十敘此事，「司戶」作「司錄」，事在武德四年。今以《舊唐書・職官志》考之，監察御史本從八品上階，垂拱令改爲正八品上階，京兆府司錄參軍係正七品上階，秘書郎係從六品上階，武德令尙爲正七品下階，侍御史本從七品上階，垂拱令改爲從六品下階，殿中侍御史本正八品上階，垂拱令改爲從七品上階。據《唐六典》卷十三，殿中侍御史，隋煬帝三年省武德五年置。素立之奪情起復，在武德四年，其時尙無殿中侍御史。然而侍御史與殿中侍御史同屬於御史臺，皆清而復要之官，亦猶秘書郎與著作郎同屬於秘書省，皆清而不要之官也。自是以後，輕重益分，故員外郎係從六品上階，侍御史係從六品下階，補闕係從七品上階，其秩視著作郎較卑。著作佐郎係從六品上階，其秩比侍御史較尊。據《唐六典》及《舊唐書・職官志》。然當日由著作郎改補闕，則以爲遷；《舊唐書・李渤傳》云：「以著作郎徵之，歲餘，遷右補闕。」《韋溫傳》云：「換著作郎，父優免喪，久之爲右補闕。」由著作佐郎改侍御史，亦以爲遷。《舊唐書・忠義上・王義方傳》云：「擢爲著作佐郎，遷侍御史。」由員外郎改著作郎，則不以爲遷；《舊唐書・舒元輿傳》云：「尋轉刑部員外郎，宰執謂其

躁競，改授著作郎，分司東都。」由侍御史改著作郎，亦不以爲遷。《舊唐書・宇文籍傳》云：「入爲侍御史，轉著作郎，遷刑部員外郎。」實因輕重繫乎職任，不繫乎階資也。況乎唐時官著作郎者，本有兼侍御史之例。《舊唐書・忠義下・甄濟傳》云：「魏少游奏授著作郎兼侍御史。」殿中侍御史，與侍御史遷轉之班次相同。《通典》卷二十四云：「殿中侍御史，咸亨以前遷轉及職事與侍御相亞。自開元初以來，權歸侍御史，而遷轉猶同。」意者鼎祚亦以著作郎而兼殿中侍御史歟？是故綜覈其生平出處，方未仕之日，即獻策以討安祿山，後此召拜拾遺，當必因其所言有驗。觀於請建昌州之奏，若早慮及寇賊憑陵，故其州曾爲兵火所焚，而節度使崔寧又奏請復置，以鎮壓夷獠。《元和郡縣志》云：「尋爲狂賊張朝等所焚，州遂罷廢。大曆十年，本道使崔寧又奏復置，以鎮壓夷獠。」《輿地紀勝》云：「《元和志》不載張朝、楊琳作亂及昌州廢罷年月。《寰宇記》云：『乾元二年，狂賊張朝、楊琳作亂，爲兵火所廢。』《新唐書・志》云：『大曆六年，州縣並廢，以其地各還故屬。』與《寰宇記》所載昌州廢罷年月不同。象之謹按：李鼎祚奏乞置昌州在乾元元年，《唐會要》載建置昌州年月在乾元二年。既新置於二年，不應於當年遂廢。使二年爲賊所焚，亦不應至六年始廢也。如昌州以乾元元年李鼎祚奏請，二年建置，大曆六年爲賊焚蕩而廢，至大曆十年而復置，其年月初不相亂也。則昌州之廢，當在大曆六年。」蓋其形勢控扼險固，《元和郡縣志》云：「其城南憑赤水，北倚長嵓，極爲險固，兵法所謂『地有所必爭』也。」則鼎祚之優於經濟，而好進謨猷，即此可以概見。其改官御史，建白必大有可觀，惜乎奏議之不傳耳。迨身歿以後，資州人士爲立四賢堂，繪其像以祀之，《輿地紀勝》資州景物下四賢堂注云：「在郡治，繪王褒、范崇凱、李鼎祚、董鈞像。」尤足徵其德望素隆，爲鄉邦推重，在唐代儒林之內不愧爲第一流人。非獨《集解》之書，有功於《易》學已也。乃國史既不爲立傳，方志亦不詳述其人，凡此紀載之疏，安可以曲爲解免也哉？

卷　二

方氏易學五書序

　　《周易》未遭秦火，昔人以爲完書。然當西漢初年，已失《說卦》三篇，迨宣帝時始獲於河內，可讀者僅得一篇，而餘則錯亂難識。故其言卦變、互體也，僅略見於前三章。學者既以語焉不詳爲憾，而其言易象也，自四章以下亦祇二百餘則，而卦、彖、爻辭之取象者多未備焉。所幸古人傳經，大抵皆以口授，雖失其簡策，而誦習者尚能追憶其詞。故《說卦》所無者，半存於各家注中。此眞周以前之微言大義，而兩漢經師相與抱殘守缺，以延其緒於欲絕者也。自王、韓之清談盛，而漢《易》漸衰。及陳、邵之臆說興，而漢《易》幾廢。於是隨聲附和者，反斥易象爲穿鑿，而鄙卦變、互體爲支離，甚至疑《說卦》非孔子所作。而其中之遺文脫簡，更罕有念及者矣。

　　吾邑方端齋先生篤志研經，邃於《易》學，其求之甚勤，其習之最久，深造乎漢《易》之堂奧，而不囿乎漢《易》之藩籬。所著《易學五書》，於易象則博考其名，於互體、卦變則廣徵其例〔註1〕。凡《說卦》所有者，則援據

〔註1〕劉文淇《文學方君傳》（曾聖益點校《劉文淇集》，中央研究院中國文哲研究所
　　　2007年版，第193～194頁）載：
　　　君自悔晚學，故肆力蓁勤，其最精者尤在《周易》，朝夕鑽研，未嘗釋手。君以
　　　張氏惠言約舉鄭氏《易》象而未及其他，毛氏奇齡引諸家《易》象而尚多掛漏，
　　　因遍閱諸家書，有涉及《易》象者，咸摘錄之，成《諸家易象別錄》一卷。又
　　　以《易》家之言象者，以虞氏爲最密，惠、張二家所述，猶未完備，因詳覈虞
　　　注之引逸象者，縷析條分，成《虞氏易象彙編》一卷。又以後儒解《易》罕引
　　　《說卦傳》，因博考古注，參閱諸緯與《春秋內外傳注》之援據《說卦傳》者，

批比其次第，各繫於本文之下，成《周易卦象集證》一卷。又以春秋時，列國卜筮，必據互卦以與正卦相參，因尋繹漢儒之所言者，反覆求其條理，而知互卦之法正例有七，附例有二，成書一卷，名之曰《周易互體詳述》。又以卦變之法傳之已久，言人人殊，無所統貫，因參互考訂，以深求其義例之所在，成書一卷，名之曰《周易卦變舉要》。是爲《易學五書》。君之於《易》，可謂勤矣。

《續修四庫全書總目提要·經部》著錄《方氏易學五書》五卷，有謝國楨所作提要（中華書局 1993 年版，第 1446 頁），云：

清方申撰。申字端齋，儀徵人。本姓申氏，舅氏方取以爲子，故以申爲名。少孤家貧，傭書自活。事母以孝聞，母歿哀暮如孺子。新嘗必薦，人稱之爲孝子。爲人傳寫，精於校讎。悔於遲學，專精《周易》。以張氏惠言約舉鄭氏《易》象而未及他，毛氏奇齡引諸家《易》象尚多掛漏，因遍閱諸家書，有涉及《易》象者，咸摘錄之，成《諸家易象別錄》一卷。又以《易》家之言象者，以虞氏爲最密，惠、張二家所述，猶未完備，因詳覈虞注之引逸象者，縷析條分，成《虞氏易象彙編》一卷。又以後儒解《易》罕引《說卦傳》，因博考古注，參閱諸緯與《春秋內外傳注》援據《說卦傳》者，批比其次第，各繫於本文之下，成《周易卦象集證》一卷。又以春秋時，列國卜筮，必據互卦，以與正卦相參，因尋繹漢儒之所言者，反覆求其條理，而知互卦之法，正例有七，附例有二，成書一卷，名之曰《周易互體詳述》。又以卦變之法傳之已久，言人人殊，殊無統貫，因參伍考訂，以深求其義例，成書一卷，名之曰《周易卦變舉要》。是爲《易學五書》，鉤稽眾說，考訂精審，皎然不淆者也。同邑劉文淇、劉毓崧爲之撰傳，並序其書。汪喜孫誌其墓，稱之曰孝子，爲刊行其書。

同書又載柯紹忞爲五書各作提要（第 104～105 頁），云：

《諸家易象別錄》一卷（南菁書院叢書本）

清方申撰。申字端齋，儀徵人。本姓申氏，舅氏方取以爲子，遂從舅氏姓，以申爲名。著《易學五書》，此爲五書之一。其撰集諸家易象，以《易緯》及鄭君《易緯注》爲大宗，《易注》則取之李鼎祚《集解》。若他書所引，往往遺之。即如《毛詩·采薇》，《正義》引鄭注「坤上六爲蛇得乾氣雜似龍」，《後漢書·崔駰傳》注引鄭注「艮爲手」，皆爲申所漏，是其一證也。至於非逸象而強名爲象，如坤六月坤立秋，震二月震春分，皆卦氣，非象也。甲子乾戌亥乾乙癸坤，皆爻辰，非象也。乾數九，坤數六，皆易數，非象也。青齊震、徐魯震、揚吳離、荊楚離，皆分野非象也。凡此之類，不遑枚舉，亟應刊削者矣。

《虞氏易象彙編》一（南菁書院本）

清方申撰。此爲申《易學五書》之二。申自序述虞氏易象者，以惠氏棟、張氏惠言爲最詳。惠所述凡三百三十則，張所述凡四百五十則。顧其所引者止於「乾爲王」之類，而「乾天崇也」，「乾稱二帝」等類則絕不一引，即逸象之有爲字者，仍屬略而未備。且有也字誤作爲字者，有稱字誤作爲字者，有謂字誤作爲字者，有本無也爲稱謂等字而誤衍者，有一字之象誤作二字者，有他卦之象誤作此卦者，有他注之象誤作此注者，有經文本有而誤爲逸象者，有注家未引而誤列於逸象者，申於有疑者則置之，有誤者則正之，有脫者則補之，字之通用者則仍存之，義之各殊者則並列之，重見者則疊引之，錯出者則分紀之，共得逸象一千二百八十七則。其爬羅別挾，辨析異同，較前人實爲精細。惟錯出之文分見各門，未免重複無謂。如「乾爲德」，又引「作乾德」，又引作「乾稱德」。

「乾大人也」，又引作「乾爲大人」，又引作「大人爲乾」。「乾爲君子」，又引作「乾稱君子」，又引作「乾君子也」，又引作「君子謂乾」。「乾大也」，又引作「乾爲大」，又引作「大謂乾」。「乾神也」，又引作「乾爲神」，又引作「神謂乾」。本是一事，而疊牀架屋，分爲數則，實有乖於義例。然則申自謂得逸象一千二百八十七，斠其重複，宜汰十之三四矣。

《周易卦象集證》一意（南菁書院本）

清方申撰。此爲申《易學五書》之三。其自序謂，兩漢以前，注《易》者無不引《說卦傳》以證經文，至王弼倡得意忘象之說，而韓康伯倣之，遂於《說卦傳》之言象者，全不注釋，幾於惡其害己而去其籍矣。自唐以後，引《說卦傳》以解《易》者，罕有其人。豈非蹈虛易而實難，故棄卦象如弁髦歟！今博考古注與諸緯及《春秋內外傳》注所引者，條理其次第，各繫於本文之下，共得象二百有四。用以見《說卦》之象，求之於經，莫不相符，忘象者斷不能得意也。按申之論，切中含卦象講義理之流弊，雖其書爲襞積之學，亦有裨考證也。至謂九家注引乾爲言，列於此書，虞氏注引乾爲言者，仍列於虞氏逸象。以九家本有此句，虞本無此句，虞謂震爲龍，當作駹，艮爲狗，當作拘，兌爲羊，當作羔，今亦附列於此。尤見義例矜慎，不同臆爲去取者。

《周易互體詳述》一卷（南菁書院本）

清方申撰。此爲申《易學五書》之四。申謂互體之別有九，曰二三四互卦之法，三四五互卦之法，中四畫互卦之法，下四畫互卦之法，上四畫互卦之法，下五畫互卦之法，上五畫互卦之法，兩畫互卦之法，一畫互卦之法。四畫五畫能互諸卦，三畫又爲四畫五畫之本，爲正例，二畫僅互八卦，而一畫又分二卦之餘爲附例。按賈公彥《儀禮疏》，孔沖遠《左傳正義》，俱云凡卦爻三至四，二至五，兩體交互，各成一卦，先儒謂之互體。以交互釋互體，最爲明曉。二畫已不得謂之互，況一畫乎！申謂一畫分二畫之餘，豈有當於交互之義？申自序確守先哲之舊章，不用後儒之新說，其實自逞胸臆，漢宋諸家俱無此等學說也。

《周易卦變舉要》一卷（南菁書院叢書本）

清方申撰。此爲申《易學五書》之五。申據經傳之文，及漢需舊注，以求卦變之義例，爲旁通，爲反覆，爲上下易，爲變化，爲往來，爲升降。又以變化附於旁通，往來附於反覆，升降附於上下易。變化門則兼及某宮弟幾卦，往來門則兼及陰陽消息，升降門則兼及當位不當位。務使端緒分明，閱者易曉。雖無精深之義，亦可爲學《易》之初階。惟申所謂變化者，即《易》之爻變，《繫辭》「爻者言乎變者也」，不若改稱爻變，較爲確當矣。

李慈銘同治乙丑（一八六五）二月初五日日記記《方氏易學五書》（由雲龍輯《越縵堂讀書記》，中華書局1963年版，第10頁），稱：

夜閱《廣陵思古編》，其中載儀徵方申所作《周易五書》自序文五篇，曰《周易互體詳述》，曰《周易卦變舉要》，曰《虞氏易象彙編》，曰《諸家易象別錄》，曰《周易卦象集證》，皆謹守漢學，專明古法，條分縷析，提要鈎元，其辯證精博，多足裨近儒惠、張之義，時亦正其疏舛，蓋近時易學互象名家也。惜其書未見，不知已刻否？汪氏附傳，言申字端齋，本姓申，爲舅氏後，從方姓。性至孝，年五十，始爲諸生，旋卒，時道光二十年也。是經生之最窮者矣。

劉師培《經學教科書》第一冊第三十課《近儒之易學》（萬仕國點校《儀徵劉申叔遺書》第13冊，廣陵書社2014年版，第6010頁）載：

以證之；《說卦》所無者，則綴緝以補之。由是《說卦》之傳，散佚於二千載之前者，一旦儼然復聚，而其書不盡言、言不盡意者，復爲之次第推闡，不啻昭然發蒙。較諸集逸《書》、逸《詩》、逸《禮》者，其事更難，而其績尤巨。非好學深思，實事求是者，其孰能與於斯乎？

毓崧不敏，於《易》本非專家，而先生顧折節忘年，引爲同志，每有撰述，必預討論。乃庚子之冬，五書稿本甫定，而先生遽歸道山。疾革時，拳拳以序文見託，誼何忍辭？頃因汪孟慈先生出貲刊刻，屬爲校訂，爰撮舉著述之大旨〔註2〕，以踐前諾。後之人紬繹此書，識其義例之所在，由是以進求諸全《易》，必有融會貫通，卓然自成一家之學者，是則先生之所深望也夫。

方氏易學五書後序

《方氏易學五書》剞劂告成，余既爲之作序，客有詰余者曰：「此書不過墨守家法，未能以己意發明，而吾子所製弁言，曲爲稱頌，得無貽溢美之誚乎？」余應之曰：「唯唯，否否，不然。君子之著書，期於實有裨益，而人己之見，無庸存於其間。是故紹述前修者，即得舉一反三之要，而非必特創其說以相矜；嘉惠後學者，可傳事半功倍之方，而非必獨據其名以自炫。竊嘗揚搉論之。八卦取象，其理近於六書，而互體卦變；其理近於九數。蓋象有專屬一卦者，猶字之分部，弗容混也。象有兼屬他卦者，猶音之合韻，可相

姚佩中、劉逢祿、方申宗其義，佩中作《周易姚氏學》，逢祿作《易虞氏五述》，申作《易學五書》，咸以象數爲主，或雜援讖緯，然家法不背漢儒。

潘雨廷《讀易提要》卷九有《方氏易學五書提要》（上海古籍出版社2006年版，第451頁），稱：

《方氏易學五書》五卷，清方申著。申字端齋，儀徵人。少不治舉子業，年逾四十始應童子試，道光中以經解補縣學生。以孝聞，安貧樂道，終身未娶；道光二十年庚子卒，年五十四。「易學五書」者，謂《諸家易象別錄》、《虞氏易象彙編》、《周易卦象集證》、《周易互體詳述》、《周易卦變舉要》五書，每書一卷，積數年而成，始於道光十六年（1836），迄於卒年（1840）。

〔註2〕按：《方氏易學五書》有清光緒十四年（1888）江陰南菁書院刻《南菁書院叢書》本，今已收入《續修四庫全書》第30冊，分《諸家易象別錄》、《虞氏易象彙編》、《周易卦象集證》、《周易互體詳述》、《周易卦變舉要》五書，每書一卷。後四種均有《自序》。但無劉毓崧序。另外，《海源閣書目》（王紹曾、崔國光等整理訂補《訂補海源閣書目五種》，齊魯書社2002年版，第786頁）、孫殿起《販書偶記》卷一（中華書局1959年版，第6頁）、山東省圖書館編《易學書目》（齊魯書社1993年版，第2頁）著錄《方氏易學五書》有清道光二十五年（乙巳，1845）青溪書屋刻本，筆者未見，俟訪。

通也。互體錯綜而不雜者，猶算之句股弦矢，其法有一定也。卦變引申而不紊者，猶數之正負和較，其用本無窮也。言小學者，別音均於表，繫諧聲於譜，而六書之旨昭焉。言算學者，推之爲《演段》〔註3〕，繹之爲《細草》〔註4〕，而九數之奧顯焉。言《易》學者，比類以求其象，循序以畫其圖，而八卦之理著焉。其道一而已矣。崑山顧氏、婺源江氏始言古韻，至高郵王氏之書成，而古韻如未亡焉。吳江王氏、宣城梅氏始講中法，至嘉定錢氏之書行，而中法如未墜焉。蕭山毛氏、元和惠氏始重說卦，至儀徵方氏之書出，而說卦如未闕焉。其功一而已矣。使謂服膺說卦者爲限於墨守，則是古韻不必求，中法不必考，《演段》、《細草》不必輯，《音均表》、《諧聲譜》不必編也。使謂究心圖像者爲拘於家法，則是字之分部可略，音之合韻可刪，算之句股弦矢可捐，數之正負和較可廢也。而豈其然哉？觀於方氏《自序》五篇，未嘗立異求新，而實已探賾索隱。驟閱之，一若平淡無奇；而熟玩之，始覺淵微難罄。其簡明易曉也，雖庸愚淺學者可悟成法於規矩之中。其精確不磨也，雖聰穎特達者莫能出新意於範圍之外。此固用己意發明，上以拾大傳之遺，下以解小儒之惑，而苦心孤詣，殷然於繼往開來。洵足遠軼陸氏之《釋文》，而追蹤李氏之《集解》。世有沉潛《易》義者，當不以余爲阿私所好，而河漢斯言也。」客釋然無疑，逡巡而退。因紀其問答之語，以爲後序。

郭生子貞《周易漢讀考》序

自來通經者以大義爲重，說經者以小學爲先。漢儒所以必精小學，正欲其明大義耳。未施小學之功，而遽言大義已得，則不知途徑，安識門庭。但誇小學之業，而不尋大義所歸，則僅守藩籬，弗窺堂奧。蓋不明大義則難溯

〔註3〕 演段，中國古算名。最早見於楊輝著作所錄的劉益《議古根源》，劉益《自序》（楊輝《田畝比類乘除捷法》，商務印書館1939年版，第34頁）：「算之術，入則諸門，出則直田。議古根源，故立演段百問，蓋欲演算之片段也。知片段則能窮根源，既知根源，則於心無蒙昧矣。」元代李冶著《益古演段》三卷、朱世傑的《四元玉鑒》與《算學啓蒙》以及程大位《算法統宗》等明代算書。卷末有李銳嘉慶二年跋（耿文光《萬卷精華樓藏書記》卷八十三，《山右叢書初編》第10冊，上海古籍出版社2014年版，第652頁），稱：「所謂演者，演立天元；段者，以條段求之也。」

〔註4〕 《四元玉鑒》，元代朱世傑撰、清代羅士琳補草。有《萬有文庫》本。《叢書集成初編》收有佚名《透簾細草》、清代李銳《弧矢算術細草》。清代沈欽裴亦有《四元玉鑒細草》。

微言，古之人固以小學爲始基，而非以小學爲止境。沉潛於經學者，所當由訓詁、聲音、文字而進求大義之通。況《易》冠群經，其大義貫徹天人，尤儒者當務之急哉！

　　蘄水郭生子貞從遊有年，於余言最爲篤信。頃以所輯《周易漢讀考》〔註5〕

〔註 5〕郭嵩燾同治元年八月廿七日《日記》（郭嵩燾撰；梁小進主編《郭嵩燾全集》第 8 冊，嶽麓書社 2012 年版，第 554 頁）載：
蘄水郭舜民慕徐竹林至，同寓行臺。慕徐爲雨三觀察之子，受經學於儀徵劉伯山，年二十，博學能文，所著《周易漢讀考》三卷，已成書矣。自序謂仿段氏懋堂《周禮漢讀考》之例，薈萃前人舊説，定其去取，加以引申，所採錄專主漢儒音讀，馬季長、鄭康成、苟慈明、宋仲子、陸公紀、虞仲翔、姚德祐七家音讀可考見者得若干條，略就所見疏通證明。其孟長卿、京君明、劉景升、王肅諸家，章句雖存，而音讀無考；范賢仕及李成去蜀漢已遠，雖有音讀，亦不復錄；趙賓自附孟君，然其改箕子爲荄兹，音讀弗合於師法；韓子夏釋禰爲古文縭字，音讀實出薛虞之記，無與於原書，故皆不錄。少年得此，亦足奇矣。
另外，劉壽曾亦有《周易漢讀考序》（劉壽曾著；楊晉龍校訂；林子雄點校《劉壽曾集》，中央研究院中國文哲研究所籌備處 2001 年版，第 65 頁），稱：
吾友蘄水郭子貞篤志嗜經，尤邃於《易》，爰取《釋文》、《集解》等書之涉及漢讀者，條舉件繫，博採參稽，成《漢讀考》三卷。（下略）可謂融會貫通，有功經術者矣。（下略）
吳承仕《檢齋讀易提要》著錄郭階《周易漢讀考》三卷（張善文校理《尚氏易學存稿校理》第 3 卷附錄，中國大百科全書出版社 2005 年版第 61～62 頁），稱：
階字子貞，蘄水人。少受業於儀徵劉毓崧之門。校閲漢《易》異同，根依其師《通義堂文集》、《筆記》等書，方物段玉裁《周禮漢讀考》之例，取馬季長、鄭康成、苟慈明、宋仲子、陸公紀、費仲翔、姚德祐七家音讀之見於陸氏《釋文》、李氏《集解》者，計七十六事，條舉件繫，稽之眾説，折以己意，爲《周易漢讀考》三卷。爲之序贊者，若丁晏及其師毓崧、壽曾父子、張文虎、莫友芝輩，皆一時聞人也。清代自惠氏父子專理漢學，鈎沉索隱，其道大光。加之戴、錢、王、段諸師，通以聲音訓詁，惟是之從，向來危疑皆隱栝以就繩墨。郭氏生咸、同間，因惠、張之所鈎稽，戴、段之所校理，取精用弘，名理日出，每説一事，皆有義據，亦固其所。（下略）然而箋疏之敝，每失之支離；音讀多通，或流於附會。（下略）至若學人好怪，妄爲穿穴，苟會之以聲音，通之以取象，參之以禮説，《易》無達占，牽引多通，如塗塗附，則滋蔓又安所底乎？且馬季長、宋仲子爲費氏學，陸公紀爲京氏學，鄭、苟本京氏而參以費氏，虞氏本孟氏而推以《參同契》，流派本不盡同。今合七家爲一書，較段玉裁、俞樾之於三禮（俞樾在郭氏後），胡承珙之於《禮儀》今古文，專治鄭氏一家之學者，殆所謂貌同心異者也。又如《乾·象傳》：「大人造也。」《釋文》云：「鄭徂早反，爲也；王肅七到反，就也；至也；劉歆父子作聚。」《正義》云：「姚信、陸績之屬，皆以爲造至之造。」可知子雍之義同於陸、姚，輔嗣之意，本之鄭讀（按《正義》意如此）。何意郭氏專明漢讀而置之不錄，意爲取捨，將何以明？是皆可議者也。郭氏自序云：「咸豐辛酉夏，校閲漢易異同，衷其音讀」；繼云：「是書始於弱冠，成於今歲，雖不敢附著作之林，然數十年之用

乞余裁定，余考《尚書大傳》有云：「十有三年始入小學，見小節焉，踐小義焉。年二十入大學，見大節焉，踐大義焉。太師取大學之賢者登之天子。」鄭司農《注》云：「古者適子恒代父而仕也。」生年正弱冠，行將筮仕服官，所學者不繫乎空言而繫乎實踐。此書之作，固欲循治經之途徑，得漢《易》之門庭，而余所望於生，則更在不囿小學之藩籬，漸登漢儒之堂奧。誠以漢學可貴，在乎大義之克明；漢儒可尊，在乎大義之克踐。是故西漢朱槐里深於《孟氏易》，有折角之能，其壓五鹿而服之者〔註6〕，實由于勁直之鋒，足奪阿諛之魄。東漢戴侍中深於《京氏易》，有奪席之譽，其駕諸儒而上之者〔註7〕，實由於謇諤之氣，足愧緘默之流。

　　即以此書所載者言之，其中精如鄭、荀，博如虞、陸，固遠勝於王肅之依託、王弼之空疏。而究之鄭、荀、虞、陸諸君，其聲望迥超乎肅、弼者，蓋以立身行道有合於大《易》之微言，故處則為名儒，出則為良佐，斷非肅、弼之矯誣輕薄所可躋攀。信乎讀《易》者重心得，尤重躬行，而非徒恃口耳之學也！昔吾鄉李彥平刪補房氏《周易義海》，有存古之功，其所作《識字說》，曰：「讀書須是識字，固有讀書而不識字者如孔光、張禹，非不讀書，但不識字。孔光不識進退字，張禹不識剛正字。」〔註8〕識者歎其垂戒深切，以為名言。尤欽其去就超然，在乾、道間名列四賢〔註9〕之首，可謂不負所學，克踐

心，亦良苦矣。」末署同治三年甲子。劉序署咸豐辛酉，丁序、莫序署同治紀元，並有郭氏年甫弱冠之語。則是書屬稿於辛酉，寫定於甲子，首尾四稔，郭氏年僅二十餘耳。乃云用心數十年，何邪？

〔註6〕《漢書》卷六十七《朱雲傳》（中華書局 1962 年版，第 2912～2914 頁）云：
朱雲，字游，魯人也。（下略）是時，少府五鹿充宗貴幸，為《梁丘易》。自宣帝時善梁丘氏說，元帝好之，欲考其異同，令充宗與諸《易》家論。充宗乘貴辯口，諸儒莫能與抗，皆稱疾不敢會。有薦雲者，召入，攝齋登堂，抗首而請，音動左右。既論難，連拄五鹿君，故諸儒為之語曰：「五鹿嶽嶽，朱雲折其角。」繇是為博士。遷杜陵令，坐故縱亡命，會赦，舉方正，為槐里令。

〔註7〕《後漢書》卷七十九《儒林列傳・戴憑》（中華書局 1965 年版，第 2553～2554 頁）云：
戴憑，字次仲，汝南平輿人也。習《京氏易》。（下略）正旦朝賀，百僚畢會，帝令群臣能說經者更相難詰，義有不通，輒奪其席以益通者，憑遂重坐五十餘席。故京師為之語曰：「解經不窮戴侍中。」

〔註8〕語見龔昱《樂菴語錄》卷一、王應麟《困學紀聞》卷八。

〔註9〕《宋史》卷三百九十《李衡傳》（中華書局 1977 年版，11947～11948 頁）云：
李衡字彥平，江都人。（下略）時給事中莫濟不書敕，翰林周必大不草制，右正言王希呂亦與衡相繼論奏，同時去國，士為《四賢詩》以紀之。

斯言。生今者志在本經術以修己治人，盍即就漢讀之異同，涵泳其大義。觀於「需」讀爲「秀」，戒其躁進，可以明待時而動之義焉；「榮」讀爲「營」，戒其貪祿，可以明抱道自重之義焉；「矢得」讀爲「失得」，戒其附麗，可以明安命不惑之義焉；「一握」讀爲「一屋」，戒其詭隨，可以明特立不懼之義焉。由是觸類引申，顧名思義，庶幾乎讀書識字之能事，無愧於彥平之所言矣。況當日與彥平同時湛深經術者，以胡邦衡爲最顯。邦衡所著有《易傳拾遺》、《春秋集善》，其經學得自蕭子荊之傳。子荊嘗戒邦衡曰：「學不可辱，毋禍吾《春秋》乃佳。」〔註10〕厥後邦衡讜論匡時，風裁卓立，眞能以《周易》首《乾》之義，發《春秋》尊王之微。論者稱其師弟之於《春秋》，非徒以口講耳受。余於子荊所學，雖有志未逮。然生既篤信余言，安得不以邦衡相勉。異日者出而從政，無負初心。宗董子之正言，而鄙孫弘〔註11〕之曲學〔註12〕；推賈生之篤論，而懲貢禹之巧言〔註13〕。既慕漢儒研經，復效漢儒飭行，不獨學期心得，由大義以溯微言，抑且事尚躬行，由明體以求達用。則此書之輯，正可策勵身心，安見玩辭觀象之勤，非即進德修業之助也哉。

書《易緯通卦驗鄭注》後上篇

鄭康成以碩學眞儒，留心藝術百家之說，盡能貫通，而醫理最爲深邃。《〈周禮·天官〉注》中，或論養身之指，「瘍醫」注云：「以類相養也。酸，木味。木根立地中，似骨。辛，金味。金之纏合異物，似筋。鹹，水味。水之流行地，似脈。苦，火味。火出入無形，似氣。甘，土味。土含載四者，似肉。凡諸滑物，通利往來，似竅。」或論療疾之宜，「疾醫」注云：「病由氣勝負而生。肺氣熱，心氣次之，肝氣涼，脾氣溫，腎氣寒。」或論製藥之方，「瘍醫」注云：「今醫方有五毒之藥，作之合黃堥，置石膽、丹砂、雄黃、礜石、慈石其中，燒之三日三夜，其煙上著，以雞羽掃取之。」或論醫家之別，「疾醫」注云：「」其治合之齊，則存乎神農、子儀之術者。察其盈虛休王，吉凶可知。審用此者，莫若扁鵲、倉公。脈之大候，要在陽明寸口。能專是者，其唯秦和乎？岐伯、榆柎則兼彼數術者。

〔註10〕 事見胡銓《清節先生墓誌銘》，《全宋文》第 196 冊，上海辭書出版社、安徽教育出版社 2006 年版，第 153 頁。又見《宋史翼》卷二十三《蕭楚傳》。《四庫全書總目》卷二十六著錄蕭楚《春秋辨疑》，亦載此事。
〔註11〕 「弘」原作「宏」，系避諱。
〔註12〕 董仲舒，傳見《史記》卷一百二十一《儒林列傳》、《漢書》卷五十六；公孫弘，傳見《史記》卷一百一十二、《漢書》卷五十八。
〔註13〕 賈誼，傳見《史記》卷八十四；貢禹，傳見《漢書》卷七十二。

莫不極其精覈。而《易緯通卦驗注》於脈候部分，言之尤詳。手太陰注云：「脈起於手大指內側。」足少陰注云：「脈起於足上繫。」手太陽注云：「脈起於手小指端上頤下目內。」足太陽注云：「脈起於足小指端至前板齒。」凡傳寫之譌，一一加以訂正，有足少陽當作足少陰者，「立春，當至不至，則人足少陽脈虛，多病疫瘇。未當至而至，則人足少陽脈盛，人多病粟疾疫。」注云：「疫瘇寒，亦病，此當與火同為足少陰脈。言陽非粟痤腫也。正氣早陰則傷之，疾疫者受其害也，脈亦當為足少陰矣。」有手少陽當作手太陽者，雨水「當至不至，人手少陽脈虛，人多病心痛。未當至而至，則人手少陽脈盛，人多病目」；注云：「春，《坎》九五陽爻，於脈宜為手太陽，云少陽似誤。心痛，坎也，雨水木炁也，其盛為肝，肝候在目，言脈亦當為手太陽矣。」有足少陽當作手少陽者，立秋「當至不至，人足少陽脈虛」；注云：「人足者例宜言手。」有足太陰當作手太陰者，白露「未當至而至，人足太陰脈盛」；注云：「人足於例亦為手也。」有足厥陰當作手厥陰者，寒露「當至不至人，足厥陰脈虛」；注云：「人足於例宜為手也。」均確有依據，絕非臆斷之詞。至於由脈以推其疾，如嗌痛、鬲痛之異，夏至「當至不至，口乾嗌痛」；注云：「口乾嗌痛，皆燥病。陰不潤陽，謂之燥。」秋分「未當至而至，多病㿉脇鬲痛」；注云：「心炁盛，故㿉脇鬲痛。」喉痹、血痹、筋痹之殊，小寒「當至不至，人多病喉脾」；注云：「喉脾字誤也，當為喉痹。陰閉塞喉病為痹。」芒種「當至不至，多病血痹」；注云：「痹者，炁不達為病。」大暑「當至不至，多病筋痹㿉痛」；注云：「筋痹，暑濕之疾。」亦為之疏通證明，條分縷析，洵所謂探賾索隱者矣。蓋《靈》、《素》諸書字句古奧，必明於經訓者，始能尋繹其精微。當東漢末年，張仲景、華元化皆以醫名於天下，而其初本為儒生。鄭君與二子同時，據《郡齋讀書志》引《名醫錄》，仲景舉孝廉，官至長沙太守。其著《傷寒論》在建安時。據《三國志·華佗傳》：「遊學徐土〔註14〕，兼通數經。」其為曹操所殺，亦在建安時。據《後漢書·鄭康成傳》，其卒在建安五年。是三人正同時也。其曾否相見，固未可知。而於黃、農制作之意，既洞悉其本源，實不啻以經神而兼醫聖。故駮異義則辨五藏之治，《今文尚書歐陽說》：「肝，木也。心，火也。脾，土也。肺，金也。腎，水也。」《古尚書說》：「脾，木也。肺，火也。心，土也。肝，金也。腎，水也。」許叔重與《古尚書》同。鄭駁之云：「今醫病之法，以肝為木，心為火，脾為土，肺為金，腎為水，則有瘳也。若反其術，不死為劇。」注此書則考六脈之經，雖專門名家，或未之逮也。然則醫之為道，豈淺見寡聞者所得窺其義蘊也哉？〔註15〕

〔註14〕按：土，原作「士」，據《三國志·華佗傳》改。
〔註15〕薛壽《學詁齋文集》卷下《書〈通卦驗鄭注〉後上篇》（《清代詩文集彙編》第 649 冊，第 503 頁），云：

書《易緯通卦驗鄭注》後下篇

　　張登封先生所藏鈔本《易緯通卦驗鄭注》，與刻本多有不同。而其尤異者，每節氣後各附藥方。凡「當至不至」與「不當至而至」者，皆隨其病名列其治法。其詞雖與鄭注相聯，而其方實非鄭君所採。蓋古之醫方所用藥品，不出《神農本草》之中。徐氏大椿《本草古今論》云：「本草之始，仿於神農。仲景諸方之藥，悉本此書。藥品不多，而神明變化，已無病不治矣。故宋人有云『用神農之品無不效』。」

　　《通卦驗》爲《易緯》八種之五，馬端臨《經籍考》、《宋史·藝文志》俱分二卷，《永樂大典》合爲一篇。乾隆三十八年，奉詔修《四庫全書》，定以「人主動而得天地之道，則萬物之精盡矣」以上爲上卷，「曰凡易八卦之氣驗應，各如其法度」以下爲下卷。上明稽應之理，下言卦氣之驗，其釐訂鄭《注》，詳載案語於下。正文則仍而不改。侯官趙氏敬謹重刊，冠於所纂《七緯》之首。此書在漢時，儒者多習之。《世說注》引《鄭別傳》云：「博極群書，精曆數圖緯之言。」本傳《戒子益恩書》曰：「粗覽傳記，時睹秘書緯術之奧」，蓋指此也。迨後以讖亂緯，芟新妄希符命，光武好讖，一時佞臣曲士，傅會其說。直至隋唐，其學寖滅。讖滅，則緯與注亦因之矣。此書及注，失傳已久。其中訛脫，與他書徵引不同，在趙刻外者，余得校本並補出數條。如孔子曰：「太皇之先，與燿合元」；〔《玉海》引作「天皇之先，與乾曜合元」。〕「庖義作易，仲仲命德維紀衡」；〔《說郛》引不衍「仲」字，缺「維」字。《玉海》引亦不衍「仲」字，有「維」字。〕案：鄭《注》：「仲謂四仲之卦，震、兌、坎、離也。命德者，震也則命之曰木德，兌也則命之曰金德，坎也則命之曰水德，離也則命之曰火德。維者，四角之卦，艮、巽、坤、乾也。紀，尤數也。衡，猶當也。」《注》義極爲明晰，則仲命、德維、紀衡，六字相對成文，上「伏義作易」爲句。《玉海》《說郛》不衍「仲」字，是也。「或調陰陽，政德所行。」〔《玉海》引《月令疏》作「或調正德所行」。〕「釋黃鍾之公。」〔案：「公」疑誤字。《玉海》引此節，無此句。〕「稱黃鍾之重，然擊黃鍾之磬。」〔案：《玉海》引無「然」字。〕「鼓黃鍾之琴瑟，用槐木。」〔《玉海》引作「鼓瑟瑟用槐」，《通典》同。〕「瑟長八尺」〔《通典》及《玉海》皆作「八尺一寸」。〕「夏日至之禮，如冬日至之禮。」〔《後漢書注》引作「夏至之日，如冬至之禮」，《通典》亦作「夏至日」。〕「瑟用桑木。」〔《通典》、《玉海》「瑟」皆作「琴」。《玉海》一百四卷又引作「瑟」。《通典》注云：「槐取氣上也，桑取氣下也。」或本鄭《注》，亦未可知。〕「間音以簫長尺四寸。」鄭《注》云：「簫亦以管，形似鳥翼。」〔《初學記》引作「簫亦管也，形似鳳翼」。〕以上數條，皆趙本所不載。今因學詁齋會文，拈此立課，謹草此以質同人。諸多掛漏，所不免也。〔或曰：「《易緯》八篇，傳記引他篇之注，有直引爲鄭康成者，則爲鄭《注》無疑。此篇抑有明證否？」曰：「他書引此《注》者甚鮮，要其《注》則定爲鄭氏。姑拈一事證之。下篇云：『立夏，龍昇天。』《注》云：『龍，心星也。』《詩》云：『綢繆束薪，三星在天。』《箋》云：『三星，謂心星也。今我束薪於野，乃見其在天，則三月之末，四月之中，見於東方矣。』《詩》云『在天』，此云『昇天』，立夏正屬四月節，《注》義正與《箋》詩合也。以此定爲鄭《注》，夫復何疑？」〕

今此療疾之方，自酒米針火以外，其餘藥名爲《神農本草》所收者固多，烏金、明鏡、青琅玕、慈石、礜礬、雄黃、硫硝、硃赭、鹽豆、莧藿、瓠、芹、茶、薑、椒、吳茱、桃、棗、橘、蓮茿、柏、桂、桑、桐、枳、柳、皂、蘗、楝實、槐黃、榆皮、幹漆、桑、灰竹、芝蔆、元蔆、苓術、草耆、葴蕤、地黃、麥冬、蒺藜、決明、兔絲、五味、當歸、芍藥、芎、芷、茵陳、芩菀、女菀、王瓜子、桔梗、大戟、黃連、荊芥、防風、羗柴胡、甘遂、橋翹、牡、蒿、蘭、澤蘭、蕙、菊、牡丹皮、葛、茅、茜、蔓、菖、萍、藻、蒲、蓼、射干、飛廉、麻黃、半夏、烏頭、蕪荑、雞、烏雞、牛、羊、狗、犀、麢、麝、龍、蛇、鯉、鱧、龜、貝、蠏、蛤、蠣、蚓、蝦、蟁、蟾、酥蜜。而《神農本草》未收者亦復不少。有梁陶宏景《本草名醫別錄》始收者，黍、粟、糯、禾、豉、麴、麩、酢、韭、蔥、薤、蒜、芥、菘、菰、蕈、杏柿、梨、檳榔、松、楠、櫸、楮、薺苨、黃精、忍冬、香附、萆薢、菝葜、蘇蔻、艾、蘆、芧、蘋、苔、萌、蘿、雉、鵲、雅、鴟、虎、貍、獺、鼠、卿、蠃、蚺、蛙。有唐蘇頌《新本草》始收者，銅、葡、樝、楓、龍腦、阿魏、薄荷、豨薟、豸、蛇黃。有唐陳藏器《本草拾遺》始收者，薇、桛、檀、樟、白茅、香鴉。有宋馬志《開寶本草》始收者，墨、黛、茄、荔枝、橄欖、樺、三棱鬱金、補骨脂、甘松香、麀、蠍。有宋掌禹錫《嘉祐補注本草》始收者，萱、柞、瑿，鱸、蜆。有宋日華子《諸家本草》始收者，蓬砂。有明李時珍《本草綱目》始收者。爐甘、金剛石、獏膏、狗寶、鹹。夫陶氏所收，或漢魏以前偶有用者，而三代以前未必曾用之矣。蘇氏、陳氏所收，或六朝以前偶有用者，而漢魏以前未必曾用之矣。馬氏、掌氏、日華子所收，或五代以前偶有用者，而六朝以前未必曾用之矣。李氏所收，或宋元以前偶有用者，而五代以前未必曾用之矣。鄭君安得豫知後人補收之藥，而引以注古緯乎？然則諸方爲後人所增益，無可疑也。惟是節序之分，藥物之配，斷非無因而漫言，疑其別有所出。惜鈔本傳寫譌脫難稽，如藥名中之蘦字、欛字、豫字，並係誤字。至於各節氣中全脫半脫者，尤不一而足。又未言據何書補入，無從訂正耳。〔註16〕

〔註16〕薛壽《學詁齋文集》卷下《書〈通卦驗鄭注〉後下篇》（《清代詩文集彙編》第 649 冊，第 503～505 頁），云：
江都陳穆堂〔逢衡〕先生藏有清河郡抄本《易緯》，云舊爲甘泉張登封〔宗泰〕所藏。每頁刻有「清河郡」三字，卷首下題「漢鄭氏注，魏宋均校」，前後並無序記。《通卦驗》序次，與今刻本俱不合，亦無上下篇目，二十四氣「當至不至」與「未當至而至」所載，鄭《注》俱有藥方，其全脫者二〔清明、白露〕；其「當至不至」所脫藥方者八〔立夏芒種夏至大暑立秋處暑秋分立冬〕；其「未當至而至」所脫藥方者七〔穀雨小滿小暑寒露霜降小雪大雪〕；其全載者七〔冬至小寒大寒立春雨水驚蟄春分〕。不知據何本抄級他書，亦未見徵引，

今依次錄之，以待後之考正。是書者，冬至《注》云：「當至不至則療人以術、蘭、檀、皁、松、桃、椒、樟、豉、蒜、米、薑、貍、麝、獺、蜆、蚶、鹹、鵲、雞。未當至而至則療人以艾、芎、薑、術、薷、蒲、蘿、蕙、韭、芥、橘、椒、礬、蛤、茶、黍、苓、鹽、犀、櫃、桃、蜜、墨、貍。」小寒《注》云：「當至不至則療人以草、苓、萵、芷、蕨、蘗、鹽、溺、薤、楮、葱、桑、鯉、鱧、蛇、蠣。未當至而至則療人以草、苓〔與上重，疑有誤〕、茅、茵、茗、蓑、術、桂。」大寒《注》云：「當至則療人以醋、韭、麝、犀、菀、荔、薑、椒、蘭、蔻、蘇、黃、桂、赭、柿、枳。未當至而至則療人以羌、松、皁、鯉〔應列在後，疑有誤〕、杏、桐、柳、蘋、藻、薇、檪、桑、蛙、蛤、鱸、鯉、菟、砂、薊、雞、狗、羊、牛、鼠。」立春《注》云：「當至不至則療人以王瓜子、元蓑、甘松香、甘芽、香蓑、茗、乾漆、桑灰、慈石、虎牙。未當至而至則療人以苓、鱧、茅、歸、黍、栗、硃、金剛、青琅玕、梨、蘗。」雨水《注》云：「當至不至則療人以薷、茶、苓、犀。未當至而至則療人以蓑、術、歸、地、麥冬、決明、蒺藜、兔絲、葳蕤、芎、菊、薺、苊、爐甘、莧、堅、貝、麝。」驚蟄《注》云：「當至不至則療人以蘆、蘇、薑、苓、麻黃、桔梗、術、芬橘、硫。未當至而至則療人以草、忍冬、豨薟、決明、苓、芎、歸、芍、蟾酥、狗寶、蛇黃、貘骨。」春分《注》云：「當至不至則療人以菖、鬱金、薄荷、硫。未當至而至則療人以蔓、荔、萍、菘。」清明。〔案此節方全脫〕。穀雨《注》云：「當至不至則療人以苓、草、茗、蓑、薷萵、葳蕤、豉、苓、蚓、蠣、桂、硫、龍桃、蘗、歷虎、蝦蟆、鸊鵜、艾、豉、皁、藻、地蓼、蘇、女菀、荊槐、柏、楓、樟、楠、銅火。」〔此即未當至而至方脫，案以草木鳥獸序次核之，則艾豉以下，疑是未當至而至所療之藥，寫者誤脫，今仍其舊錄之。〕立夏《注》云：「未當至而至則療人以苓、菊、茵、澤、蘭、桂。」〔此節當至不至方脫。〕小滿《注》云：「當至不至則療人以半夏、五味、吳黃、桂竹、硃砂、蓼、柏。」〔此即未當至而至方脫〕。芒種《注》云：「未當至而至則療人以術、芷、歸、芎、羌、蒿、地蓑、茗、藥、薑、槐、黃連、芬枳、蘗、硫硝。」〔此即當至不至方脫〕。夏至《注》云：「未當至而至則療人以半夏、薑、皁、防風、豫硫硝、雄黃、硃礬、蓬砂。」〔此即當至不至方脫。〕小暑《注》云：「當至不至則療人以術、苧、蘗、苓、草、蓑、茗、芍、蒿、麴、椒、吳黃、棗、桂。」〔即此未當至而至方脫〕。大暑《注》云：「未當至而至則療人以香附、術、麝、櫨、柚、歸、芎、艾、硫、鱧、烏金、明鏡、酒、粟。」〔此即當至不至方脫〕。立秋《注》云：「未當至而至則療人以飛廉、芬薑、桂、鯽、〔鯽應列在後疑有誤。〕半夏、櫃、探、莉、茗、龜、雅、榆皮、草、苓、芷、橄欖、龍腦。」〔此節當至不至方脫〕。處暑《注》云：「未當至而至則療人以術、射干、苓、雉、〔雉應列在後疑有誤。〕草、蓑、薑、藥蠍。」〔此即當至不至方脫。〕白露。〔案此節方全脫〕。秋分《注》云：「未當至而至則療人以芝、苓、蓑、精。」〔此節當至不至方脫。〕寒露《注》云：「當至不至則療人以烏頭、艾牡蒿、荔枝核、檳榔、吳黃、楝實、阿魏、烏雞、苓、薑、藻、蒿、甘遂、荊芥、三稜。」〔此節未當至而至方脫〕。霜降《注》云：「當至不至則療人以補骨脂、菊、艾、蒺藜、草薢、菝葜、藥蓮、茺黃、桂蕙、苓羌、歸、芷、芥豆、糯、蒴藋。」〔此節未當至而至方脫。〕立冬《注》云：「未當至而至則療人以黃連、柴胡、苓黛、芎、芍、草、戟、

丁儉卿先生《易林釋文》跋

　　山陽丁儉卿先生著《易林釋文》二卷〔註17〕，自序云：「琛繹舊文，疏其隱滯。實事求是，擇善而從。」統觀全書，無不與序言符合，而其精心卓識，尤在於謂《易林》學出西京，非東漢諸儒所能依託〔註18〕。毓崧承命校字，

蕎薑、芥枳苓、蠣、蛤、羚、麝、麴、牡丹皮、吳茰、茖、葰、術、鹽荺、艾、茰。」〔此節當至不至方脱，案依序次核之，則韭牡丹皮下疑是當至不至所療之藥，寫者脱誤，今仍其舊錄之。〕大雪《注》云：「當至不至則療人以茵陳、茅、葛、萱、翹、戟、芫、茜、菇、蕈、蘋、苔、禾、芹、瓠、樺、柞、蟹、蠃、茖、術、歸、茄、麴、酢、礬、阜、蘗、椒、蔓。」〔此節未當至而至方脱，案依序次核之，則茖術下疑是未當至而至所療之藥，寫者脱誤，今仍其舊錄之。〕以上各注或係鄭氏原文展轉訛誤，或由後人增益，均未可定。案：鄭氏精於脈石，於《禮》注可見。《周禮·疾醫》云：「四時皆有癘疾」，《注》引《五行傳》曰：「六癘作見，即此二十四氣所舉是也。」「以五味五穀五藥養其病」，《注》云：「五味，醯、酒、飴蜜、薑、鹽之屬。五穀，麻、黍、稷、麥、豆是也。五藥，草、木、蟲、石、穀也。」「凡療瘍以五毒攻之」，《注》云：「止病曰療。今醫方有五毒之藥，作之，合黃堥，置石膽、丹砂、雄黃、礬石、慈石。」其中皆與此《注》所載品物其類相似，然則以爲出自鄭氏，不爲無據，特他書未經引用，本書又無考證，所用藥物序次不盡歸類，又有在鄭氏後者。即屬鄭氏原注，則譌脱已久，無從諟正。余作《鄭注書後》成，而歸原本於陳氏，因具錄以爲下篇，俾抄本古說藉廣異聞云爾。

〔註17〕尚秉和《〈焦氏易林〉之平議》（尚秉和《焦氏易詁》，中央編譯出版社 2013 年版，第37頁），稱：

崔篆爲西漢大儒，其書之亡，誠爲可惜，然必以相傳甚久之《焦氏易林》屬於崔氏，只見其誤，未見其安也。丁晏《易林釋文》前後敘，駁議綦詳，然其義有未盡者，故復引申之。至《易林釋文》劉毓崧後跋，按漢家帝諱，謂全書十萬言，獨不見弗字。定《易林》作於昭帝時，則真考索有得者矣！

〔註18〕《唐蘭全集》第一冊有《謏聞錄》，注「邵瑞彭次公著，唐蘭節錄」。第二則題爲《易林》（上海古籍出版社2015年版，第181頁），稱：

《易林》非焦贛之書，顧炎武、姚際恒、徐養原皆曾辨之。而《四庫提要》及梁曜北、左春谷之徒，頗持異議。或又以爲許峻所著。自牟庭相作《崔氏易林校正》，直以此書屬於王莽時崔篆。翟雲升作《焦氏易林校略》，備載牟說。王耕心作《新定周易林敘錄》，持論多本牟氏。《書目答問》亦取牟說，改署崔氏撰。惟丁晏《易林釋文書後》力駁翟、牟，劉毓崧爲之跋，又衍丁說。潘雨廷有《易林釋文提要》（潘雨廷《讀易提要》，上海古籍出版社2006年版，第465頁），稱：

若丁氏之《釋文》，確能無偏見，既列各本之異同，凡宋本及翟校之善者皆取之，未明者闕疑，唯未善者乃訂正或增補之。（下略）故此書與翟氏之《校略》，皆有所得，同爲研《易林》者不可不讀之書；而丁氏之深信爲西京故書，則其見與翟氏異焉。又書末有丁氏之年任儀徵劉毓崧跋，間以避諱等義，以證焦氏之《易林》作於昭帝之時，亦一說也。

爰據先生所言者，從而引申推廣，以就正焉。

　　謹按：後漢明帝永平五年，以《易林》占雨。《東觀漢記》云：「永平五年秋，京師少雨，以《周易卦林》占之。其繇曰：『蟻封穴戶，大雨將集。』」今《易林・震之蹇》有此二語。明帝諱莊，而《易林》不避「莊」字，《坤之觀》、《泰之豫》、《否之既濟》並云「莊公築館」。《豫之家人》云「莊姜無子」。則非作於明帝時可知。崔篆之《易林》作於光武帝建武初年，《後漢書・崔駰傳》敘其祖篆，云：「建武初，朝廷多薦言之者，幽州刺史又舉篆賢良。篆自以宗門受莽偽寵，慚愧漢朝，遂辭歸，不仕。客居滎陽，閉門潛思，著《周易林》六十四篇。」光武帝諱秀，而《易林》不避「秀」字，《需之艮》、《晉之比》並云「垂秀方造」。《夬之晉》云「麥秀傷心」。斷不出自篆手，則非作於光武時可知。更始諱元，而《易林》不避「元」字，《屯之大畜》云「逢禹巡狩，錫我元珪」。則非作於更始時可知。王莽自言出自田齊，實為陳恆之後裔。《漢書・王莽傳》云：「田和有齊國，至王建為秦所滅。項羽起，封建孫安為濟北王。至漢興，安失國，齊人謂之王家，因以為氏。」今按：以《史記・齊世家》考之，田和乃陳恆之曾孫。當是時，孰敢指斥恆之罪惡，而《易林》則言其弒君。《觀之遯》云「雍門內崩，賊賢傷仁。暴亂狂悖，簡公失位」。今按：此即斥言恆之弒簡公也。夫篆之屈節莽朝，實以憚其威虐，豈肯觸犯猜忌，自蹈誅夷？《後漢書・崔駰傳》云：「篆兄發以巧佞倖於莽，位至大司空。母師氏賜號義成夫人，後以篆為建新大尹，篆不得已，乃歎曰：『吾生?妄之世，值澆羿之君。上有老母，下有兄弟，安得獨潔？已而危所生哉。』乃遂單車到官。」況莽未篡立之時，已改禁中為省中，以避其祖諱，《獨斷》云：「禁中者，門戶有禁。孝元皇后父大司馬陽平侯名禁，當時避之，故曰省中。」今按：以《漢書・元后傳》及《王莽傳》考之，莽父名曼，禁之次子也。而《易林》不避「禁」字，《坤之否》云「謹慎管鑰，結禁毋出」。則非作於莽時可知。孺子諱嬰，而《易林》不避「嬰」字，《屯之未濟》云「愛我嬰女」，《小畜之升》云「名曰嬰鬼」。且以子嬰二字連言，《謙之蒙》云「子嬰兩頭」，《中孚之姤》云「子嬰失國」。則非作於孺子時可知。平帝舊諱箕子，《漢書・平帝紀》云：「元始二年，詔曰：『皇帝二名，通於器物。今更名，合於古制。』」孟康曰：「平帝本名箕子，更名曰衍。箕，用器也，故云通於器物。」而《易林》不避「箕」字，《大畜繇》詞云「箕伯

余嘉錫《四庫提要辯證》卷十三（中華書局 1980 年版，第 744 頁）著錄《焦氏易林》，稱：
嘉錫案：牟氏之說可謂善思誤書者，其自謂曠若發蒙，非虛語也。而丁晏作《易林釋文》既成，始見易林校略》年氏序，遂作《書後》一篇以駁之，〔載《釋文》後。〕劉毓崧又為丁氏《釋文》作跋一首，〔載《釋文》後，又見《通義堂集》卷二。〕必謂今本《易林》為焦贛撰，而非崔篆。然兩人之言，皆無確證。

所保」。且以箕子二字連言，《泰之剝》云「箕子爲奴」，《大壯之小過》云「箕子佯狂」。則非作於平帝時可知。顧亭林謂《易林》用《漢書·李尋傳》語，《日知錄》云：「《易林》曰：『火入井口，楊芒生角。犯曆天門，窺見太微。登上玉床』，似用《李尋傳》語。」〔註19〕今按：此《鼎之臨》繇詞。然考《李尋傳》，其在成帝時係言月、太白入井，而不言「火入井口」，與《易林》所言固異。其在哀帝時，但言月入太微、熒惑入天門，而不言「火入井口」、「登上玉床」，與《易林》所言亦殊。況哀帝諱欣，而《易林》不避欣字，《屯之蹇》云「不見欣歡」，《否之履》、《復之損》並云「欣然嘉喜」。則非作於哀帝時可知。亭林又謂《易林》用成帝起昌陵事，《日知錄》云：「《易林》曰：『新作初陵，踰陷難登』，似用成帝起昌陵事。」今按：此《明夷之咸》繇詞。然考《成帝紀》云：「昌陵客土疏惡，終不可成。」《劉向傳》云：「始營初陵，其制約小，天下莫不稱賢明。」是昌陵曾陷，而初陵未嘗陷。《易林》所言初陵，必非成帝之初陵，更非成帝之昌陵。況成帝諱驁，其嫌名爲槃，《漢書·藝文志》云：「《孫卿子》三十三篇」，顏師古曰：「本曰荀卿，避宣帝諱，故曰孫。」今按：宣帝諱詢，既兼避荀字，成帝諱驁，亦當兼避槃字。此漢人兼避嫌名之例也。而《易林》不避「槃」字，《鼎之震》云「困於噬槃」。則非作於成帝時可知。亭林又謂《易林》有元帝昭君事，《日知錄》云：「『長城既立，四夷賓服，交和結好，昭君是福』，事在元帝竟寧元年。」今按：此《萃之益》繇詞。先生辨之曰昭君，或取昭明之義，如《毛詩》平王之類，不必定指漢宮人。《萃之臨》曰「昭君守國，諸夏蒙德」，此昭君又何以解焉？《鼎之噬嗑》云「乾侯野井，昭君喪居」，此昭君謂魯昭公，又是一義。其剖析最爲明顯。毓崧竊謂《易林》屢言昭君，亦屢言文君，所謂文君者，或專言周之文王，《謙之困》云「文君降陟」，《蠱之益》云「文君出獵，姜氏受福」，《復之姤》云「命絕衰周，文君乏祀」。或泛言文德之君，《咸之既濟》云「文君德義，仁聖致福」，《歸妹之咸》云「文君之德，養仁致福」。說《易林》者未聞以文君爲卓女，

〔註19〕　《日知錄》卷十八《易林》
　　　　《易林》疑是東漢以後人撰，而託之焦延壽者。延壽在昭、宣之世。〔《漢書·京房傳》曰：「延壽以好學得幸梁王，王共其資用，令極意學。學既成，爲郡史，察舉補小黃令。」〕按：此梁敬王定國也，以昭帝始元二年嗣，四十年薨。當元帝之初元三年，其時《左氏》未立學官。今《易林》引《左氏》語甚多，又往往用《漢書》中事。如曰「彭離濟東，遷之上庸」，事在武帝元鼎元年；曰「長城既立，四夷賓服。交和結好，昭君是福」，事在元帝竟寧元年；曰「火入井口，陽芒生角。犯曆天門，窺見太微。登上玉床」，似用《李尋傳》語；曰「新作初陵，逾陷難登」，似用成帝起昌陵事；又曰「劉季發怒，命滅子嬰」，又曰「大蛇當路，使季畏懼」，則又非漢人所宜言也。

何獨以昭君爲明妃乎？況元帝諱奭，而《易林》不避「奭」字，《大畜之小畜》、《益之謙》並云「欣喜奭懌」，《頤之漸》云「姬奭姜望」，《艮之咸》云「且奭輔王」。則非作於元帝時可知。宣帝諱詢，其嫌名爲荀，而《易林》不避「詢」字，《大畜之家人》云「更相諮詢」，《明夷之臨》云「更相談詢」，《歸妹之泰》云「諮詢厥事」。亦不避荀字，《蠱之歸妹》云「荀伯遇時，憂念周京」。則非作於宣帝時可知。昌邑王諱賀，而《易林》不避「賀」字，《小畜》繇詞云「元賀舉手」，《大有之解》云「賀喜從福」。則非作於昌邑王時可知。

今反覆研究，知其作於昭帝之時，其證有四。昭帝名弗，荀悅云：「諱弗之，字曰不。」《漢書·武帝紀》云：「立皇子弗陵爲皇太子。」張晏曰：「昭帝也。」後但名弗，以二名難諱故。《易林》六十四卦，四千九十六變，其中用不字者層見迭出，奚啻千餘，而無一「弗」字，則作於昭帝即位以後無疑。其證一也。高祖諱邦，惠帝諱盈，文帝諱恒，景帝諱啓，武帝諱徹，《易林·乾之坤》云「害我邦國」，《蒙之坤》云「常盈不亡」，《比之坎》云「恒山浦壽」，《需之兌》云「牡飛門啓」，《大壯之臨》云「祿位徹天」，不避諸帝之諱者，西漢時法制尚爲疏闊，惟時主之名避諱甚嚴。若先代之名，有因已祧不諱，有因臨文不諱，可以隨時變通。故或諱，或不諱，非若後世拘於一定之例。此《易林》所以止避昭帝之名，而不避先代之諱也。太史公卒於昭帝初年，王氏鳴盛《十七史商榷》云：「遷實卒於昭帝初，觀《景帝本紀》云：『太子即位，是爲孝武皇帝。』《衛將軍驃騎傳》末，亦屢稱武帝。按：其文義皆非後人附益，間有稱武帝爲今上者。《史記》作非一時，入昭帝未久即卒，不及追改也。惟《賈生傳》末述賈生之孫嘉與余通書，至孝昭時列爲九卿，此孝昭二字則是後人追改，其元本當爲今上耳。」〔註20〕而《易林》言「子長忠直，李氏爲賊。禍及無嗣，司馬失福」，《漸之遯》。尋繹其詞，必係身後表章，斷非生前標榜，則作於太史公既卒以後無疑。其證二也。焦延壽之學《易》，梁敬王助其資用。敬王嗣位在昭帝始元二年，《漢書·京房傳》云：「治《易》事梁人焦延壽。延壽字贛，以好學得幸梁王，王共其資用，令極意。學既成，爲郡史察舉，補小黃令。」《日知錄》云：「按此梁敬王，定國也。以昭帝始元二年嗣，四十年薨，當元帝之初元三年。」《易林》言「從我睢陽，可辟刀兵」，《坎》繇詞。又言「彭離濟東，遷之上庸。」《升之夬》。《日知錄》云：「事在武帝元鼎元年。」睢陽者，梁之國都。當吳楚相攻，得免殘破。《漢書·梁孝王傳》云：「梁王城守睢陽，吳楚以梁爲限，不敢過而西。」今按：以世系考之，敬王乃孝王之元孫。彭離者，梁之支屬，爲有司所奏，自取遷流。《梁孝王傳》云：「子彭離，爲濟東王，殺人取財物，有司請誅，武帝弗忍，廢爲庶人，徙上庸。」焦

氏以梁人事梁王，故述梁事以勸誡，則作於敬王嗣位以後無疑。其證三也。《漢書・地理志》云：「金城郡，昭帝始元六年置。」《昭帝紀》云：「始元六年七月，置金城郡。」《易林》云：「金城朔方」，《暌》之《?妄》。則作於是年七月以後無疑。其證四也。延壽之弟子京房，以元帝建昭二年爲石顯誣害，年四十一。據《漢書・元帝紀》及《京房傳》。上溯其初生之歲，當昭帝元鳳四年。其受業於延壽，至早亦須五六歲，當宣帝本始元年、二年之間。爾時，《易林》已成。延壽常曰：「得我道以亡身者，必京生也」，諒早以是書相授矣。房不幸早亡，而延壽無恙。自昭帝始元六年至成帝建始元年，首尾僅五十載。唐王俞《序》謂「延壽當元、成之間」，諒非無據。《日知錄》謂延壽在昭、宣之世，更屬有徵。蓋昭帝時《易林》已行，成帝時焦氏猶在，顧氏原其始，王氏要其終耳。昭帝時，《左傳》未立學宮，亭林因《易林》引《左氏》語甚多，疑是東漢以後人撰，而託之焦延壽者。先生辨之曰：「《左傳》當西漢時，雖未立博士，賈誼已爲訓故，河間獻王傳其學，《毛詩故訓傳》多依用之。於《易林》何疑焉？」其援證最爲確鑿。毓崧竊謂賈太傅官梁甚久，汪氏中《賈誼年表》云：「孝文六年，徵拜梁懷王太傅。其年王入朝。十一年再入朝。」則賈生自六年以後皆在梁。梁人必有從受《左傳》之學者，故焦氏得以私淑諸人。祇可據此定焦氏爲《左傳》先師，不可反謂《易林》非焦氏所作也。若夫高祖字季，而《易林》言「劉季發怒，命滅子嬰」者，《蠱》之《賁》。古人未嘗諱字，《史記》、《漢書》高祖紀中言劉季者不一而足。其言劉季，猶周人之言王季。其言「劉季發怒」，猶《大雅》之言「王赫斯怒」，不得謂非漢人所宜言也。《日知錄》論「子孫稱祖父」字，云：「字爲臣子所得而稱，故周公追王其祖曰王季，王而兼字。」〔註21〕是亭林之意固不以稱君父之字爲非也，何獨至於《易林》而疑之？《易林》又言「大蛇當路，使季畏懼」，《屯》之《井》，《損》之《比》。何本「季」作「我」。作「我」者，固統論常人，與高祖無涉。即作「季」者，亦偶舉行輩，與高祖無關。《易林》泛言伯仲叔季者甚多，無所專指。其下文云「湯火之災，切近我膚。賴其天幸，歸於室廬」，《損》之《比》作「室」，是也。《屯》之《井》作「主」，非也。以視高祖之拔劍斬蛇，情境迥別。倘因此附會，遂謂《易林》爲王莽時人所作，則莽之曾祖名賀，字曰翁孺，而《易林》有「東家翁孺」之語，《豫》之《震》。又豈莽之臣所宜言乎？翟氏雲升、牟氏庭並謂《易林》爲王莽時崔篆所作，又以繇詞所言皇母爲定陶傅太后，《節》之《解》云：「皇母多恩，字養孝孫。脫於襁褓，成就爲君。」牟云：

「鄭曉謂此言定陶傅太后也。」翟云：「事見《漢書‧外戚傳》。」不知《易林》言皇母，亦言元后，皆係泛詞而無專屬。夫元后既非王太后，《艮》之《訟》云：「元后貪欲，窮極民力。」《旅》之《姤》云：「爲國妖祥，元后以薨。」所謂元后乃君上之稱，與孝元皇后無涉。則皇母亦非傅太后矣。且傅太后與王太后有隙，莽嫉之如寇讎，既奏奪其尊號之稱，且發掘其墳冢，《漢書‧外戚傳》云：「傅太后既尊，后尤驕，與成帝母語，至謂之嫗。崩，合葬渭陵。王莽秉政，奏貶傅太后，號爲定陶共王母。既開傅太后棺，掘平故冢。莽又周棘其處，以爲世戒云。」《易林》果作於莽世，崔篆安敢加傅太后以皇母之名耶？翟氏又引《同人》之《豫》、《鼎》之《節》云「安民呼池」，謂安民縣始於王莽時，在焦氏後，皆是崔非焦之證。先生辨之云：「毛本《同人》之《豫》曰『按民湖池』，黃本作『按民呼池』，翟本又改『安民』。臆改遷就，不可從也。」其駁正詳審，洵足以釋翟氏之疑矣。毓崧竊謂《易林》所述漢代地名，如六安、《屯》之《蠱》云：「南巴六安。」蒼梧、鬱林、《比》之《噬嗑》云：「蒼梧鬱林，道易利通。」高奴、《小畜》之《剝》云：「北至高奴。」合浦、《隨》之《節》云：「交川合浦。」金城、朔方、《暌》之《?妄》云：「金城朔方，外國多羊。」河間，《巽》之《益》云：「封君河間。」莽時皆有改易。據《漢書‧地理志》，莽改六安爲安風，蒼梧爲新廣，鬱林爲鬱平，高奴爲利平，合浦爲桓合，金城爲西海，朔方爲溝搜，河間爲朔定。使謂安民爲莽時地名，則六安等處何以仍用漢時舊名，而不用莽時所改，亦足見《易林》之作必不在僞新之朝矣。至於費直《序》謂「莽時建信天水焦延壽所撰」，鄭端簡謂「延壽與孟喜、高相同時，非王莽時人，費直亦非莽時人」，其說是也。牟氏明知費序之僞，而猶據此以爲莽時，且謂新、信聲同，大尹誤爲天水，崔形誤爲焦，崔篆蓋字延壽。先生辨之云：「西漢諸儒未有代人作序者，此費直之序必依託也。遍檢書傳，篆無延壽之字。《東觀漢記》：『占《周易卦林》，詔問沛獻王輔。』王厚齋《漢志考》亦引《東觀記》此文，薛季宣序引同，並稱以《京氏易林》占之。《後漢‧沛獻王輔傳》：『善說京氏易』，京爲延壽弟子，是爲焦氏之學確有明徵。」其考訂縝密，洵足以正牟氏之失矣。毓崧竊謂崔篆自有《易林》，其孫駰曾用之以筮，《後漢書‧儒林傳》云：「孔僖拜臨晉令，崔駰以家林筮之。」《注》云：「崔篆所作《易林》也。」唐時崔群亦嘗用之以占，趙璘《因話錄》卷六云：「崔相國群之鎮徐州，嘗以《崔氏易林》自筮，遇《乾》之《大畜》，其繇曰：『典策法書，藏在蘭臺。雖遭亂潰，獨不遇災。』及經王智興之變，果除秘書監也。」今按：《焦氏易林》「潰」作「潰」，此四句係《坤》之《大畜》繇詞。意者《崔氏易林》即就焦氏之本而稍加移改歟？是唐代中葉其書尙存。然新、舊《唐志》著錄以《崔

氏易林》與《焦氏易林》並列，判然爲二焉。得以崔氏之書既失，遂移焦氏之書補之。試思崔篆客居滎陽，而《易林》言「鬭死滎陽」，《師》之《否》。又言「敗於滎陽」，《噬嗑》之《旅》。篆何必特爲此語？且崔杼棠姜之亂乃崔姓所當深諱，而《易林》再四言之，《乾》之《夬》云：「東郭棠姜，武氏以亡。」《需》之《剝》云：「東郭棠姜，武氏破亡。」《暌》之《損》云：「東郭棠姜，武子以亡。」《坎》之《升》云：「入宮無妻，武子哀悲。」《升》之《剝》云：「入室無妻，武子悲哀。」篆又何必舉此事以爲美談？況篆既濡跡僞朝，內懷慚德，較諸延壽以經師而兼循吏者，《漢書・京房傳》云：「贛以候司先知姦邪，盜賊不得發，愛養吏民，化行縣中，舉最當遷。三老官屬上書願留贛，有詔許增秩留。」高下懸殊，若必改焦爲崔，誠恐以人廢言者，將有覆瓿之誚也。後此讀《易林》者，折衷於先生之說，知其眞出西漢名賢之手，庶幾因其人以重其書，而益加篤信也夫。〔註22〕

陶式型《山中讀易圖》序

《大畜・象傳》云：「天在山中，大畜。君子以多識前言往行，以畜其德。」今考內外卦有艮象者，自《屯》至《小過》凡十五卦，而取象於山中者惟此一卦。誠以古人之藏書必在名山，故欲多識前言往行者，皆當於山中求之。初非以其地之清遠，藉資靜悟之力也。

鹽城陶君式型覃思《易》學，撰述甚富〔註23〕。頃以山中讀易圖〔註24〕

〔註22〕 《續修四庫全書》第 1055 冊收錄丁晏《易林釋文》二卷，係清光緒十四年刻南菁書院叢書本。劉毓崧《跋》見卷末（上海古籍出版社 1996 年版，第 383 頁）。比勘文本，文末另有「咸豐乙卯二月初六日儀徵劉毓崧謹識」，可知作於咸豐五年（1855）。

〔註23〕 丁壽昌《睦州存稿》卷六《二觀山房文集序》（《清代詩文集彙編》第 669 冊，上海古籍出版社 2010 年版，第 456 頁），稱：
陶君式型從學於家大人門下，三十餘年矣。其始識之也，余方童丱，家大人主講鹽城表海書院，思以經義振起浮靡，作《讀經說》以教士。而士子溺於時藝試律，率以帖括謷病較一日之短長，其於沉潛之學，或未遑也。一日試「北辰」解，余方侍側觀，家大人得一卷，有喜色，顧余曰：「此宿學士也。」拔置超等第一。既而來謁，容貌古樸如其文，年將四十矣。出其說經之文，裒然成卷軸，而於《易》最邃。傳其學者數世，至君尤精於象數。屢應童子試，不遇。下帷覃思，不復爲科第之學。適督學使者，今壽陽相國祁公按試江蘇，所甄拔皆績學之士。將涖淮安，家大人手書遣急足召君與試，君固不願行，強之而後可，至則試古學。相國校七蜀經解，獨取君第一。入邑庠，旋試優等倉米廩。浹旬之間，聲譽翕然，而君之勤學問字，老而不衰。歲在癸丑，家大人以團練被逮，賓客絕弗通，君獨自鹽來視館於余家。有動色戒

屬題，余謂昔儒讀《易》山中者，莫著於明之來知德。然所學雖得漢儒緒餘，而或參以新說，或雜以臆見，不盡合於多識前言往行之訓識者，頗以爲惜。今陶君之讀《易》，既紹承於家學，復奉教於山陽丁儉卿先生。其師承具有淵源，實遠過於來氏，誠由是而精擘古義，恪守成規，將見《大畜》所謂「剛健篤實，輝光日新」者，不難於克踐之矣。又豈來氏所能及哉？

成芙卿《禹貢班義述》序　代〔註25〕

之者，君曰：「禍福天也，余何懼哉！」未幾，余奉命出都，家大人移獄淮安，君日從遊不稍報。以詩文就質於余，余何足以知君之文，而自少至壯觀君之事家大人如一日，家大人所振拔甚多，而經久不渝，老而彌摯者，自陶君以外蓋不多覯，故序其生平交際。若君之事親孝，友弟悌，門內無間言，發爲文章，爾足深厚，無浮華不根之習，藏之名山，傳之其人，後世必有知子云者，固不俟余之序逮也。甲寅閏七月。
卷一《贈鹽城陶式型》（同上書，第381～382頁）：
式型少邃於《易》，顧不喜作四書文，以此屢困童子場。道光辛卯，家大人主講表海書院，試「北辰」解第一，久而無所遇。戊戌，學使祈公試經解，錄君第一人。歲試入學，連試優等倉米廩。君名大噪，而年已四十矣。試畢將歸，爰作歌以贈：
射易湖水清且漣，淮陰鹽漬相毗連。鹽漬中藏隱君子，精思讀《易》窮韋編。韋編古聖曾三絕，明簽之編追往哲。譚經娓娓更談天，觀書朗朗如觀月。年將強仕無知心，孤燈老屋猶尋研。士逢知己忽穎脫，爨桐柯竹生奇音。雄風表海初射策，予亦鬖年從講席。北辰有解通《天官》，五經無雙推第一。世人吠怪君不知，厓山丞相留文詞。殺青繕寫經手校，遺書一卷常昭垂。孤忠世系辨贋託，前賢故里搜殘碑。舌耕手據倉不給，築氏書傭日盈側。何妨質枕易棗黎，不惜傾家供紙筆。功名潦倒成寒灰，一朝天使求眞才。飛書急足召高第，請自隗始登金臺。青衿一領何足重，所貴相知異庸眾。丈夫際遇會有時，窮鬼揶揄莫相弄。西窗口燭論心期，將軍從此數非奇。淮陰之水入鹽漬，兩地相思兩不知。
〔註24〕丁壽昌《睦州存稿》卷一《題陶式型山中讀易圖》（同上書，第382頁）：
《易》本憂患書，誰云宗象數。圖書鑿先天，毋乃自貽誤。伊余寡見聞，學易鄙章句。玩詞得妙理，觀象有深趣。王韓首廓清，伊川導先路。下視焦京徒，如木乃自蠹。研精始有得，掇拾非所慕。大義久沉淪，微言思解故。持語圖中人，一笑欣然悟。
〔註25〕郭嵩燾光緒六年（1880）四月十七日《日記》（郭嵩燾撰；梁小進主編《郭嵩燾全集》第11冊，嶽麓書社2012年版，第260頁）載：
成芙卿過談，其學專主閩洛，而盛稱唐端慤公，羅羅山、劉霞仙兩中丞，以爲非江浙人治經者所能及。古人所謂經學易得，人師難求。如芙卿之學，庶足以爲人師也。
同年十一月二十日《日記》（第332頁）載：

　　《尚書》與《春秋》皆出於古之史官，《漢書·藝文志》列《太史公書》於《春秋》之後，是古人之史學與經學其本同也。《史記》以外，莫古於《漢書》。《天文》、《五行志》衍《洪範》之傳，《地理》、《溝洫志》釋《禹貢》之義。而《禹貢》之言地，較諸《洪範》之言天，尤有明徵。乃自來解《禹貢》者，未曾專述班氏之義。孫氏尚書《今古文注疏》以《史記·夏本紀》與馬、鄭之注並列，而《漢志》則僅載於疏中。焦氏《禹貢鄭注釋》以《漢志》與鄭注相參究，非以班義爲主。

　　惟同郡成君芙卿所撰《禹貢班義述》全據《漢書》〔註26〕，實專門名家

　　　袁守瑜見示成符卿所著《禹貢班義述》。前有儀徵劉文淇序。（下略）以班《志》證《禹貢》，國朝諸儒皆能言之，而觀符卿一序，於班書異同極有分辨，可云偉識。

　　　胡玉縉《許廎經籍題跋》卷一有《禹貢班義述書後》（胡玉縉撰，吳格整理《續四庫提要三種》，上海書店出版社 2002 年版，第 411～412 頁），稱：

　　　按：《漢書·地理志》推表山川，以綴《禹貢》，凡稱《禹貢》者三十有八，稱禹治者一，稱古文者十有一，稱桑欽者七，稱平當者一。其有綴《周官》即綴《禹貢》者，如華陰、太華等是；有不綴《禹貢》而可知者，如鄠酆、盧氏等是。蓉鏡皆根據班義，徵引舊說，一一爲之疏通。（下略）凡班氏之與經文違者，亦不曲護其失，實事求是，深合漢儒家法。（下略）前又有劉文淇序，據劉毓崧《通義堂文集》，知毓崧代撰。

〔註26〕　關於《禹貢班義述》，學人多有評論。如《冶麓山房藏書跋尾》有《禹貢班義述跋》（陳作霖輯《冶麓山房叢書》第 7 冊，屈萬里、劉兆祐編《明清未刊稿彙編》，聯經出版事業公司 1976 年版，第 2320 頁），稱：

　　　漢時距三代不遠，諸儒無不兼通經學，故班孟堅《漢書·地理志》實與《禹貢》相表裏。寶應成芙卿蓉鏡輯爲此書，博引旁徵，曲爲疏證，合經史爲一家，其用心可謂勤矣。後坿《糜水入尚龍溪考》，爲《禹貢》黑水引其未發之旨，亦卓見也。光緒乙酉歲，令子漱泉兆麐刊是書既成，舉以見贈，止一冊。

　　　皮錫瑞（《經學通論》，中華書局 1954 年版，第 63～64 頁）稱：

　　　胡渭《禹貢錐指》有重名，亦多惑於後於後起之說。惟焦循《禹貢鄭注釋》、成蓉鏡《禹貢班義述》專明古義，治《禹貢》者當先觀之。

　　　梁啟超（《中國近三百年學術史》，上海古籍出版社 2013 年版，第 185 頁）稱：《尚書》裏頭的單篇，最複雜的是《禹貢》。胡朏明著《禹貢錐指》十卷，是爲清代研究古地理之首，雖其書許多疏舛經後人補正，（最著者成芙卿蓉鏡《禹貢班義述》，丁儉卿晏《禹貢錐指刊誤》等，其餘單篇及筆記中，此類著作甚多。）然創始之勞，應該紀念的。（著者按：括號內原爲小字注文，今統一字號，加括號以示區分。）

　　　錢基博（《古籍舉要》，上海古籍出版社 2011 年版，第 23 頁）稱：清儒自德清胡渭朏明撰《禹貢錐指》二十卷、《圖》一卷外，以寶應成孺芙卿《禹貢班義述》二卷爲最精。《漢書·地理志》言「推表山川」，本釋《禹貢》，兩漢經師遺說多存其中。成氏據以釋本經，最得家法，援據精博，專門之學

之學。頃以稿本見示，屬爲序文。竊謂班氏之經學，夙有師承。其從祖伯受《尚書》、《論語》於鄭寬中、張禹，又講同異於許商。其父彪與尹敏親善，每相遇，輒日旰忘食。寬中師張山拊傳小夏侯氏《尚書》，商師周堪傳大夏侯氏《尚書》，皆今文之學也。禹師庸生，傳孔安國之《尚書》，此古文之學也。敏初習歐陽《尚書》，後受古文，則兼有今古文之學矣。《後漢書·固傳》稱其「所學無常師」，良以家世之淵源，父執之講習，於今文、古文之學均能擇善以從。故《地理志》中既引桑欽之說，亦引平當之說。欽師悝子眞傳孔氏古文之學，當師林尊傳歐陽氏今文之學，蓋班氏之釋《禹貢》，所採博而所擇精矣。鄭康成爲漢代儒宗，於今文、古文之學，無不通貫。其注《禹貢》，地名多從《地理志》，然則釋《禹貢》者，孰能越班氏之範圍哉？芙卿之輯此書，於今文、古文之同異，莫不縷析條分，即鄭注與班義偶殊者，必一一爲之辯證，而班義與經文不合者，亦不曲護。其非洵可謂引史證經，實事求是者矣。昔人謂顏注爲班氏功臣，識者以爲過情之譽。惟移贈此書，斯爲名副其實耳。況班義顯而經義益明，觀此書者當益信深於經學者，未有不

也。又以《班義述》詳於考古，乃復擬撰《禹貢今地釋》一書，首取今地釋漢地，更取漢地證禹跡，期補前書之未備，而未成書。

江竹虛（《五經源流變遷考》，上海古籍出版社 2008 年版，第 70 頁）稱：

清儒治《禹貢》者，亦不乏人。要以胡渭之《禹貢錐指》爲最先，以徐文靖之《禹貢會箋》爲較密，而以成蓉鏡之《禹貢班義述》爲最精云。

又稱：

成蓉鏡以《班志》言「推表山川」，本釋《禹貢》。兩漢經師遺說，亦多在其中。成氏因據之以釋本經，頗得漢儒家法，撰成《禹貢班義述》三卷。其援據之精博，允爲《尚書》專門之學焉。又以《班義述》雖於考古爲詳，然山勢終古不易，水道代有變遷；不證今，即無以考古。乃復擬撰《禹貢今地釋》一書，首取今地釋漢地，更以漢地證禹跡，期補前書之所未備，而惜其未有成書也。（第 71 頁）

呂思勉（《經子解題》，上海文藝出版社 1999 年版，第 26 頁）稱：

《尚書》中《禹貢》一篇，爲言地理最古之書。歷來注釋者獨多。蓋不徒有關經學，抑且有關史部中之地理矣。胡渭《禹貢錐指》一書，搜考最博。初學可先讀一過。因讀此一書，即可見古今眾說之崖略也。惟其書兼搜並蓄，初非專門之學。若求確守漢學門戶者，則焦循《禹貢鄭注釋》、成蓉鏡《禹貢班義述》最好。

劉師培《左盦題跋》有《跋成心巢禹貢今地釋序例》（萬仕國點校《儀徵劉申叔遺書》第 13 冊，廣陵書社 2014 年版，第 5697～5698 頁），稱：

心巢先生著有《禹貢班義述》。此書之作，係在晚年。蓋《班義述》爲考古之學，而此書則爲知今之學也。惜全書未成，僅存《序例》。然後儒有作，正可循此例以著一書也。光漢識。

精於史學也夫。〔註 27〕

與成芙卿書

芙卿仁兄先生〔註 28〕閣下：

　　承示大著《禹貢班義述》，斷限謹嚴，體例完密。校讀一過，欽佩殊深。惟是管見所及，似尚有當補者，爰條列以覆焉。

　　《地理志》宏農郡上雒，《注》既言「《禹貢》雒水出冢領山」，又言「熊耳、獲輿山在東〔註 29〕」。焦氏《鄭注釋》云：「上雒、熊耳、蒙上，《禹貢》雒水言」，其說甚確。大著云《漢志》之冢領、熊耳、獲輿，皆《禹貢》之熊耳。是尊意固以《漢志》上雒之熊耳即《禹貢》之熊耳矣。然僅列入雙行《述義》，而單行班注則有雒水而無熊耳。《自序》內但辨盧氏之熊耳，而未標上雒之熊耳，似宜酌增。此外有蒙上省文者，亦須覆檢。此其當補者一也。

　　《溝洫志》云：「於是禹以爲河所從來者高，水湍悍，難以行平地，數爲敗，迺釃二渠以引其河。北載之高地，過降水，至於大陸。」此數語敘述北過洚水之故，較諸《地理志》引桑欽之言，更爲詳覈。《西域傳贊》云：「《書》

〔註 27〕　按：成蓉鏡撰《禹貢班義述》三卷，有清光緒十四年（1888）廣雅書局刻本。卷首所錄序文，文末有「咸豐辛亥季冬儀徵劉文淇撰」。

〔註 28〕　傳見《清史稿》卷四百八十《儒林一》（中華書局 1977 年版，第 13161～13162頁），稱：

成孺，原名蓉鏡，字芙卿，寶應人。附生。性至孝（下略）早邃經學，旁及象緯、輿地、聲韻、字詁，靡不貫徹。於金石審定尤精確。久之，寢饋儒先諸書，益有所得。取紫陽《日用自警詩》，以「味眞腴」顏其居，自號曰心巢。孺於漢、宋兩家，實事求是，不爲門戶之見。嘗曰：「爲己，則治宋學眞儒也，治漢學亦眞儒；爲人，則治漢學僞儒也，治宋學亦僞儒。」又曰：「義理，《論語》所謂識大是也；考證，識小是也：莫不有聖人之道焉。事父事君，識大也；多識鳥獸草木之名，識小也：皆《詩》教所不廢，然不可無本末輕重之差。」湖南學政朱逌然延主校經堂，孺立學程，設「博文」、「約禮」兩齋，湘中士大夫爭自興於學。著有《禹貢班義述》三卷，據《地志》解《禹貢》，於今、古文之同異及鄭注與班偶殊者，一一辯證。即有不合，亦不曲護其非。《尚書曆譜》二卷，以殷曆校殷、周曆校周，從違以經爲斷。又考《太初曆》即《三統》，爲《太初曆譜》一卷，《春秋日南至譜》一卷。又有《切韻表》五卷，二百有六表，分二呼而經以四等，緯以三十六母，審辨音聲，不容出入。晚年著述，一以朱子爲宗。所編《我師錄》、《困勉記》、《必自錄》、《庸德錄》、《東山政教錄》，又有《國朝學案備忘錄》一卷，《國朝師儒論略》一卷，《經義騈枝》四卷，《五經算術》二卷，《步算釋例》六卷，《文錄》九卷。

〔註 29〕　按：《漢書・地理志》原作「熊耳、獲輿山在東北」。

曰『西戎即序』，禹既就而序之，非上威服致其貢物也。」此則依經義以論時事，尤爲卓然不磨。大著既述班義，則凡班氏之說《禹貢》者，無論紀、志、表、傳，皆得載入單行注中，不必限於《地理》一志。今《溝洫志》第附見於「大陸既作」之下，而《西域傳》則未經援引。此其當補者二也。

《賈捐之傳》云：「捐之對曰：『臣聞堯舜，聖之盛也。禹入聖域而不優，……以三聖之德，地方不過數千里，西被流沙，東漸於海，朔南暨聲教，迄於四海。欲與聲教，則治之。不欲與者，不彊治也。』」按：此數語雖非班氏自言，未可屬入單行注文之內。而既爲班書所錄，不妨載於雙行《述義》之間。他卷有稱引《禹貢》字句者，仿此。此其當補者三也。

《白虎通・社稷篇》云：「社者，土地之神也。其色如何？《春秋傳》曰：『天子有太社焉，東方青色，南方赤色，西方白色，北方黑色，上冒以黃土。』」此即《禹貢》「土五色」之義。《姓名篇》云：「堯知命表稷、契，賜姓子、姬，皋陶典刑不表姓，言天任德遠刑。禹姓姒氏，祖昌意，以薏苡生。殷姓子氏，祖以元鳥生也。周姓姬氏，祖以履大人跡生也。」此即《禹貢》「錫土姓」之義。《白虎通》雖合眾人之議論而成，然實爲班氏所輯。其中與《禹貢》有關者，均須錄入《述義》。此其當補者四也。

《文選》班氏《西都賦》云：「表以太華，終南之山。」李《注》云：「《山海經》曰：『華首之山西六十里曰太華之山。』毛詩曰：『終南何有』；毛萇曰：『終南，周之名山終南也。』」《後漢書》本傳載此賦，「太」作「泰」，章懷《注》與《選注》略同。今按：《西都賦》所言之太華、終南，雖非專說《禹貢》之太華、終南，然亦可援爲旁證。即班氏所撰各文之內，有稍涉《禹貢》者，俱可採綴於雙行《述義》之中。較諸引後人之書，似爲親切。此其當補者五也。

《地理志序》引《禹貢》「沛、河惟兗州」，師古曰：「沛本濟水之字，從水巿聲。」河東郡北屈，《注》云：「《禹貢》壺口山在東南。」應劭曰：「有南故稱北。」臣瓚曰：「《汲郡古文》翟章救鄭，至於南屈。」師古曰：「屈音居勿。即晉公子夷吾所居。」並合登諸《述義》，以申釋班氏之指。由是類推，凡各家之注《漢書》，可證《禹貢》文字之異同、輿地之沿革者，其書係專述班氏之義，非泛言地理者可比，必須逐條悉載。此其當補者六也。

《禹貢》「至於衡漳」，《疏》云：「衡，古橫字。《地理志》云：『清漳水出上黨沾縣大黽谷，此沾縣因水爲名。』《志》又云『沾水出壺關。』」「震澤

底定」，《疏》云：「《地理志》云：『會稽吳縣，具區在西，古文以爲震澤。』
《周禮・職方》：『揚州藪曰具區，浸曰五湖。』五湖即震澤。若如《志》云
『具區即震澤』，則浸、藪爲一。」今按：沽水出壺關，班氏本有此語，《疏》
說是也。具區即震澤，班氏實無此言，《疏》說非也。然是者固可因以引申，
非者亦必加以駁正，略舉二則，其餘可知。此其當補者七也。

　　鄭康成注《禹貢》，多引《地理志》，其中有與班《志》異者。王氏西莊
《尚書後案》云：「蓋鄭注《禹貢》引《地理志》，間與班《志》不同，則非
班書。卻多與《續志》合，而是書晉司馬彪作，鄭不及見。」宋余靖序《後
漢書》云：『明帝詔伏無忌、黃景作《地理志》。』劉昭《注補續漢志序》云：
『推檢舊記，先有地理。』是東漢別有《地理志》，鄭據當代之書，故不盡與
班合，而司馬彪則取之以作志者，故與鄭合也。」焦氏里堂《禹貢鄭注釋》
云：「鄭注引《地理志》，往往舉東漢郡邑之名以易之。此古人引書之法，取
當時之名，明《志》之地即今之某地也。王本謂鄭所引《地理志》非班《志》，
乃伏無忌、黃景所作，非也。」二說迥殊，宜並引之，而折中於一是。他如
胡氏朏明之《禹貢錐指》、孫氏淵如之《尚書今古文注疏》，往往論及班義，
其說與王氏、焦氏或同或異，宜一一臚列，而決其是非。此其當補者八也。

　　王氏《十七史商榷》云：「按：《禹貢》山水，班載之者分三等。但稱《禹
貢》者，蓋博士所習今文家說，云古文以爲云云者，此孔壁中所得孔安國說。
有不稱古文，並不著《禹貢》者，蓋以目驗著之。」錢氏竹汀《廿二史考異》
云：「《地理志》：『又北播爲九河，同爲逆河』，『逆』當作『迎』。迎、逆聲相
近，義亦不異。宋子京改『迎』爲『逆』，於義雖通，終失班氏之舊。」又《三
史拾遺》云：「按：《志》稱古文者十一，皆古文尚書家說，與《水經》所載
《禹貢》山澤所在，無不脗合。相傳《水經》出於桑欽，欽即傳古文《尚書》
者，則《水經》爲欽所作，信矣。郡縣間有與西漢互異者，乃後人附益改竄。
《禹貢山水澤地所在》一篇，本古文家相傳之學，而欽引以附《水經》之末。」
今按：《商榷》、《考異》、《拾遺》三書足以疏通班義者不少，錄之不厭其詳，
而錢氏獻之《地理志斠注》乃專門名家之學，亦以多引爲善。此其當補者九
也。

　　《困學紀聞》云：「《地理志》：『《禹貢》桐柏大復山在平氏東南，淮水所
出。東南至淮陵入海。』《禹貢集解》云：『今其地當在楚州界。』愚考《宋・
州郡志》：『淮陵郡本淮陵縣』；《輿地廣記》：『泗州招信縣，本淮陵縣』；《寰

宇記》:『古淮陵城在招信縣西北。』然則《禹貢解》以淮陵在楚州,非也。」
閻氏百詩云:「『陵』似當作『浦』。」屠氏繼序云:「《水經》淮水又東至廣陵
淮浦縣,入於海」。閻氏謂「淮陵」當作「淮浦」,是也。今按:雜記、說部、
文集之類,凡有羽翼班氏、《禹貢》義者,亦應旁搜博採,即《困學紀聞》一
節可例其餘。此其當補者十也。至於字句之間有獻疑之處,別書於後,以俟
裁定。

尚書引義跋

　　此書〔註30〕就《尚書》每篇之義引而申之,其體裁近於《韓詩外傳》、《春

〔註30〕　《四庫全書總目》卷十四「書類存目二」著錄《尚書引義》六卷(中華書局
　　　　1965 年版,第 114 頁),稱:
　　　　國朝王夫之撰。夫之有《尚書稗疏》,已著錄。此復推論其大義,多取後世事
　　　　爲之糾正。如論《堯典》「欽明」,則以辟王氏良知。論《舜典》「玄德」,則
　　　　以闢老氏玄旨。論「依永」、「和聲」,斥宋濂、詹同等用九宮填郊廟樂章之陋。
　　　　論「象以典刑」,攻鍾繇、陳群等言復肉刑之非。論「人心、道心」,證釋氏
　　　　明心見性之誤。論「聰明、明威」,破呂不韋《月令》、劉向等《五行傳》之
　　　　謬。論「甲胄起戎」,見秦漢以後制置之失。論「知之非艱,行之維艱」,詆
　　　　朱陸學術之短。論《洪範》「九疇」,薄蔡氏數學爲無稽。論「周公居東」,鄙
　　　　季友避難爲無據。議論馳驟,頗根理要。至於「王敬作所,不可不敬德」及
　　　　「所其無逸」等句,從孔《傳》而非呂、蔡,亦有依據。惟《文侯之命》以
　　　　爲與《詩》錄《小弁》之意同,爲孔子有取於平王,至謂「高宗諒闇」與「豐
　　　　昵」同爲不惠於義,則其論太創。又謂黃帝至帝舜皆以相而紹位,古之命相,
　　　　猶後世之建嗣。又謂虞、夏有百揆,商有阿衡,皆相也。至周則六卿各率其
　　　　屬,周之不置相自文王起。此皆臆斷之辭。他若論「微子去紂」,恐文王有易
　　　　置之謀,「周公營洛」,亦以安商民反側之心。則益涉於權術作用,不可訓矣。
　　　　余嘉錫《四庫提要辯證》卷一《經部一》(中華書局 1980 年版,第 31～33 頁)
　　　　引錄《提要》,云:
　　　　嘉錫案:劉毓崧《尚書引義序》云:「此書就《尚書》每篇之義引而申之,其
　　　　體裁近於《韓詩外傳》、《春秋繁露》。雖不盡與經義相比附,而多於明事有關。
　　　　其事未經顯揭,而其意可揣而知者,如論『微子去之』,謂恐殷之臣民擁就易
　　　　置,則以咎蘇冠生擁立唐王之弟監國廣州;論周初官制,謂文王不置相,故
　　　　周室中衰難振,則以明代自太祖廢丞相不設,數傳後權移於閹豎;論周公營
　　　　建洛邑,謂欲安商民反惻,則以諷永明王不宣專居肇慶,憚赴桂林。此亦憂
　　　　時之夙抱,雖立說不無駁雜,而秉心則甚純矣。」劉氏所舉此書後數條,皆
　　　　爲《提要》所已駁,特《提要》就經論其義,劉氏即文原其心耳。夫之以明
　　　　末舉人爲永曆帝行人,以議論切直,觸忌告歸,而其心則每飯不忘君,故其
　　　　所著《讀通鑑論》、《宋論》,往往陳古刺今,針對時事而發,此書亦猶是也。
　　　　而又自其歸後,閉戶著書,足跡不入城市,以故老死空山,聲譽不出湖湘。

秋繁露》。雖不盡與經義比附，而多於明事有關。就中顯揭其指，人所共知者：如論伊尹弗狃弗順，而惜韓忠定詘於劉瑾；論高宗豊昵，而責張璁、桂萼賴寵逢君；論平王東遷，而罪光時亨陷君誤國；固維世之深心也。即其事未經顯揭，然其意可揣測而知者；如論微子去之，謂恐殷之臣民推戴易置，則以咎蘇觀生擁立唐王之弟監國廣州；論周初官制，謂文王不置相，致周室中衰難振，則以比明代自太祖廢丞相不設，數傳後權移於寺人；論周公營建洛郡，謂欲安商民反側，則以諷永明王不宜專居肇慶，憚赴桂林；此亦憂時之夙抱也。雖立說不無駁雜，而秉心則甚純矣。其尤有功於名教大防，則論《多方》之殷士，謂頑民既迎周而復叛周者，以匪忱不典，自速其辜，不得附託於忠孝，援《春秋》之例，貶反覆者爲凶德狂愚，義正詞嚴，森如斧鉞。蓋借是斥吳三桂之進退無據，始爲貳臣，終爲逆臣。此船山所以避僞使之招，自全其貞士逸民之德。其卓識定力，具見於斯，所當表微闡幽，以彰其志節者矣。若夫持論好立異同，前哲名儒，自劉子政以下，皆肆意攻擊，此誠識有所偏。然其所著各書，大率類此，且有較甚於此者。祇須鑒其失，不必刪其書也。至於古文《尙書》，不知其爲贗本，則自明以前，知者本少，未可獨議船山。況古文雖僞書而不可廢，閻潛邱亦嘗言之。阮文達公《引書說》云：「古文《尙書》出於東晉，其中名言法語，以爲出自古聖賢，則聞者尊之。唐宋以後，引經言事，得挽回之力，受講筵之益者，更不可枚舉。學者所當好學深思，心知其意，得古人之益，而不爲古人所愚。」眞不易之論也。然則觀船山此書者，宜重其觸類旁通，可爲陳善沃心之助。擬諸倪鴻寶之《兒易》、黃石齋之《月令明義》，其在伯仲之間歟？〔註31〕

有字訓狀物之詞說

　　王氏《經傳釋詞》云：「有，狀物之詞也。若《詩·桃夭》『有蕡其實』是也。他皆放此。」案：「有」字訓狀物之詞者，《詩》中以「有蕡其實」爲最先見之句，故王氏舉此以概其餘。今以全《詩》考之，如此例者正復不少。毛公《桃夭·傳》云：「蕡，實貌。」貌字與狀字意本相近，皆形容之詞。凡

四庫館臣僅知其爲明末遺老，而不深悉其生乎，故只能論其書，不能推知其意也。曾國荃刻夫之著作三百六十餘卷於武昌，總爲《船山遺書》，延劉氏主其事劉氏繹讀甚勤，校讎甚細，故能知人論世，有以窺其撰敍之意云爾。

〔註31〕　《船山全書》第二冊《尚書引義》所載（第440頁），文末有「同治三年二月，後學儀徵劉毓崧撰」，可知寫於1864年。

《詩》中之「有」字,《傳》、《箋》以「貌」字釋之者,皆當訓爲狀物之詞。如《邶風‧柏舟》云:「寤辟有摽」,狀拊心之貌也。《傳》云:「摽,拊心貌。」《新臺》云「新臺有泚」,狀新臺之鮮明也。《傳》云:「泚,鮮明貌。」《衛風‧淇澳》云:「有匪君子」,此句篇內五見。狀君子之文章也。《傳》云:「匪,文章貌。」《碩人》云:「四牡有驕」,狀四牡之壯也。《傳》云:「驕,壯貌。」又云:「庶士有朅」,狀庶士之武壯也。《傳》云:「朅,武壯貌。」《唐風‧杕杜》云:「有杕之杜」,此句本篇兩見。《有杕之杜》篇兩見。《小雅‧杕杜篇》兩見。狀杜之特生也。《傳》云:「杕,特生貌。」《秦風‧小戎》云:「蒙伐有苑」,狀蒙伐之文也。《傳》云:「苑,文貌。」《豳風‧伐柯》云:「籩豆有踐」,狀籩豆之行列也。《箋》云:「踐,行列貌。」《小雅‧伐木》亦云:「籩豆有踐」,《箋》云:「踐,陳列貌。」《賓之初筵》云:「籩豆有楚」,《傳》云:「楚,列貌。」「有楚」與「有踐」同義。《小雅‧伐木》云:「釃酒有藇」;又云:「釃酒有衍」,皆狀釃酒之美也。《傳》云:「藇,美貌」;又云:「衍,美貌。」《杕杜》云:「有睆其實」,狀杕杜之實也。《傳》云:「睆,實貌。」《六月》云:「其大有顒」,狀四牡之大也。《傳》云:「顒,大貌。」《采芑》云:「路車有奭」,狀路車之赤也。《傳》云:「奭,赤貌。」《瞻彼洛矣》云:「韎韐有奭」。彼詩之「有奭」是狀韎韐之赤,與此篇之「有奭」同義。《小弁》云:「有漼者淵」,狀淵之深也。《傳》云:「漼,深貌。」《大東》云:「有饛簋飧」,狀簋飧之滿也;《傳》云:「饛,滿簋貌。」又云:「有捄棘匕」,狀棘匕之長也。《傳》云:「捄,長貌。」下文云「有捄天畢」,《傳》云:「捄,畢貌。」《正義》云:「上言『捄,長貌』,此云『畢貌』,亦言畢之長也。」《周頌‧良耜》云:「有捄其角」,《傳》云:「社稷之牛角尺。」《箋》云:「捄,角貌。」案:角尺之牛,較諸角、握角、繭栗之牛,則其角爲最長。《詩》之言有捄者,凡三義,雖微別,然其爲狀物之長貌,則無不同也。《大田》云:「有渰萋萋」,狀雲之興也。《傳》云:「渰,雲興貌。」《頍弁》云:「有頍者弁」,此句篇中三見。狀皮弁之貌也。《傳》云:「頍,弁貌。」《魚藻》云:「有莘其尾」,狀魚尾之長也;《傳》云:「莘,長貌。」又云:「有那其居」,狀王居之安也。《箋》云:「那,安貌。」《白華》云:「有扁斯石」,狀乘車之石也。《傳》云:「扁扁,乘石貌。」《何草不黃》云:「有芃者狐」,狀狐之貌也。《傳》云:「芃,小獸貌。」《大雅‧緜》云:「皋門有伉」,狀皋門之高也。《傳》云:「伉,高貌。」《周頌‧載見》云:「鞗革有鶬」,狀鞗革之金飾也。《箋》云:「鶬,金飾貌。」《有客》云:「有萋有且」,狀客之敬愼也。《傳》云:「萋、且,敬愼貌。」《載芟》云:「有嗿其饁」,狀饁者之眾也。《傳》云:「嗿,眾貌。」《魯頌‧有駜》云:「有駜有駜」,此句篇中三見。狀馬之肥彊也。《傳》云:「駜,馬肥彊貌。」《閟宮》

云：「松桷有舄」，狀松桷之大也。《傳》云：「舄，大貌。」《商頌・殷武》云：「松桷有梴」，狀松桷之長也。《傳》云：「梴，長貌。」覈其文義，皆與「有蕡其實」正同。而《傳》、《箋》以「貌」字釋「有」字，亦與「蕡，實貌」之訓均相符合。是其以「有」字爲狀物之詞，可無疑義矣。

　　又案：以《傳》、《箋》之例，考之毛、鄭以「貌」字釋《詩》者，固爲形容之詞。即以「然」字釋《詩》者，亦多爲形容之詞。古書「然」字多與「貌」字同義，《禮記・檀弓》：「貿貿然來。」鄭《注》云：「目不明之貌。」《孟子・公孫丑上篇》：「望望然去之。」趙《注》云：「慚愧之貌。」是「然」字與「貌」字皆形容之詞也。故《詩》中之「有」字，《傳》、《箋》以「然」字釋之；及《傳》、《箋》既以「貌」字釋之，又以「然」字釋之者，亦當訓爲狀物之詞。如《邶風・擊鼓》云：「憂心有忡」，狀心之憂也。《傳》云：「憂心忡忡然。」《谷風》云：「有洸有潰」，狀君子之武怒也。《箋》云：「君子洸洸然，潰潰然。」《靜女》云：「彤管有煒」，狀彤管之色赤也。《傳》云：「煒，赤貌。」《箋》云：「赤管煒煒然。」《鄭風・女曰雞鳴》云：「明星有爛」，狀星之明也。《箋》云：「明星尙爛爛然。」《小雅・正月》云：「有菀其特」，狀苗之秀特也。《箋》云：「阪田崎嶇墝埆之處，而有菀然特秀之苗。」案：《箋》以「菀然特秀」解「有菀」，蓋訓「有」字爲狀物之詞，非訓爲有無之有。《菀柳》篇兩言「有菀者柳」，《箋》云：「有菀然枝葉茂盛之柳。」彼箋以菀然茂盛形容「有菀」，亦訓爲狀物之詞，非訓爲有無之有，與此箋正同也。《何人斯》云：「有靦面目」，狀面目之姡也。《傳》云：「靦，姡也。」《箋》云：「姡然有面目。」案：《箋》以姡然釋「有靦」，蓋訓「有」字爲狀物之詞，非訓爲有無之有也。《桑扈》云：「有鶯其羽」，狀扈羽之文章也。《傳》云：「鶯然有文章。」下章「有鶯其領」，亦是狀扈領之文章，與此句同義。《魚藻》云：「有頒其首」，狀魚首之肥大也。《傳》云：「頒，大首貌。」《箋》云：「既得其性則肥充，其首頒然。」《隰桑》云：「隰桑有阿」，此句篇中三見。狀桑枝之美也；《傳》云：「阿然美貌。」《箋》云：「枝條阿阿然長美。」又云：「其葉有難」，狀桑葉之盛也。《傳》云：「難然盛貌。」《大雅・皇矣》云：「臨下有赫」，狀臨下之明也。《箋》云：「赫然甚明。」《卷阿》云：「有卷者阿」，狀阿之曲也。《箋》云：「有大陵卷然而曲。」案：《箋》以「卷然而曲」解「有卷」，蓋訓「有」字爲狀物之詞，非訓爲有無之有也。《雲漢》云：「有嘒其星」，狀星之眾也。《傳》云：「嘒，眾星貌。」《箋》云：「順天而行嘒嘒然。」《韓奕》云：「有倬其道」，狀道之著明也；《傳》云：「有倬然之道者也。」《箋》云：「今有倬然著明復禹之功者。」案：《傳》以「有倬然」解「有倬」，《箋》以「有倬然著明」解「有倬」，蓋皆訓「有」字爲狀物之詞，非訓爲有無之有也。又云：「籩豆有且」，狀籩豆之

多也。《箋》云：「其籩豆且然。」《常武》云：「有嚴天子」，狀天子之威也。《傳》云：「嚴然而威。」《周頌·載芟》云：「有厭其傑」，狀苗之特美也。《傳》云：「言傑苗厭然特美也。」《商頌·那》云：「庸鼓有斁，萬舞有奕」，狀鼓之盛、舞之閒也。《傳》云：「斁斁然盛也，奕奕然閒也。」《箋》云：「其聲鐘鼓則斁斁然有次序，其干舞又閒習。」案：《箋》以下「有」字爲「又」，上「有」字爲有無之有，兩句之中前後異義，與全《詩》之例不合。當從《傳》說，訓「有」爲狀物之詞。《長發》云：「九有有截」，狀九州之整齊也。《箋》云：「九州齊一截然。」上章云：「海外有截」，《箋》云：「截爾整齊。」《殷武》云：「有截其所」，《箋》云：「截然齊壹。」「截爾」與「截然」同義，皆狀邦國之整齊也。此皆《傳》、《箋》本有明文，顯然可證者也。

　　若夫《詩》中之「有」字，本是狀物之詞，《傳》、《箋》或訓釋未明，或解說偶誤。而本篇之「有」字及他篇之「有」字，彼此互相發明，可據以正誤補闕者，尚可得而言焉。《召南·采蘋》云：「有齊季女」，狀季女之敬也。《傳》云：「齊，敬也。」「有齊」狀女之敬，猶「有揭」狀士之武也。《邶風·匏有苦葉》云：「有瀰濟盈」，狀水之深也；《傳》云：「瀰，深水也。」「有瀰」之狀水深，猶「有卷」之狀阿曲也。又云：「有鷕雉鳴」，狀雉之聲也。《傳》云：「鷕，雌雉聲也。」「有鷕」之狀雉鳴，猶「有鶯」之狀扈羽也。《谷風》云：「中心有違」，狀中心之離也。《傳》云：「違，離也。」「有違」狀心之離，猶「有忡」狀心之憂也。《箋》云：「違，徘徊也。至將離別，其心徘徊然。」訓雖與《傳》小異，而義實相同也。《新臺》云：「新臺有洒」，狀新臺之高峻也。《傳》云：「灑，高峻也。」上章《傳》云：「泚，鮮明貌。」「有灑」之狀其高峻，猶「有泚」之狀其鮮明也。《鄭風·東門之墠》云：「有踐家室」，狀家室之淺也。《傳》云：「踐，淺也。」「有踐」之狀室淺，猶「有梴」之狀桷長也。《齊風·南山》云：「魯道有蕩」，此句本篇兩見。《載驅》篇四見。狀魯道之平易也。《傳》云：「蕩，平易也。」「有蕩」狀路之平易，猶「有倬」狀道之著明也。《豳風·東山》云：「有敦瓜苦」，狀瓜之專專也。《傳》云：「敦，猶專專也。」「有敦」之狀其專，猶「有杕」之狀其特也。《小雅·六月》云：「有嚴有翼」，狀王師之威與敬也。《傳》云：「嚴，威嚴也。翼，敬也。」「有嚴有翼」之狀其威與敬，猶「有洸有潰」之狀其武與怒也。《箋》云：「有威嚴者，有恭敬者。」訓「有」爲有無之有，其說非也。《采芑》云：「有瑲蔥珩」，狀蔥珩之聲也。《傳》云：「瑲、珩，聲也。」「有瑲」之狀蔥珩，猶「有鶬」之狀鯈革也。《斯干》云：「有覺其楹」，狀楹之高大也。《傳》云：「有覺，言高大也。」「有覺」之狀楹大，猶「有舃」之狀桷大也。《箋》訓「覺」爲直，與《傳》異義。然室中之楹，未有不直。若但言楹直，不言楹大，無以見室之美。當從《傳》說爲是。《大雅·抑》云：「有覺德行」，《傳》

云：「覺，直也。」案：「有覺德行」與「有覺其楹」，文義正同，當從彼《箋》，訓「覺」爲「大」。彼《傳》訓「覺」爲直，與此《傳》不合。彼《箋》云「有大德行」，蓋亦訓「有覺」爲狀德行之大，非訓爲有無之有也。《正月》云：「有皇上帝」，狀上帝之大也。《說文》云：「皇，大也。」「有皇」狀上帝之大，猶「有嚴」狀天子之威也。《大雅》云：「皇矣上帝」，與此句同義。《傳》、《箋》訓「皇矣」爲大，是；訓「有皇」爲君，非也。《大東》云：「有冽氿泉」，狀氿泉之寒也。《傳》云：「冽，寒意也。」「有冽」之狀水寒，猶「有濣」之狀淵深也。《賓之初筵》云：「有壬有林」，狀禮之大且眾也。《傳》云：「壬，大也。」《廣雅釋詁》云：「林，眾也。」「有壬有林」狀禮之大且眾，猶「有斁有奕」狀樂之盛且閒也。《集傳》云：「壬，大。林，盛也。言禮之盛大也。」其說得之。蓋上文云：「以洽百禮，百禮既至」，其稱之曰「百禮」者，明乎其大且眾也。毛訓「壬」爲大，其說最確；而訓「林」爲君，則非也。《箋》云：「壬，任也。謂卿大夫也。諸侯所獻之禮，既陳於庭，有卿大夫又有國君。」案：諸侯雖爲一國之君，然當其獻禮於天子之庭，則固列藩之臣也。衛武公以諸侯入爲卿士，作此詩述天子之祭禮，豈得稱諸侯爲君乎？毛、鄭不知此句兩「有」字乃狀物之詞，非爲有無之有，故望文生義，而失其本旨耳。《隰桑》云：「其葉有沃」，狀桑葉之柔也；又云：「其葉有幽」，狀桑葉之黑也。《傳》云：「沃，柔也。幽，黑色也。」上章「其葉有難」，《傳》云：「難然盛貌。」「有沃」之狀葉柔，「有幽」之狀葉黑，猶「有難」之狀葉盛也。《何草不黃》云：「有棧之車」，狀役車之行也。《傳》云：「棧車，役車。」「有棧」之狀役車，猶「有奭」之狀路車也。《疏》云：「有棧是車狀」，其說是也。《大雅‧桑柔》云：「旟旐有翩」，狀旟旐之不息也。《傳》云：「翩翩，在路不息也。」「有翩」之狀不息，猶「有那」之狀安居也。《崧高》云：「有俶其城」，狀城之善也。《說文》云：「俶，善也。」「有俶」之狀城善，猶「有伉」之狀門高也。《傳》云：「俶，作也。」《箋》云：「召公營其位，而作城郭及寢廟。」皆訓「俶」爲「作」。案：上句云：「召伯是營」，言召伯作城郭及寢廟也。此句云：「有俶其城」，言城郭成而善也。下句云：「寢廟既成，既成藐藐」，言寢廟成而美也。若訓「有俶」爲「有作」，則寢廟但言成，而不言作；城郭但言作，而不言成。文義未備，其說未可從也。《周頌‧敬之》云：「學有緝熙於光明」，狀學之明也。《大雅‧文王》云：「於緝熙敬止。」彼《傳》云：「緝熙，光明也。」此句毛公雖無《傳》，然亦必訓爲光明矣。「有緝熙」狀向學之明，猶「有赫」狀臨下之明也。鄭《箋》亦訓「緝熙」爲「光明」。然謂且欲學於有光明之光明者，則誤以學者之光明爲教者之光明；又誤以「有」字爲有無之有，其說未可從也。《周頌‧載芟》云：「有飶其香」，又云：「有椒其馨」，皆狀酒醴之馨香也。《傳》云：「飶，芬香也。椒，猶飶也。」「有飶」、「有椒」之狀酒香，猶「有藑」、「有衍」之狀酒美也。《魯頌‧閟宮》云：「閟宮有侐」，狀閟宮之清靜也。

《傳》云：「伷，清靜也。」「有伷」之狀其清靜，猶「有截」之狀其整齊也。《商頌・長發》云：「有震且業」，狀其危懼也。《傳》云：「業，危也。」案：《爾雅・釋詁》云：「震，懼也。」「業」既訓「危」，則「震」當訓「懼」。危與懼，意本相因。《正義》述毛，謂：『湯未興以前，國弱而危懼』，是也。「有震且業」之狀其危懼，猶「有妻有莒」之狀其敬慎也。鄭《箋》云：「相土始有征伐之威，以爲子孫討惡之業。」既誤訓「震」字爲「威」，「有」字爲有無之有；又增「子孫討惡」諸字以釋「業」字之義。其說未免迂曲，當從毛《傳》爲正。此則《傳》、《箋》之所未及，而可比例以求者也。

又以《韓詩》考之，《邶風・谷風》云：「有洸有潰」，《韓詩說》云：「潰潰，不善之貌。」《新臺》云：「新臺有泚」，「有泚」即「有泚」之異文。《韓詩說》云：「泚，鮮貌。」《衛風・淇澳》云：「有匪君子」，「有匪」即「有匪」之異文。《韓詩說》云：「邲，美貌也。」《小雅・魚藻》云：「有頒其首」，《韓詩說》云：「頒，眾貌。」《大雅・緜》云：「皋門有閌」，「有閌」，即「有伉」之異文。《韓詩說》云：「閌，盛貌。」以上所引諸條俱見《釋文》。《商頌・殷武》云：「旅楹有閑」，薛君《韓詩章句》云：「謂閑然大也。」此條見文選注。毛、鄭皆不釋「有閑」之義。王肅及《正義》訓爲「大貌」，其說蓋本於《韓詩》。是《詩》中之「有」字，說《韓詩》者或以「貌」字釋之，或以「然」字釋之。蓋亦以爲狀物之詞，與毛《傳》、鄭《箋》同意，益足徵王說之確。

至於王氏《經義述聞》訓《詩》句中之「有」字，亦多以爲狀物之詞，如《小雅・車攻》云：「會同有繹」，毛《傳》云：「繹，陳也。」王氏云：「『繹』訓『陳』，雖本《爾雅》。然會同有陳，於文義似有未安。繹，蓋盛貌也。此承上文『赤芾金舄』而言。言諸侯來會，其服章之盛，繹繹然也。《商頌・那》篇『庸鼓有斁』，毛彼《傳》曰：『斁斁然盛也。』《廣雅》曰：『驛驛盛也。』《文選・甘泉賦》，《注》引《韓詩章句》曰：『繹繹，盛貌。』繹、斁、驛並通。凡言『有』者，皆形容之詞，故知驛爲盛貌。《節南山》云：「有實其猗」，《傳》云：「實，滿。猗，長也。」《箋》云：「猗，倚也。言南山既能高峻，又以草木平滿其旁倚之畎谷，使之齊均也。」王氏云：「訓『猗』爲『長』，無所指實。畎谷旁倚，何得即謂之倚乎？今案：《詩》之常例，凡言『有蕡其實』、『有鶯其羽』、『有略其耜』、『有捄其角』，末一字皆實指其物，『有實其猗』文義亦然也。『猗』疑讀爲阿，古音猗，與阿同。故二字通用。《萇楚》篇『猗儺其枝』，即《隰桑》之『隰桑有阿，其葉有難』也。《魯頌・閟宮》篇『實實枚枚』，《傳》云：『實實，廣大也。』『有實其阿』者，言南山之阿實然廣大也。《大雅・卷阿》曰：『有卷者阿』，文義正與此相似。」《大雅・桑柔》云：「大風有隧，有空大谷」，《傳》云：「隧，道也。」《箋》云：「大風之行，有所從而來，必從大空谷之中。」

王氏云：「《楚辭・九歌》『衝風起兮橫波』，王逸《注》曰：『沖，隆也。』據此，則古謂沖風為隆風，隆之言迅疾也，『有隆』形容其迅疾也，『有空』亦形容大谷之辭也。《小雅・白駒》篇『在彼空谷』，《傳》曰：『空，大也言。』大風之狀則有隆矣，大谷之狀則有空矣。先言有空，後言大谷，變文與下為韻耳。猶『習習谷風，維山崔嵬』，『習習』是谷風之狀，『崔嵬』是高山之狀。下句先言山，後言崔嵬，亦以為韻也。大風、大谷，兩不相因，不必謂大風出於大谷。」《周頌・載芟》云：「有依其士」，《箋》云：「依之言愛也。婦人來饁饟其農人於田野，乃逆而媚愛之。」王氏云：「依之言殷也。馬融注《豫》卦曰：『殷，盛也。』《小雅・出車》篇『楊柳依依』，薛君《韓詩章句》曰：『依依，盛貌。』依亦壯盛之貌，言農夫壯盛，足任耕作，即上文所謂『俟疆俟以』也。鄭《箋》『依』訓為愛，殆失其義矣。」又云：「有略其耜」，《傳》云：「略，利也。」王氏云：「『有嗿其饁』、『有依其士』、『有略其耜』，皆形容之辭。」又云：「有實其積」，《箋》云：「有實，實成也。」王氏云：「」謂露積之庾，其形實實然大也。《楚茨》曰：『曾孫之庾，如坻如京』；《良耜》曰：『積之栗栗，其崇如墉』；則『有實其積』之謂矣。鄭失之。《商頌・烈祖》云：「有秩斯祜」。《傳》云：「秩，常也。」《箋》云：「有此王天下之常福。」王氏云：「有、斯，皆辭也。『有秩斯祜』，猶之『有扁斯石』。秩，大貌，《巧言》曰『秩秩大猷』是也。《賈子・禮篇》云：『祜，大福也。』狀其大則曰秩矣。」王氏或以「貌」字釋「有」字，或以「然」字釋「有」字，或以「形」字釋「有」字，或即以「狀」字釋「有」字。且謂：「凡言有者，皆形容之詞」，其說與《經傳釋詞》正相表裏。蓋古人之作《詩》，本多形容之詞；《詩序》云：「情動於中而形於言」，又云：「頌者，美盛德之形容。」後人之釋《詩》，亦多形容之詞。《爾雅・釋訓》一篇，多釋《詩》。邵氏《正義》云：「俾諷誦者擬諸形容，得古人順敘之意。」毛公之釋《詩》，名《故訓傳》。《關雎》，《正義》云：「訓者，道也，道物之貌以告人也。」《釋訓》：「道，形容也。」故《詩》句中之「有」字，當訓為狀物之詞者，隨在皆有。學者必明乎此，然後「有」字之義，始旁達而無礙矣。乃世之淺人，不知「有」字是形容之詞，故於《詩》中之「有」字，往往求其解而不得，遂欲妄改經文，以逞其臆說，豈非不明古訓者，必致穿鑿之弊哉？

傳箋重言釋一字說

臧氏《經義雜記》云：「《十三經》中惟毛《傳》最古而最完好，其訓詁能委曲順經，不拘章句。」〔註32〕有經本一字而《傳》重文者，因歷舉毛《傳》為證。見二十三卷「毛《傳》文例最古條」下。二十八卷「將其來施」條下所引，亦有數條。

〔註32〕見《經義雜記》卷二十三《毛傳文例最古》。

又臧禮堂補引一條。錢氏《養新錄》所說與臧氏略同，亦引毛《傳》、鄭《箋》爲證。見卷一「以重言釋一言」條下。案：二家所云，互有詳略，然以全《詩》考之，尚不止此。今錄二家所已引者，復益其所未引者，以申明毛、鄭說經之例焉。《邶風・擊鼓》云：「憂心有忡」，《傳》云：「憂心忡忡然。」此條臧氏所引。《王風・中谷有蓷》云：「條其歗矣」，《傳》云：「條條然歗。」此條臧氏、錢氏俱引。《鄭風・野有蔓草》云：「零露漙兮」，《傳》云：「漙漙然盛多也。」此條錢氏所引。《陳風・宛邱》云：「坎其擊鼓」，《傳》云：「坎坎，擊鼓聲。」此條臧氏、禮堂所引。《鄶風・匪風》云：「匪風發兮，匪車偈兮」，《傳》云：「發發飄風，非有道之風。偈偈疾驅，非有道之車」；此條臧氏、錢氏俱引。又云：「匪風嘌兮」，《傳》云：「嘌嘌無節度也。」《蓼蕭》云：「零露湑兮」，《傳》云：「湑湑然，蕭上露貌。」《白華》云：「有扁斯石」，《傳》云：「扁扁乘石貌。」以上三條皆錢氏所引。《大雅・生民》云：「后稷呱矣」，《傳》云：「后稷呱呱然而泣。」《桑柔》云：「旟旐有翩」，《傳》云：「翩翩，在路不息也。」《周頌・振鷺》云：「振鷺于飛」，《傳》云：「振振，群飛貌。」此經文本一字，而毛《傳》重言者也。

《召南・殷其靁》云：「殷其靁」，《箋》云：「猶靁殷殷然。」《邶風・靜女》云：「彤管有煒」，《箋》云：「赤管，煒煒然。」《衛風・碩人》云：「碩人其頎」，《箋》云：「言莊姜儀表長麗佼好，頎頎然。」此條錢氏所引。《鄭風・女曰雞鳴》云：「明星有爛」，《箋》云：「明星尚爛爛然。」《豐》云：「子之豐兮」，《箋》云：「面貌豐豐然。」此條錢氏所引。《豳風・東山》云：「零雨其濛」，《箋》云：「歸又道遇雨，濛濛然」；又云：「敦彼獨宿」，《箋》云：「敦敦然獨宿於車下。」《小雅・節南山》云：「式月斯生」，《箋》云：「言日月益盛也。」《正月》云：「亦孔之炤」，《箋》云：「甚炤炤易見。」《雨無正》云：「俾躬處休」，《箋》云：「使身居安，休休然。」《楚茨》云：「苾芬孝祀」，《箋》云：「苾苾芬芬，有馨香矣。」《隰桑》云：「隰桑有阿」，《箋》云：「枝條阿阿然長美。」《大雅・生民》云：「克岐克嶷」，《箋》云：「能匍匐則岐岐然，意有所知也。其貌嶷嶷然，有所識別也。」《行葦》云：「敦彼行葦」，《箋》云：「敦敦然道旁之葦。」《雲漢》云：「有嘒其星」，《箋》云：「王仰天見眾星，順天而行，嘒嘒然。」《韓奕》云：「爛其盈門」，《箋》云：「爛爛，粲然鮮明，且眾多之貌。」《周頌・有客》云：「有萋有且」，《箋》云：「其來威儀，萋萋且且。」《商頌・那》云：「溫恭朝夕」，《箋》云：「其禮儀溫溫然恭敬。」此經文本一字，而鄭《箋》重言者也。

　　《邶風‧柏舟》云：「汎彼柏舟，亦汎其流。」《傳》云：「汎汎，流貌。」亦「汎汎其流」。《箋》云：「與眾物汎汎然，俱流水中。」此條錢氏所引。《谷風》云：「有洸有潰。」《傳》云：「洸洸，武也。潰潰，怒也。」《箋》云：「君子洸洸然，潰潰然。」《衛風‧氓》云：「咥其笑矣。」《傳》云：「咥咥然笑。」《箋》云：「則咥咥然笑我。」《芄蘭》云：「容兮遂兮，垂帶悸兮。」《傳》云：「佩玉遂遂然垂其紳帶，悸悸然有節度。」《箋》云：「則悸悸然行止有節度。」以上三條臧氏、錢氏俱引。《王風‧邱中有麻》云：「將其來施。」《傳》云：「施施，難進之意。」《箋》云：「施施，舒行伺閒獨來見己之貌。」此條臧氏所引。今本作「將其來施施」，臧氏據《顏氏家訓》所引江南本改正。《大雅‧雲漢》云：「蘊隆蟲蟲。」《傳》云：「蘊蘊而暑，隆隆而雷。」《箋》亦云：「隆隆而雷。」《商頌‧那》云：「庸鼓有斁，萬舞有奕。」《傳》云：「斁斁然盛也，奕奕然閒也。」《箋》云：「其聲鐘鼓，則斁斁有次序。」此經文本一字而毛《傳》、鄭《箋》俱重言者也。

　　蓋《詩》中之單文重文，彼此往往同義，如「溫溫」為恭敬，《小雅‧小宛》《大雅‧抑》皆云：「溫溫恭人」。而單言「溫」字，亦為恭敬；《商頌‧那》云：「溫恭朝夕」，《箋》云：「其威儀溫溫然恭敬。」「坎坎」為擊鼓聲，《小雅‧伐木》云：「坎坎鼓我」，《箋》云：「為我擊鼓坎坎然。」而單言「坎」字，亦為擊鼓聲。《陳風‧宛邱》云：「坎其擊鼓」，《傳》云：「坎坎，擊鼓聲。」是其明證。《詩》中此類甚多。今略舉一二，以概其餘。後仿此。因而毛、鄭之釋《詩》，於《詩》中之單文者，亦往往以重文釋之。如《衛風‧淇澳》云：「赫兮咺兮」，《傳》云：「赫，有明德赫赫然。」此條臧氏所引。《氓》云：「其葉沃若」，《傳》云：「沃若，猶沃沃然。」《小雅‧常棣》云：「鄂不韡韡」，《傳》云：「鄂猶鄂鄂然。」《菁菁者莪》云：「我心則休」，《箋》云：「休者休休然。」《正月》云：「噂沓背憎。」《傳》云：「噂猶噂噂，沓猶沓沓。」《箋》云：「噂噂沓沓，相對談語。」此條臧氏、錢氏俱引。《大雅‧生民》云：「實穎實栗」，《傳》云：「栗，其實栗栗然。」是其明證。夫單文與重文，義既不殊，則《詩經》單文而《傳》、《箋》重文，亦無足怪矣。

　　況作《詩》者，本多形容之詞，《詩序》云：「情動於中而形於言」，又云：「頌者，美盛德之形容。」故凡一字不足以形容者，必重言以形容之。如《關雎》云：「關關雎鳩」；《葛覃》云：「維葉萋萋」。其類甚多，不可枚舉。因而毛、鄭之釋《詩》，於《詩》中本止一字者，亦往往重言以申明之。蓋重言謂之訓，訓字本有形容之義，《詩‧關雎》，《疏》云：「訓者，道也，道物之貌以告人也。」《釋訓》：「道，形容也。」邵氏《爾雅》

釋訓，《正義》云：「古者，重語皆爲形容之詞，俾諷誦者擬諸形容，得古人順敘之義，故自爲一篇。」故詩人單言之，而《傳》、《箋》重言之者，與《釋詁》、《釋言》單言之，而《釋訓》重言之者，其例正同。郭氏《釋訓注》云：「悠悠、偰偰、丕丕、簡簡、存存、懋懋、庸庸、綽綽，盡重語。」邵氏《正義》云：「諸訓已見《釋詁》、《釋言》，而古人有重言者，故舉以例其餘。其未舉者，可以類推。」然則毛、鄭之釋《詩》，固爲深得詩人之意；而臧氏、錢氏之釋《傳》、《箋》，亦可謂深得毛、鄭之意矣。惟臧氏引《秦風·黃鳥》云「惴惴其栗」，《傳》云「栗栗，懼也」，此則未免有誤。案：《傳》中「栗栗」二字，岳本作「惴惴」，《正義》述《傳》語，亦作「惴惴」。今本譌作「栗栗」耳。又案前漢之王吉實治《韓詩》，見《漢書·儒林傳》。其本傳云：「吉上疏諫曰：『《詩》云匪風發兮，匪車偈兮，《說》曰是非古之風也發發者，是非古之車也揭揭者。』」此條臧氏所引。其所謂《說》者，即《韓詩》之說。夫經文但云「發兮」，而《說》曰「發發」；經文但云「揭兮」而《說》曰「揭揭」，與毛《傳》所云「發發飄風，揭揭疾驅」之語，彼此相同。是經文本一字，而注家重言以申明之者。

《韓詩》亦有此例，不獨毛、鄭爲然矣。《樂記》載子夏之言，曰：「詩云肅雝，和鳴先祖。是聽夫肅肅敬也，雝雝和也。」此條臧氏所引。《詩》但言「肅」，而子夏釋之則曰「肅肅」；《詩》但言「雝」，而子夏釋之則曰「雝雝」。是以重言釋一字者，自子夏已然，不自漢儒始矣。淺人不知此例，乃據注中之重文，而改經中之單文爲重文。何其誣妄之甚耶！臧氏歷引毛《傳》以證經重文而傳一字之例，其識甚卓然。其解《衛風》「碩人其頎」，云：「《玉篇·頁部》引作『碩人頎頎』。據鄭《箋》，知《詩》「頎」字本重文，六朝時猶未誤。」此則未免千慮一失。《十三經校勘記》駁之云：「《玉篇》依《箋》疊字耳，非六朝時經有作『碩人頎頎』之本也。《釋文》『其頎其機』反可證。」《十三經校勘記》云：「考經文一字，《傳》、《箋》疊字者，多矣。『明星有爛』，《箋》云：『明星尙爛爛然』等是也。」《經籍籑詁·凡例》云：「《邶風·谷風》：『有洸有潰』，毛《傳》云：『洸洸，武也。潰潰，怒也。』《周頌》：『肅雝和鳴』，《樂記》云：『肅肅，敬也。雝雝，和也。』皆長言申明之義。」茲並籑入其說，與臧氏、錢氏之說正相符合。後之讀《詩》者，亦可以知所折衷矣。

張薛園《毛詩鄭讀考》序

《公羊·定元年傳》云：「主人習其讀而問其傳」，何《注》以爲「習其經而讀之」。據此，則周、秦以前學經者，必先習其讀。漢人所謂「正讀受讀」

者，《漢書·藝文志》云：「宣帝時，徵齊人能正讀者，張敞從受之。」《後漢書·列女·曹世叔妻傳》云：「時《漢書》始出，多未能通者，同郡馬融從昭受讀。」其說實昉於斯。故舊注之中，或「讀如」、「讀若」，或言「讀爲」、「讀曰」，或言「當作」、「當爲」，其條目之分亦由此而起。後世作義疏者，於舊讀率一概視之，不復加以辨析，俗說滋而古義晦矣。段氏懋堂得戴氏東原小學之傳，欲取漢儒所注《詩》、《禮》群經以及《國語》、《史》、《漢》、《淮南》、《呂覽》等書，凡言「讀如」、「讀爲」「當爲」者，述《漢讀考》，先成《周禮》六卷，而《儀禮》則僅成一篇。然門徑既開，固足爲來者先路之導也。〔註33〕

　　寶應張君薛園續學摯經〔註34〕，作《毛詩鄭讀考》，創稿甫就，遽歸道山。其同門友孔君力堂爲錄清本，謀付剞劂，其師成君芙卿以示毓崧，屬爲作序。毓崧與薛園同郡，而未曾識面。前此聞劉君叔俛稱道其人，心甚儀之。今觀此書之體例，全仿懋堂。懋堂之書所定三例，皆出於心得，而其生平持論無不推本於東原。朱文正公嘗稱許之，謂：「二人竟如古之師弟子，得孔門漢代之家法」〔註35〕。信乎！其爲近世所難能也。在薛園素志撝謙，固未肯早以懋堂自許。即芙卿雅懷退讓，斷不肯遽以東原自居。然師弟之間，講學傳經，用著述爲程課。舉凡流俗趨時速化之術，無足以動其衷，亦可謂不隨風氣爲轉移，而有志於步趨前哲者矣。懋堂《儀禮漢讀考》雖非完書，然得胡氏墨

〔註33〕　其後，此類著述較多。如徐震熙《毛詩鄭讀考》二卷，陳壽祺撰、陳喬樅述
　　　　　《禮記鄭讀考》六卷，俞樾《禮記鄭讀考》一卷。另外，桂文燦：「甲辰春，
　　　　　欲著《毛詩傳假借考》、《毛詩鄭讀考》二書，未成。」（《經學博採錄》卷六，
　　　　　華東師範大學出版社2010年版，第315頁）。劉師培《甲辰年自述詩》其六
　　　　　云：「讀書讀若漢儒例，識此義者段懋堂。欲考群經通假例，《毛詩》《戴記》
　　　　　古音詳。」自注：「余著《毛詩鄭讀考》及《禮記異讀考》未成，僅成《大學》
　　　　　一卷。」（萬仕國輯校《劉申叔遺書補遺》，廣陵書社2008年版，第378頁）
　　　　　此係未成之書。
〔註34〕　成孺《心巢文錄》卷八有《與張荔生論校說文書》，稱：「足下有校勘《說文
　　　　　之志，誠善舉也」（《清代詩文集彙編》第666冊，上海古籍出版社2010年
　　　　　版，第162頁）。卷九《張薛園哀辭並序》（同書，第175頁），稱：
　　　　　而吾薛園者，慈於親，賓於長，仁於眾弟，其接倫輩也謙，其御下也漫以饒。
　　　　　手不手廢聖之書也，心不心非法之友也。口不口非禮之言，而身不身非義之
　　　　　行也。於經則邃於毛、鄭《詩》，於詞章則良於文，於小學則趨徥遑，跒乎《爾
　　　　　雅》、《方言》、《說文》、《急就》、《釋名》、《廣雅》。越若近世錢宮詹、段大令、
　　　　　王觀察父子之學，一能諟其同異而審諦其是非。
〔註35〕　朱文正公乃朱珪。語見段玉裁《戴東原先生年譜》。（戴震著，趙玉新點校《戴
　　　　　震文集》，中華書局1980年版，第227頁）

莊推廣其意，作《儀禮古今文疏義》，則其書不啻告成。至於《周易》、群經及《國語》、《史》、《漢》、諸子，則尚未有衰輯之者。力堂博習親師，撰述宏富，所作《禮記鄭讀考》〔註36〕已授梓人，由是就懋堂所言者次第編纂，與薛園此書相輔而行，當亦芙卿所深望者也。故連類及之，以堅其志焉。若夫薛園學行端醇，此書援證精確，則叔俛之序〔註37〕及芙卿、力堂〔註38〕之文所言已備〔註39〕，無庸復贅一詞矣。

與劉叔俛書

叔俛二兄大人閣下：

接奉賜函，承示欲撰《毛詩釋例》，此乃有功古人之作。至於經典中發明數事，足徵讀書有識，欽佩實深。猥蒙雅意拳拳，殷勤下問，敢即其所知者，姑妄言之，以就正焉。

足下謂《秦風》「道阻且右」，右即周字，引《唐風》「生於道周」、《韓詩》「周」作「右」為證，此說最確。考《有杕之杜》首章云「生於道左」，次章云「生於道右」，左與右語意本屬相類。毛《傳》云：「道左之陽，人所宜休息也。」鄭箋云：「今人不休息者，以其特生陰寡也。」夫道左之陽既宜休息，則道右之陽不宜休息可知。道左之杜，特生者人尚不休息，則道右之杜，特生者人更不休息可知。蓋晉武不求賢以自輔，君子不歸其涼薄之心，日甚一日，故次章之言「道右」，較首章之言「道左」者，其意愈深也。《蒹葭》篇首章云「道阻且長」，言其路之遠；次章云「道阻且躋」，言其路之難；末章云「道阻且右」，言其路之曲。語意亦屬相類。鄭箋云：「右者，言其迂迴也。」雖不破字，而所釋最得詩意。蓋《唐風》之「周」字當作「右」，毛《傳》云

〔註36〕力堂即孔廣牧。平步青《霞外攟屑》卷六「劉恭甫孔力堂」條，錄劉恭冕《孔力堂禮記天算釋敘》（上海古籍出版社1982年版，第426頁），《廣經室文鈔》失載。檢成孺《心巢文錄》卷一有《孔力堂禮記鄭讀考序》（《清代詩文集彙編》第666冊，上海古籍出版社2010年版，第112頁），稱：「吾友力堂本金壇《漢讀》例，撰為《禮記鄭讀考》四卷，甫卒業而遽歿」。

〔註37〕劉叔俛即劉恭冕，著有《廣經室文鈔》一卷，集中未見有為此書所作序。

〔註38〕徐成志、王思豪主編《桐城派文集敘錄》（安徽大學出版社2016年版，第69～70頁）著錄孔廣牧《勿二三齋詩集》、《飲冰子詞存》，未提及其文集。

〔註39〕張薛園即張荔生。清寶應人。《江蘇藝文志・揚州卷》據《同治續纂揚州府志》卷22著錄《毛詩鄭讀考》，稱「經部詩經類。佚」。（南京師範大學古文獻整理研究所編《江蘇藝文志・揚州卷》，江蘇人民出版社1995年版，第991頁）

「周，曲也」，既與上章左字不相類；《秦風》之「右」字當作「周」，毛《傳》云「右，出其右也」，又與上章「長」字、「躋」字不相類；未免兩失之矣。

足下謂《孟子》引詩「以御於家邦」，「御」當訓「進」，而斥趙注訓「享」爲非，此說亦是。考《孟子》上文云：「老吾老，以及人之老。幼吾幼，以及人之幼。」二及字皆有進意。下文云：「故推恩足以保四海」，又云：「善推其所爲而已矣。」二推字亦有進意。故「御」字必訓爲「進」，始與文義相符。若訓爲「享」，則與「舉斯心加諸彼」句既不相涉，而與「天下可運於掌」句尤不相應矣。焦氏亦知當訓爲「進」而迴護趙注，未免依違其間，不知所謂「進」者固以一己之德，推諸天下國家，而非以天下國家之福「享」諸一己也。〔註40〕

〔註40〕　按：此信當是劉毓崧在接到劉恭冕多封來信之後做的回覆。其中，《廣經室文鈔》有《與劉伯山書》（劉台拱等著；張連生、秦躍宇點校《寶應劉氏集》，廣陵書社2006年版，第586～587頁），內容即是談論「《秦風》『道阻且右』，右即周字」；「《孟子》引詩『以御于家邦』，『御』當訓『進』」二事。茲迻錄其文，以爲參照。至於劉毓崧信中提及的「承示欲撰《毛詩釋例》」、「《左傳》『遇水適火』」、「《周書》『庸庸』與『雕雕』同，當訓爲『敬』」、「《小雅・大東篇》『終日七襄』」諸事，由於劉恭冕原函未見，只能付之闕如。文曰：

伯山足下，昨得覆札，知近候佳勝爲慶。弟比以天熱，校書所好軒，修篁翳日，頗娛清覽。每得一疑誼，深苦識人不多，無從質難。今略具數事，爲足下陳之。

《唐詩》「生於道周」，《釋文》：「《韓詩》：『周，右也。』」按：《韓詩》是也。道左、道右相對成文。「周」、「右」轉相訓。《秦詩》「道阻且右」，鄭箋云「其言迂迴」，則亦作「周」解矣。《毛》於《唐》傳「曲也」，於《秦》「出其右也」，兩失之。《思齊》「以御于家邦」，毛《傳》：「御，迎也。」迎於家邦，甚爲不辭。按：《六月》詩云「以御諸友」，《傳》「御，進也」，蔡邕《獨斷》「御者進也」。《字通》作「許」。《詩》「昭茲來許」，《傳》：「許，進也」。此句承上「昭哉嗣服」言之，「茲」、「哉」古通用。謝沈書載東平王蒼說作「昭哉來御」，「來御」、「來許」猶言後進也。（鄭《箋》：「茲，此來勤也。武王能明此勤行，進於善道」，義甚穿鑿。）毛《傳》以「進」訓「許」字，所謂通其借義也。然則「以御于家邦」亦當訓爲「進」，無異辭矣。《孟子》引此詩而釋之云：「言舉斯心加諸彼而已」，義更顯然，而趙《注》云：「御，享也，享天下國家之福」；焦氏循《正義》「享之義爲獻，御之義爲進」，言「天下國家之福皆進於天子，故御享天下國家之福」。似此作解，全與上下文義不貫。焦氏不之正而迴護趙氏，則墨守之過也。率復，即祈教正。並頌著安。

另外，劉師培《左盦題跋》有《跋劉叔俛與劉伯山書》。信的主要內容爲，「冕嘗推其意而論之，以爲今之列學官者當有二十一經，不當僅列十三經」（萬仕國點校《儀徵劉申叔遺書》第13冊，廣陵書社2014年版，第5698頁）。此信《廣經室文鈔》失收，《寶應劉氏集》亦未輯入。

　　若夫《左傳》「遇水適火」，服注云：「兆南行適火」。雖未明言「適」字何解，然玩其語氣，亦有訓「敵」之義，則惠徵君之說固有所本矣。《詩》「白茅包之」，包與誘爲韻，自當讀如浮音。近人言古韻者，皆謂包聲、孚聲古本同部。黃春谷先生則謂包與孚原係一字，所著《字說》中言之最詳。然則從包之字，皆當讀如孚音可無疑矣。

　　至於足下謂《周書》「庸庸」與「雝雝」同，當訓爲「敬」，則弟竊以爲不然。《康誥》「庸庸祗祗威威」連言，某氏傳云「用可用，敬可敬，刑可刑」，王氏西莊《尙書後案》云：「宣十五年，《左傳》、《周書》所謂庸庸祗祗者，杜預訓爲『用可用，敬可敬』，亦與傳同。若威威以爲『刑可刑』，則非也。下文「文王敬忌」，鄭云：『祗祗威威是。』則威爲畏忌意，當爲『畏可畏』解。」孫氏淵如《尙書今古文注疏》云：「威與畏，經典通用。杜義本古書說，則威威當爲畏可畏也。」二說最爲允當。蓋經傳中之疊字，有上下同義者，如肅肅爲敬，雝雝爲和是也；有上下異義者，如善善爲好其善，惡惡爲嫉其惡是也。親其親者謂之親親，長其長者謂之長長，賢其賢者謂之賢賢，貴其貴者謂謂之貴貴，其例爲人所共知，則用可用者謂之庸庸，敬可敬者謂之祗祗，其義亦屬可通，似未可斥爲迂曲。況古人引書，雖間有斷章取義，而訓詁要不甚相遠。若庸字本雝之假借，當訓爲敬，而羊舌職獨以一己之意改訓爲用，恐東周時大國之名臣，未必武斷至此也。襄三十一年《傳》云：「圬人以時塓館宮室」，孔疏云：「使此泥屋之人，以時泥塗客館之宮室也。」乍讀之，文義似有未安。然上文云「繕完葺牆」，李涪《刊誤》云：「繕完葺三字，於文爲繁，當是繕宇葺牆。」以《書》之「峻宇雕牆」爲比。段氏懋堂駁之云：「古三字重疊者時有，安可以今人文法繩之？下文『無觀臺榭』，豈非三字重疊耶？」據此說推之，則館宮室三字連文，未始不可解也。

　　《小雅·大東篇》「終日七襄」，丁酉歲學使祁公觀風鎮江，曾出此題。丹徒友人某舉以見詢，弟答之云：《說文》襄字下曰：「漢令解衣而耕謂之襄。」解衣者，有除去之義。引而申之，凡物之除去者，皆謂之襄。《爾雅·釋言》訓「襄」爲「除」，是也。除乎此者，必復乎彼，又引而申之，凡物之反覆者，亦謂之襄。毛《傳》訓「襄」爲「反」者，從引申之義也。《說文》解驤字云：「馬之低昂也。」驤字從襄字得聲，古人多假襄爲驤，故襄亦有駕馬之義。《鄭風·大叔于田》云「兩服上襄」，鄭《箋》云：「上駕者，言爲眾馬之最良也。」《爾雅·釋言》云：「襄，駕也。」郭《注》引《堯典》「懷山襄陵」爲證，

鄭《箋》訓「襄」爲「駕」者，從假借之義也。二家之解皆本諸古訓，未可偏非。但如毛說訓「襄」爲「反」，則終日之間，星辰七去七反，恐不若是之速。孔《疏》申之云：「終日曆七辰，至夜而回反」，理雖可通，然經文本無辰字，未免添設，不若鄭說之爲得也。」

　　此一時率意之言，未可據爲定論，望足下察之。

卷　三

周官周禮異名考

　　《漢書・藝文志》「禮類」有《周官經》六篇、《周官傳》四篇，顏《注》云：「即今之《周官禮》也。」《隋書・經籍志》載馬鄭等人之《注》、沈重等人之《疏》，皆冠以《周官禮》；孫略之《駁難》、陳劭之《異同評》，亦冠以《周官禮》。蓋隋以前，儒者援引此書雖多言《周禮》，不過隨俗從省之詞。至於著作標題，則未有不言《周官》者。至唐賈氏作《正義》，始定爲《周禮》，而後人沿之，殊不知《周禮》本群經之通名，《周官》乃其一耳。《左氏・昭二年傳》云：「見《易象》與《魯春秋》，曰：『周禮盡在魯矣。吾乃今知周公之德與周之所以王也。』」鄭、賈皆以爲爻下之象辭，周公所作。杜《注》云：「《春秋》遵周公之典以序事。」《疏》云：「若發凡言例，皆是周公制之。」此《周易》《春秋》可稱《周禮》之證。《文十八年傳》云：「先君周公制《周禮》，曰：『則以觀德，德以處事，事以度功，功以食民。』作《誓命》曰：『毀則爲賊，掩賊爲藏，竊賄爲盜，盜器爲奸。主藏之名，賴奸之用，爲大凶德，有常無赦，在《九刑》不忘。』」杜《注》云：「《誓命》以下，皆《九刑》之書。」《疏》云：「謂制禮之時，有此語，爲此誓耳。在後作《九刑》者，記其誓命之言。」此《周書》可稱《周禮》之證。《文二年傳》云：「是以《魯頌》曰：『春秋匪解，享祀不忒，皇皇后帝，皇祖后稷。』君子曰禮，謂其后稷親而先帝也。《詩》曰：『問我諸姑，遂及伯姊。』君子曰禮，謂其姊親而先姑也。」此《周詩》可稱《周禮》之證。矧《儀禮》亦周公所制，是《周禮》之名尤當分屬諸《儀禮》，豈《周官》所得而獨擅者哉？若夫《書》之《周

官》，真古文久逸，今所傳者乃僞古文，東漢時尙未出也。鄭大夫父子以此六篇當之，其說早爲康成所駁，賈氏引鄭玄〔註1〕《序》云：「按：《尙書·盤庚》、《康誥》、《說命》、《泰誓》之屬，今多者不過三千言。又《書》之所作，據時事爲辭，君臣相誥命之語。《周禮》乃六篇，文異數萬，終始辭句，非《書》之類，難以屬之。」無庸復贅一詞矣。

大夫以上先廟見後成昏說上篇

《禮記·郊特牲》云：「無大夫冠禮而有其昏禮。」鄭康成據此謂天子諸侯大夫昏禮與士昏禮不同。《左氏·宣五年·正義》云：「《儀禮·昏禮》者，士之禮也。其禮無反馬。故何休據之作《膏盲》以難《左氏》。鄭玄〔註2〕《箋》之曰：《冠義》云：『無大夫冠禮，而有其昏禮。』則昏禮者，天子諸侯大夫皆異也。」今按：《郊特牲》上文有《冠義》之語，《正義》云：「以《儀禮》有《士冠禮》正篇，此說其義，故云《冠義》。」據此，則《郊特》牲本引古冠義之文，故鄭君言《冠義》，不言《郊特牲》也。賈、服釋《左氏·隱八年傳》：「鄭公子忽逆婦媯，先配而後祖，以爲禮齊而未配。大夫以上，無問舅姑在否，皆三月見祖廟之後，乃始成昏。」《左氏·隱八年傳》云：「四月甲辰，鄭公子忽如陳逆婦媯。辛亥，以媯氏歸。甲寅，入於鄭。陳鍼子送女。先配而後祖，鍼子曰：『是不爲夫婦。誣其祖矣，非禮也，何以能育？』」《正義》引賈《注》云：「配，成夫婦也。《禮》，齊而未配，三月廟見，然後配。」《禮記·曾子問》，《正義》云：「若賈、服之義，大夫以上，無問舅姑在否，皆三月廟見，乃始成昏。故譏鄭公子忽先爲配匹，乃見祖廟。」後儒多不謂然，以爲別無可證。今按：先廟見後成昏之禮，見於《列女傳》者，莫著於宋恭伯姬。《列女貞順傳》云：「宋恭伯姬，魯宣公之女，成公之妹也。其母曰繆姜，嫁伯姬於宋恭公。恭公不親迎，伯姬迫於父母之命而行。既入宋，三月廟見，當行夫婦之道，伯姬以恭公不親迎，故不肯聽命。宋人告魯。使大夫季文子如宋，致命於伯姬。」《春秋》於成公九年特書「伯姬歸於宋。季孫行父如宋致女」。三《傳》之舊注，皆主此義。《春秋》：「成九年，二月，伯姬歸於宋。夏，季孫行父如宋致女。」《禮記·曾子問》，《正義》引服《注》云：謂成昏《公羊傳》云：「未有言致女者，此其言致女何？錄伯姬也。」何《注》云：「古者婦人，三月而後廟見，成婦。父母使大夫操禮而致之。書者，與上納幣同義。所以彰其潔，且爲父母安榮之。言女者，謙不敢自成禮。」徐《疏》云：「重得父母之命，乃行婦道，故曰所以彰其潔也。其女當夫，非禮不動，光照九族，父母得安，故曰榮之。」《穀梁傳》云：「婦人在家制於父，既嫁制於夫如宋致女是以我盡之也不正故不與內稱也。楊《疏》

〔註1〕玄，原作「元」。
〔註2〕玄，原作「元」。

引徐邈《注》云：「」宋公不親迎，故伯姬未順爲夫婦，故父母使卿致伯姬，使成夫婦之禮，以其責小禮違大節。故《傳》曰：『不與內稱』，謂不稱夫人而稱女。」今按：《列女傳》云：「伯姬以恭公不親迎，故不肯聽命。」此徐說所本。蓋子政所治《春秋》，本穀梁家也。其下文云：「還復公命，公享之，繆姜出於房」云云，與《左傳》合。又云：「《春秋》詳錄其事，爲賢伯姬」，與《公羊傳》合。是此事本兼採三《傳》也。顧氏廣圻《列女傳考證》云：「不肯聽命，不見三《傳》，蓋採他書也。」此未考服《注》、何《注》、徐《注》，而止據杜《注》范《注》耳。次之者，則有齊孝孟姬。《列女‧貞順傳》云：「齊孝孟姬，華氏之長女，齊孝公之夫人也。好禮貞壹。齊中求之，禮不備，終不往。齊國稱其貞。孝公聞之，乃修禮親，迎於華氏之室。遂納於宮，三月廟見，而後行夫婦之道。」其事雖未載於《春秋》，然所述送女之誡詞，與《穀梁‧桓三年傳》略同，是必穀梁家相傳古義，而子政採之也。《列女‧貞順傳》云：「父母送孟姬，不下堂。母醮房之中，結其衿縭，誡之曰：『必敬必戒，無違宮事。』父誡之東階之上，曰：『必夙興夜寐，無違命。』諸母誡之兩階之間，曰：『敬之敬之，必終父母之命。夙夜無怠，爾之衿縭，父母之言謂何？』」《穀梁‧桓三年傳》云：「《禮》，送女，父不下堂，母不出祭門，諸母兄弟不出闕門。父戒之曰：『謹愼從爾舅之言』；母戒之曰：『謹愼從爾姑之言』；諸母般申之曰：『謹愼從爾父母之言。』」今按：《說苑‧修文》篇述諸侯親迎之禮，云：「夫人受琮，取一兩屨以履女、正笄、衣裳，而命之曰：『往矣，善事爾舅姑，以順爲宮室，無二爾心，無敢回也。』拜辭父於堂，拜諸母於大門。」《列女傳》與《說苑》並出子政之手，所述送女誡詞，蓋穀梁家之緒論也。以《左傳》考之，魯僖公十八年，齊孝公即位；二十七年，齊孝公薨。《左氏‧僖十八年傳》云：「夏五月，宋敗齊師於甗，立孝公而還。」二十七年《傳》云：「夏，齊孝公薨。」孝公既即位，乃立孟姬爲夫人。覈其時代，在鄭婦嬀之後、宋伯姬之前。伯姬所配者宋公，孟姬所配者齊侯，其位皆諸侯夫人，而所行如此，則賈、服所謂「大夫以上，先廟見後成昏」者，信有徵矣。鄭婦嬀所配者公子忽，其位在諸侯夫人之下、卿大夫內子命婦之上，而所行若彼，則鍼子所譏「先配後祖」者，非無說矣。《春秋》文公四年：「夏，逆婦姜於齊。」《穀梁傳》以爲責其成禮於齊。范甯、范邵復申明其說，謂譏公而兼貶夫人。《穀梁傳》云：「其曰婦姜，爲其禮成乎齊也。其不言公何也？非成禮於齊也。其不言氏何也？夫人與有貶也。」范甯《注》訓「非」爲「責」，又引其從弟邵云：「夫人能以禮自防，則夫婦之禮不成於齊，故譏公而夫人與焉。」夫不待反魯廟見，而遽在齊成昏，較諸公子忽反鄭成昏，更爲非禮。不特與宋伯姬相反，抑且與齊孟姬迴殊，宜其爲議禮者所責也。然則觀於《春秋》褒伯姬、《穀梁》貶婦姜、《左傳》譏鄭嬀、《列女傳》嘉孟姬，可知大夫以上之昏禮不同

於士之昏禮，固確然有憑矣。《左氏‧隱八年‧正義》云：「按：《昏禮》，親迎之夜，衽席相連。是士禮不待三月也。」今按：賈、服所言者，大夫以上之昏禮，非士之昏禮也，《正義》所言殊嫌詞費。若夫《尚書》言「禹娶塗山，辛壬癸甲」〔註 3〕，據鄭康成《注》「登用之年，始娶於塗山氏。三宿，而為帝治水」，則是娶後始受治水之命，安見其非先廟見後成昏乎？《尚書正義》云：「娶於塗山，言其所娶之國耳，非就妻家見妻也。」今按：禹本崇伯之子，其娶塗山氏，當至崇國行廟見之禮，斷非就妻家成昏，若後世贅婿之事。《正義》之說是也。《呂氏春秋‧音初》篇云：「禹行功，見塗山之女。禹未之遇，而巡省南土。塗山氏之女乃令其妾候禹於塗山之陽。」此既娶以後，禹往治水，塗山氏歸寧母家之事耳。《吳越春秋》卷四云：「禹三十未娶，行到塗山，禹因娶塗山，謂之女嬌。」此因《呂氏春秋》之語，從而附會其說，非實事也。即如某氏《傳》以為已嘗治水，輟事成昏，某氏《傳》云：「辛日娶妻，至於甲日，復往治水。」《正義》云：「孔云『復往』，則已嘗治水，而輟事成昏也。鄭意娶後始受帝命，娶前未治水也。然娶後始受帝命，當云聞命即行，不須計辛之與甲日數多少。當如孔說輟事成昏也。」今按：《禮記‧曲禮》云：「凡為君使者，已受命君言，不宿於家。」《禮運》云：「三年之喪與新有昏者，期不使。」當洪水時，以治水為急，故特改新昏不使之條，而謹守君言不宿之戒。鄭《注》以為既成昏始受命，其說是也。《公羊‧哀三年傳》云：「不以家事辭王事，以王事辭家事。」當治水時，以王事為急，故既娶，猶過門不入，豈未娶而輟事成昏？某氏《傳》以為先治水後成昏，其說非也。今姑就《傳》說言之。亦不過出自一時權宜。其不俟廟見而成昏，正猶舜之不告父母而先娶，所謂非常之事，不可以常禮論也。何得執此而謂大夫以上之昏禮本若是哉？《左氏‧隱八年‧正義》云：「禹娶塗山，四日即行去，而有啟生焉，亦不三月乃配。是賈之謬也。」今按：《正義》不知賈說合於古禮，又不知某氏《傳》所言禹事係變禮而非常禮，惟知曲徇杜《注》，而反謂賈說為謬，不亦僨乎？

　　至於諸家釋「先配後祖」者，鄭仲師以「祖」為「祭饌」，鄭康成以「祖」為「袚道」，杜元凱以「祖」為「出告祖廟」，其說均有未安。杜《注》云：「禮，逆婦必先告祖廟而後行。故楚公子圍稱告莊、共之廟。鄭忽先逆婦而後告廟，故曰先配而後祖。」《正義》云：「鄭眾以配為同牢食也，先食而後祭祖，無敬神之心，故曰誣其祖也。」按：《昏禮》，婦既入門，即設同牢之饌。其間無祭祀之事。先祭乃食，《禮》無此文，是鄭之妄也。鄭玄〔註 4〕以「祖」為「袚道」之祭也。先為配匹，而後祖道，言未去而行配。按：《傳》既言「入於鄭」，乃云先配而後祖，寧是未去之事也？若未去先配，則鍼子在陳譏之，何須云「送

<hr>

〔註 3〕《尚書‧虞書‧益稷》：「娶於塗山，辛壬癸甲。」
〔註 4〕玄，原作「元」。

女」也。沈氏欽韓《幼學堂文稿・先配而後祖解》云：「若杜預之說，乃似是而非者也。貴爲國君世子，且爲有禮之莊公，乃不如楚之公子圍乎？且鍼子已在鄭，必灼然於耳目者，乃瑳咨於誣祖耳。胡爲追按前此之過，舉成事後之清議？若先未告廟，《左氏》豈不能出一語貶絕，而待鍼子之定論也。」沈氏欽韓以「祖」爲「反告祖廟」，雖較他說爲長，沈氏《左傳補注》云：「《聘禮》，大夫之出，既釋幣於禰，其反也，復告至於禰。忽受君父醮子之命於廟，以逆其婦，反而不告至，是爲墮成命而誣其祖。」又《先配而後祖解》云：「蓋《禮》有『制幣』〔註5〕之奉，《春秋》有『告至』〔註6〕之文，彼受命出疆，猶必告面之義。況《昏禮》之大者乎？然則子忽之失，失在不先告至。將傳宗廟之重於嫡，而惜跬步之勞於祖，已即安伉儷焉，是爲誣其祖也。」然逆婦不反告祖廟，其過較輕；成昏不先見祖廟，其過較重。鍼子不應捨其所重，而譏其所輕。沈氏既述反國告至之儀，而兼及廟見成婦之禮，沈氏《左傳補注》云：「徑安配匹，始行廟見之禮。」又《先配而後祖解》云：「鍼子曰：『不爲夫婦』，是則孔子未成婦之義也。」仍不越賈、服範圍之外。特於大夫以上之昏禮未經詳覈，故爲此游疑兩可之言耳。沈氏《先配而後祖解》云：「不知賈所謂三月之內將築別宮而居之抑祔奧而不說纓也若謂大夫以上與士異經典無文以明之。今按：《禮記・內則》云：「由命士以上，父子皆異宮」，則卿大夫本有別宮可知。天子諸侯之多別宮，更不待言。何必以更築別宮爲問？又何必以祔奧不說纓爲疑？至於大夫以上昏禮與士昏禮異，其說見於《春秋三傳》，亦不得以爲經典無文。沈氏《左傳補注》引《玉篇》《集韻》之「餪女」，以解《春秋三傳》之「致女」，是據俗禮以改古注，與《列女傳》所言不符。其說未可從也。俞氏變力持「祖道」之說〔註7〕，委曲附會以求通。俞氏《癸巳類

〔註5〕　《儀禮・既夕禮》：「贈用制幣。」

〔註6〕　《左傳・桓公二年》「冬，公至自唐，告於廟也。凡公行，告於宗廟，反行飲至、舍爵、策勳焉，禮也。」孔穎達《疏》：「凡公行者，或朝或會，或盟或伐，皆是也。孝子之事親也，出必告，反必面，事死如事生，故出必告廟，反必告至。」

〔註7〕　此文所引《癸巳類稿・先配後祖義》乃節錄後半部分，前半部分文曰（《俞正燮全集》，黃山書社2005年版，第67頁）：
《左傳・隱八年》：「四月甲辰，鄭公子忽如陳逆婦嬀。辛亥，以嬀氏歸。甲寅，入於鄭。」計其行四日，則在陳三日也。「陳鍼子送女，先配而後祖。鍼子曰：『是不爲夫婦，誣其祖矣，非禮也，何以能育？』」《禮・曾子問・正義》引鄭《注》云：「祖者，祖道之祭」，應先爲祖道，然後配合；又引賈逵、服虔以「祖」爲「廟見」，謂大夫以上，無問舅姑在否，皆三月廟見後，乃始成昏，譏忽先配也。此《傳・正義》引鄭眾以「配」爲「同牢食」，先食後祭祖，無敬神之心。今杜《集解》則「祖」爲「告廟」。今按：祖道說是也。杜言後告廟，忽出國無不告廟禮。《白虎通》言「娶，不先告廟」，援士禮言之，若世子及卿大夫出疆，必告廟也。賈、服言大夫以上三月後成昏，以避《儀禮》士親迎、夕入室之文。又《成九年》「季孫如宋致女」，服亦言成昏，其說非人情，不可用。

稿‧先配後祖義》云：「計忽在陳三日，則配已三日矣，辛亥日行乃祖祭，陳鍼子不忠君命，不樂此行，言忽不當成昏於陳，當以親迎日即行，苟辭詈之。以誣道神爲誣其祖者，春秋時占驗家，多斷章展轉生義。《昭公‧七年傳》：『衞靈公名元，孔烝鉏筮得《屯》。史朝曰元亨，又何疑焉？』《昭十一年傳》：『葬齊歸公不慼，晉史趙曰：必爲魯郊。歸姓也，不思親，祖不歸也。』陳鍼子說祖，史朝說元，史趙說歸，不爲典要，一也。」今按：占驗可以斷章取義，典禮不可以斷章取義。俞氏此說，可謂甚難而實非矣。且自來釋《左傳》者，於鍼子均無貶詞，而俞氏獨以爲不忠君命，未免好爲異論。其說雖墨守康成，然康成注《禮記‧坊記》，即引伯姬歸宋、季孫致女以證恐事之違，婦不親夫。是先廟見後成昏之禮，鄭君固嘗援據之矣。《禮記‧坊記》云：「昏禮：壻親迎，見於舅姑，舅姑承子以授壻，恐事之違也。以此坊民，婦猶有不至者。」鄭《注》云：「父戒女曰：『夙夜無違命。』母戒女曰：『毋違宮事。』不至，不親夫以孝舅姑也。《春秋》成公九年，春二月，伯姬歸於宋。夏五月，季孫行父如宋致女。是時，宋共公不親迎，恐其有違而致之也。」今按：《說文》云：「親，至也。」鄭《注》以「不親夫」釋「不至」，蓋「親」可訓「至」，至亦可訓「親」。所謂「不親夫」者，即《列女傳》所謂「伯姬不肯聽命」。是鄭君之意，固以致女爲成昏矣。其兼言孝舅姑者，蓋以善事夫者，必能孝於舅姑，故連類及之耳。要之，《坊記》言「恐事之違」，鄭《注》言「恐其有違」，猶《孟子》言「無違夫子」〔註8〕，皆以事夫之禮爲主，與《士昏禮》言「夙夜無違命」、「無違宮事」，其義一而已矣。其以「祖」爲「祖道」，乃《駁五經異義》之詞。《詩‧魏風‧葛屨》，《正義》引《駁異義》云：「昏禮之暮，枕席相連，是其當夕成昏也。」今按：《五經異義》此條原文雖無可考，然《駁異義》主當夕成昏之說，則《異義》必主先廟見後成昏之說。蓋許君受業賈侍中，《異義》多從其說也。《禮記‧曾子問》，《正義》云：「熊氏云：『如鄭義。則從天子以下至於士，皆當夕成昏。舅姑沒者，三月廟見。故成九年，季文子如宋致女，鄭云：致之使孝，非是始致於夫婦也。又隱八年，鄭公子忽先配而後祖，鄭以祖爲祖道之祭，應先爲祖道，然後配合。今乃先爲配合，而後乃爲祖道之祭。』」較《左傳正義》所引鄭說，互有詳略疑，皆《駁異義》之語。蓋《異義》謂三月成昏，故以「祖」爲「廟見」，「致女」爲「成昏」。此從賈《注》而

〔註8〕《孟子‧滕文公下》載：

　　景春曰：「公孫衍、張儀豈不誠大丈夫哉？一怒而諸侯懼，安居而天下熄。」

　　孟子曰：「是焉得爲大丈夫乎？子未學禮乎？丈夫之冠也，父命之；女子之嫁也，母命之，往送之門。戒之曰：『往之女家，必敬必戒，無違夫子。』以順爲正者，妾婦之道也。居天下之廣居，立天下之正位，行天下之大道。得志，與民由之；不得志，獨行其道。富貴不能淫，貧賤不能移，威武不能屈，此之謂大丈夫。」

援此證也。《駁異義》謂當夕成昏，故以「祖」爲「祖道」，「致女」爲「教孝」，此不從賈《注》而斥此證也。合《禮記》、《左傳》兩《疏》所引鄭說，與《詩疏》所引鄭說，參互考之，可見《駁異義》之大指矣。近之人輯錄《駁異義》者，但採《詩疏》所引，不採《禮記》、《左傳》兩《疏》所引，蓋因其未標《駁異義》之名也。然致女成昏之禮，《三傳》舊說彼此相同，鄭君《箴膏盲》、《發墨守》、《起廢疾》三書皆不應牽涉及此。若謂非《駁異義》之語，則將以爲何書之語耶？特無明文爲證，止可附錄於後耳。與《禮注》迥殊，係早年未定之論，當以《禮注》爲正也。《禮記・王制》，《正義》引《駁異義》云：「《周禮》所謂皆徵之者，使爲胥徒給公家之事，如今之正衛耳。」陳氏壽祺《異義疏證》云：「先鄭注《周禮》云：『徵之者，給公上事也。』此許君所據及鄭君引『今之正衛』之制是也。然鄭君《周禮・太宰》『九賦』《注》云：賦，口率出泉也。今之算泉，民或謂之賦。此其舊名與？鄉大夫國中自七尺以及六十，野自六尺以及六十有五，皆徵之。《遂師》之職亦云：『以時徵其財徵』，皆謂此賦也。則《周禮注》不以「徵」爲「胥徒」，與《駁異義》自異也。」據此，是《駁異義》在前，注《禮》在後，故鄭司農之說，《駁異義》從之，而《周禮注》不從之也。然則《駁異義》作於早年，其中固有未定之論矣。況服子愼《左傳注》多與鄭君不謀而同，鄭君因已所注者未成，遂出稿以相贈。《世說新語》卷三「文學」門云：「鄭玄〔註9〕欲注《春秋傳》，尚未成時，行與服子愼遇宿客舍。先未相識，服在外車上與人說己注傳意，玄聽之良久，多與己同。玄就車與語曰：『吾久欲注，尚未了。聽君向言，多與吾同。今當盡以所注與君。』遂爲《服氏注》。」安知其注先配後祖，不亦如《坊記注》改從賈《注》，而與服《注》適相合歟？試思三國時陸公紀之女鬱生貞節，與齊孟姬、宋伯姬相埒，姚德祐上表於吳主，稱其「侍廟三月，婦禮未卒」，《三國志・陸績傳・注》云：「績於鬱林所生女名曰鬱生，《姚信集》有表稱之，曰：『臣竊見故鬱林太守陸績女子鬱生，少履貞特之行，幼立匪石之節。年始十三，適同郡張白。侍廟三月，婦禮未卒。』」則是先廟見後成昏，漢以後尙有行之者矣。豈可不加擘究，而輕議古禮也哉？

大夫以上先廟見後成昏說中篇

　　古人昏禮，士以下無致女之儀，而大夫以上有之。其事書於《春秋》，其辭載於《曲禮》。《曲禮》云：「納女，於天子曰備百姓，於國君曰備酒漿，於大夫曰備埽灑。」鄭《注》云：「納女，猶致女也。此其辭也。」《正義》云：「唯及大夫，不及士者，士卑故也。成九年，『夏，季孫行父如宋致女。』此云納女，故云納女，猶致女也。」今按：納女之辭，

天子諸侯大夫皆有之，而士庶人無之者。天子諸侯大夫，皆三月廟見，然後成昏，士庶人則當夕成昏。故有致女、不致女之殊，非第以位尊位卑之別也。士以下無反馬之法，而大夫以上有之。其事見於《左傳》，《春秋》宣公五年，「秋九月，齊高固來逆子叔姬。多，齊高固及子叔姬來。」《左傳》云：「卿自逆也。多來反馬也。」杜《注》云：「禮，送女留其送馬，謙不自安，三月廟見，遣使反馬。」《正義》引何林《左氏膏肓》，言禮無反馬之法，又引鄭玄〔註10〕《箴膏肓》云：「主人乘墨車，從車二乘，婦車亦如之。」此婦車出於夫家，則士妻始嫁，乘夫家之車也。《詩・鵲巢》云：「之子于歸，百兩御之。」又曰：「之子于歸，百兩將之。」將，送也。國君之禮，夫人始嫁，自乘其家之車也，則天子諸侯嫁女，留其乘車可知也。高固，大夫也，來反馬，則大夫亦留其車也。禮雖散亡，以《詩》之義論之，大夫以上其嫁，皆有留車反馬之禮。其象著於《易》爻。《歸妹》六三爻辭云：「反歸以娣。」虞《注》云：「震爲反。反馬，歸也。三失位，四反得正。」張氏惠言《虞氏易》：「禮云反馬者，震爲馬，故以四之三爲女家之馬，二之四反之也。」致女者，婦家之禮。不親迎則必致女，親迎則不致女。《曲禮》鄭《注》云：「壻不親迎，則女之家遣人致之。」《正義》云：「壻不親迎，則女之家三月廟見，使人致之。以成九年二月，伯姬歸於宋，時宋公不親迎，故魯季孫行父如宋致女是也。」反馬者，夫家之禮。不親迎固當反馬，親迎亦當反馬。杜預宣五年《左傳注》云：「高固遂與叔姬俱寧，故《經》、《傳》具見以示譏。」《正義》云：「是說禮有反馬之法，唯高固不宜親行耳。《士昏禮》又稱若不親迎，則婦入三月，然後壻見於妻之父母。此高固親迎，則不須更見，故譏其親反馬也。」然則大夫以上先廟見後成昏者，致女之禮或不盡行。而反馬之禮，未有不行。蓋婦入三月然後祭行，祭行然後成昏，成昏然後反馬。《左氏・宣五年傳》，《正義》引《箴膏肓》云：「高固以秋九月來逆叔姬，多來反馬，則婦入三月祭行，乃反馬，禮也。」今按：《士昏禮記》云：「婦入三月，然後祭行。」鄭說本此。又考《左傳》上文云：「公如齊，高固使齊侯止公，請叔姬焉。」杜《注》云：「留公強成昏。」據此，是結昏之時，本不以禮，則成昏之期，未必如禮。其先廟見後成昏，與先成昏後廟見，均未可知。而三月祭行，然後反馬，則大夫以上之昏禮本若是矣。縱使成昏之期已改，而反馬之禮猶存，譬諸告朔之典已虛，而餼羊之事猶在，尚可藉是以推明古制，考證舊章也。故無論舅姑在否，皆有反馬之儀。《左氏・宣五年傳》，《正義》云：「《曾子問》篇端稱孔子曰：『三月而廟見，稱來婦也。擇日而祭於禰，成婦之義也。』鄭玄〔註11〕云：『謂舅姑沒者也。』是舅姑沒者以三月而祭，因以三月爲反馬之節。舅姑存者，亦當以三月反馬也。」反馬與留車，相對爲文。鄭康成《箴膏肓》云：「留車，妻

〔註10〕 玄，原作「元」。
〔註11〕 玄，原作「元」。

之道也。反馬，壻之義也。」《左氏‧宣五年傳‧正義》所引。其發明禮意最精，誠以留車者備其大歸，反馬者示其偕老。《詩‧召南‧鵲巢‧正義》云：「夫人之嫁，自乘家車。故泉水云：『還車言邁』。《箋》云：『還車者，嫁時乘來，今思乘以歸。』是其義也。」《儀禮‧士昏禮‧正義》云：「《何彼襛矣》篇曰：『曷不肅雍，王姬之車。』言齊侯嫁女，以其母王姬始嫁之車遠送之，則天子諸侯女嫁留其車可知。以此鄭《箋膏肓》言之，則知大夫以上嫁女，自以其車送之。若然《詩》注以為王姬嫁時，自乘其車；《箋膏肓》以為齊侯嫁女，乘其母王姬始嫁時車送之。不同者，彼取三家《詩》，故與《毛詩》異也。」《左氏‧宣五年‧正義》云：「至三月廟見，夫婦之情既固，則夫家遣使，反其所留之馬，以示與之偕老，不復歸也。」必俟反馬以後，乃為婦道克成。當其反馬以前，猶慮夫家見出。《左氏‧宣五年傳‧正義》云：「女既適人，當稱夫族。叔姬已適高氏，而猶言子叔姬者，以其新歸於夫，反馬乃成為婦。今始來反馬，故以父母之辭言之。」又云：「禮，送女適於夫氏，留其所送之馬，謙不敢自安於夫。若被出棄，則將乘之以歸，故留之也。」蓋夫婦之禮，夫得去婦，婦不得去夫。《白虎通‧嫁娶》篇云：「夫有惡行，妻不得去者，地無去天之義也。」故聘幣既行，雖未娶而夫名已定。祖廟待見，雖已嫁而婦道未成。夫名已定，則無可更移。婦道未成，則深慮捐棄。先王之制此禮，其用意實有數端。

　　一則以輔教女之禮也。古者女子在父母家，皆有姆教。《禮記‧內則》云：「女子十年不出，姆教婉娩聽從。」所謂女師、傅姆、阿保者，並嫻習禮儀。《詩‧周南‧葛覃》云：「言告師氏。」毛《傳》云：「師，女師也。」《正義》云：「女師者，教女之師，以婦人為之。」《南山》，《箋》云：「文姜與姪娣及傅姆同處。」則傅亦婦人也。《說文》云：「娿，女師也。」杜林說：「加教於女也。讀若阿。」段氏玉裁云：「按：《列女傳》華孟姬、楚昭伯嬴傳皆言保阿。《內則篇》《喪服經注》皆言可者。鄭云：『可者，賤於諸母，謂傅姆之屬。』蓋可者即阿，阿即娿也。」既教於未嫁之先，《白虎通‧嫁娶》篇云：「婦人所以有師何？學事人之道也。女必有傅姆何？尊之也。」復教於既嫁之後。《儀禮‧士昏禮》云：「姆纚笄宵衣，在其右。」鄭《注》云：「姆，年五十無子，出而不復嫁，能以婦道教人者。」《詩‧周南‧葛覃‧正義》云：「鄭知女師之母必是無子而出者，以女已出嫁，母尚隨之。又襄三十年《公羊傳》曰：『宋災，伯姬存焉，傅至母未至。』若非出而不嫁，何以得隨女在夫家？」然而寒素者多斂抑，富貴者每驕矜。故士以下之女，其聞教易於信從；大夫以上之女，其聞教難於聽受。易教者固當致慎，難教者尤必求詳。是以臨嫁三月，教於公宮宗室，此士以下所共由也。《禮記‧昏義》云：「是以古者婦人先嫁三月，祖廟未毀，教於公宮；祖廟既毀，教於宗室。」鄭《注》云：「謂與天子諸侯同姓者也。

嫁女者必就尊者教成之。教之者，女師也。祖廟，女所出之祖也。公，君也。宗室，宗子之家也。」《正義》云：「天子當言王宮。今《經》云公宮，知兼天子者。若天子公邑官家之宮爾，非謂諸侯公宮也。」《詩・葛覃・箋》云：「公宮宗室，於族人皆爲貴。」《正義》云：「此后妃莘國之長女，而引族人之事者，取彼成文。且明諸侯之女，嫁前三月亦教之也。女子自少及長常皆教習。但嫁前三月，特就尊者之宮教成之耳。」《白虎通・嫁娶》篇云：「與君有緦麻之親者，教於公宮三月。與君無親者，各教於宗廟、宗婦之室。國君取大夫之妾、士之妻老無子而明於婦道者祿之，使教宗室五屬之女。大夫士皆有宗族，自於宗子之室學事人也。」初嫁三月，教以待見祖廟，此大夫以上所特異也。《顏氏家訓・教子》篇引俗諺曰：「教婦初來」，蓋古語也。三月成婦，與三月教成，皆取已滿一時，可以有成之義。二者正相表裏。《儀禮・士昏禮・正義》云：「必三月者，三月一時，天氣變，婦道可以成之故也。」《白虎通・嫁娶》篇云：「《禮昏經》〔註12〕曰：『教於公宮三月』，婦人學一時，足以成矣。」蓋欲使爲女者知姆教不率，則婦禮不成。既預警以待，見祖廟之嚴，必先循其公宮宗室之訓。庶幾將嫁之時，有帝乙歸妹之禮義。《泰》六五爻辭云：「帝乙歸妹，以祉元吉。」《後漢書・荀爽傳》載其對策，引此二語，而釋之曰：「婦人謂嫁曰歸，言湯以娶，禮歸其妹於諸侯也」。《困學紀聞》引《京氏易傳》云：「無以天子之尊而乘諸侯，無以天子之富而驕諸侯。陰之從陽，女之順夫，本天地之義也。往事爾夫，必以禮義。」方嫁之日，有周室王姬之肅雝。《詩・召南・何彼穠矣》云：「曷不肅雝，王姬之車。」《序》云：「美王姬也。雖則王姬亦下嫁於諸侯，車服不繫其夫下。王后一等，猶執婦道以成肅雝之德也。」鄭《箋》云：「言其嫁時始乘車，則已敬和。」《正義》云：「以其尊而適卑，恐有傲慢。今初乘車時，已能敬和，則每事皆敬和矣。」既嫁之初，有齊女莊姜之修整。《列女・母儀傳》云：「傅母者，齊女之傅母也。女爲衛莊公夫人，號曰莊姜。始往，操行衰惰。傅母見其婦道不正，諭之曰：『子之家，世世尊榮，當爲民法則。子之質，聰達於事，當爲人表式。儀貌壯麗，不可不自修整。』乃作詩。砥礪女之心以高節，以爲人君之子弟，爲國君之夫人，尤不可有邪僻之行焉。女遂感而自修。君子善傅母之防未然也。」今按：此與《詩序》「閔莊姜無子」之說不同。蓋本於三家《詩》，雖不合於《左傳》，然據其所言，足見已嫁者仍當奉教於傅母矣。而教女之禮，於是乎備矣。

　　一則以慎擇婦之禮也。古者舅姑爲子擇婦，極其慎重。將聘，必審其家世。《大戴禮・保傅》篇云：「《易》曰：『正其本，萬物理。失之毫釐，差之千里。故君子慎始也。』《春秋》之元，《詩》之《關雎》，《禮》之《冠》、《昏》，《易》之《乾》、《巛》，皆慎始敬終云爾。謹爲子孫娶妻嫁女，必擇孝悌世世有行仁義者，如是則子孫慈孝，三族輔之。」

〔註12〕禮昏經，《白虎通》原作「昏禮經」。「教於公宮三月」見《儀禮・士昏禮・記》。

今按：《新書‧胎教》篇與此略同。蓋編《禮記》者即採自《賈子》耳。其所引《易》，與《禮記經解》所引略同，蓋《易》之逸文也。既娶，必察其性情。《白虎通‧嫁娶》篇云：「三月一時，物有成者，人之善惡可得知也。然後可得事宗廟之禮。」惟是士以下之擇婦，止繫乎閨門，故先成昏而後廟見。大夫以上之擇婦，有關乎家國，故先廟見而後成昏。《禮記‧昏義》云：「質明，贊見婦於舅姑。婦執笲棗、栗、段、脩以見。贊醴婦。婦祭脯醢，祭醴。成婦禮也。」鄭《注》云：「成其為婦之禮也。贊醴婦，當作禮，聲之誤也。」此士以下之昏禮。《昏義》下文云：「舅姑入室，婦以特豚饋，明婦順也。厥明，舅姑共饗婦以一獻之禮，奠酬。」鄭《注》云：「《昏禮》不言『厥明』。此言之者，容大夫以上禮多，或異日。」《正義》云：「此即士昏禮也，故有特豚饋於舅姑。若大夫以上，非惟特豚而已。雖以士為主，亦兼明大夫，故有『厥明，舅姑共饗婦』。若士婦見舅姑之日，即舅姑饗婦，故《士昏禮》舅姑醴婦，醴婦既訖，則饗之，不待『厥明』也。」今按：以《士昏禮》考之，舅姑卒食之後，婦餕其饌；婦餕之後，媵御餕其饌。既已，徹饌餕餘。若再行饗婦之禮，未免重複無義。《士昏禮》之「饗婦」必在「盥饋」之次日無疑。其不言「厥明」者，從省文耳。觀於下文云：「舅饗送者。姑饗婦人送者。」鄭彼《注》云：「凡饗速之。」賈《疏》云：「凡速者，皆就館速之。」既曰就館速之，則必另是一日，不與饗婦同日可知。其不言異日者，亦省文耳。否則，成昏之次日，婦見舅姑。贊醴婦、婦盥饋、餕餘，其儀節甚多。若饗婦復於是日，饗從者又於是日，吾恐禮數則煩，煩則怠，而日力亦不暇給矣。況昏義所言「特豚」，實指士禮，鄭《注》謂「容大夫以上」，乃疑而未定之詞，不必泥也。蓋當夕即成昏，故次日即成婦也。《通典》卷九十九載陳仲欣《拜時婦奔喪議》云：「夫稱妻者，繫夫之言；稱婦者，有舅姑之辭。而代中有三日行敬，或上堂見姑。又設有甲乙二親不存，娶妻雖已三日，無可致敬，又未烝嘗，豈聞今人以為非妻乎？又《記》曰：『婦共牢食，沐浴，俟明乃見舅姑，以明婦順。』設有婚三日而夫有大喪，必盡哀而婦義已成矣。《曾子問》云：「三月而廟見，稱來婦也。擇日而祭於禰，成婦之義也。」鄭《注》云：「謂舅姑沒者也。必祭成婦義者，婦有供養之禮，猶舅姑存時，盥饋特豚於室。」萬氏斯大《禮記偶箋》云：「『三月廟見』，即《士昏禮》所謂『婦入三月然後祭行』也。謂祭行於高曾祖廟，此指舅姑在者言。『擇日而祭於禰』，即《士昏禮》所謂『舅姑既沒，則婦入三月乃奠菜』也。孔氏謂廟見、祭禰只是一事。然則舅姑在者，高曾祖之廟婦可以不見乎？」此大夫以上之昏禮。《曾子問》下文云：「『女未廟見而死，則如之何？』孔子曰：『不遷於祖，不祔於皇姑，壻不杖、不菲、不次，歸葬於女氏之黨，示未成婦也。』」今按：所謂『女未廟見而死』，係指大夫以上。既廟見，乃成昏者而言，故不稱婦而稱女。若士以下先成昏後廟見者，昏之次日見於舅姑，即為成婦。縱或未廟見而死，亦不歸葬於女氏之黨矣。蓋廟見始成昏，故三月乃成

婦也。大夫以上贊醴婦、婦盥饋、餕餘及舅姑饗婦之禮，今無明文可證。然《禮記·昏義》謂「贊醴婦」爲「成婦禮」，「婦以特豚饋」爲「明婦順」，「舅姑饗婦，婦降自阼階」爲「以著代」，皆係成婦之禮。士以下，次日已成婦，其禮自當行於廟見之前。大夫以上，三月乃成婦，其禮似當行於廟見之後。**其必至三月者，欲待經歷一時之久，知其情性之賢。**江氏永《禮記訓義擇言》云：「《疏》謂『必待三月一時，天氣改，乃可以事神』。亦不然。古人之意，蓋欲遲之一時，觀其婦之性行，和於夫，宜於室人，克成婦道，然後可廟見而祭禰。大夫則有反馬之禮，前此猶留其送馬，有出道焉。未廟見而死，則有殺禮歸葬，如下章之云，豈止俟天時改哉？」胡氏承珙《求是堂文集·駁室女不宜守志議》云：「夫三月廟見，然後成婦者，先王所以重責婦順之道。何休《公羊注》云：『必三月者，取一時足以別貞信。貞信著，然後成婦禮。』此所以絕驕縱之萌，成肅雝之德。故三月而後致女，三月而後反馬，皆此意也。」**然後妻可以事夫，**《禮記·昏義》云：「婦順者，順於舅姑，和於室人，而後當於夫。」鄭《注》云：「室人，謂女妐、女叔諸婦也。當，猶稱也。後言稱夫者，不順舅姑，不和室人，雖有善者，猶不爲稱夫也。」**媵可以接君子，**虞氏《歸妹》六三爻《注》云：「兌進在四，見初進之。初在兌後，故反歸以娣。」張氏惠言《虞氏易禮》云：「三之四正位，則初亦正而應之，象女反馬之後，進其娣於君子。」**婦可以奉宗廟，**萬氏斯大《禮記偶箋》云：「《昏禮記》所謂『三月然後祭行』者，歲有四時之祭，率三月一舉。婦之廟見，依於時祭。時祭必有主婦薦豆，且亞獻有諸婦助祭，所取而爲家婦也。舅存則從姑，舅沒則姑老，而婦即爲主婦所取而爲眾婦也，亦必從姑。若宗婦，故必於時祭之先，擇日行之，而後可以與於祭。」**壻可以見外舅姑。**《儀禮·士昏禮記》云：「若不親迎，則婦入三月，然後壻見。曰：『某以得爲外婚姻，請覿主人。』對曰：『某以得爲外婚姻之數，某之子未得濯溉於祭祀，是以未敢見。』」《疏》云：「亦如三月婦廟見，一時天氣變，婦道成，故見外舅姑。」又云：「以其自此以前未廟見，未得祭祀，故未敢相見也。」**而擇婦之禮於是乎成矣。**

一則以全出妻之禮也。古者夫婦之際，義合則留，不合則去。故大歸書於《春秋》，而《禮》有「七出」之文，用免「維家之索」。《左氏·莊二十七年傳》云：「凡諸侯之女嫁曰歸，出曰來歸，夫人歸寧曰如某，出曰歸於某。」《文十八年傳》云：「夫人姜氏歸於齊，大歸也。」《大戴禮·本命》篇云：「婦有七去。」《列女·賢明傳》云：「且婦人有七見去。」《公羊·莊十七年傳·注》云：「婦人有七棄。」《白虎通·諫諍》篇云：「婦有七出。」錢氏大昕《潛研堂文集·禮記答問》云：「此先王所以扶陽抑陰，而家道所以不至於窮而乖也。夫婦，以人合者也。可制以去就之義，義合則留，不合則去。故嫁曰歸，出亦曰歸。自七出之法不行，而牝雞之司晨曰熾。夫之制於婦者，隱忍而不能去，甚至於破家絕嗣。而有司之斷斯獄者，猶欲合之。此未論先王制禮之意也。」顧士以下，門楣罕貴。出妻者，

其勢易行。大夫以上，閥閱多崇。出妻者，其情難處。先王知其然也，故易於出者，使之先成昏後廟見；難於出者，使之先廟見後成昏。蓋欲未昏時熟議去留，則既昏後，免貽尤悔。其有未成昏而見出者，仍得以處子更適他人，則於嚴峻之中，仍寓忠厚之意。《傳》所謂「棄妻令可嫁」者，雖指隱其過失而言，《白虎通・諫諍》篇云：「夫妻相為隱乎？《傳》曰：『絕交令可友，棄妻令可嫁也。』此為隱之也。」然施諸尚未成昏者，則彌見其確切。觀於《歸妹》上六為宗廟之爻，其爻辭所云「承筐無實，刲羊無血」，即係未廟見成昏而被出之事。故不言夫婦，而言士女。《歸妹》上六爻辭云：「女承筐無實，士刲羊無血。」張氏惠言《虞氏易禮》云：「上，宗廟爻也。此象盥饋，非祭禮。士以特豚筞菜。諸侯之禮，其刲羊歟？筐所盛則亦菜也。言『無實』、『無血』者，謂二五不易位，則陰不從陽，無以奉宗廟，承祭祀。故稱女不稱婦，明失婦順也。」今按：鄭康成本《周易》，「筐」作「匡」。《儀禮》「特牲饋食」，《禮疏》引鄭《注》云：「宗廟之禮，主婦奉匡米。」《詩・魏風・葛屨・正義》引鄭《注》云：「婦入三月而後祭行。」據此，是承筐本指祭禮，則刲羊亦指祭禮可知。張氏謂此象盥饋，稍有未審。然其解釋稱女不稱婦之故，則深得經義，與鄭《注》「三月祭行」之語互相發明。《荀子・非相》篇云：「婦人莫不願得以為夫，處女莫不願得以為士。」楊《注》云：「士者，未娶妻之稱。」此張說所本。蓋娶妻者本求其助事宗廟，《禮記・祭統》：「既內自盡，又外求助，昏禮是也。故國君娶夫人之辭曰：『請君之玉女，與寡人共有敝邑，事宗廟社稷。』此求助之本也。」出妻者亦斥其不共粢盛。《禮記・雜記下》云：「妻出，夫使人致之曰：『某之不敏，不能從而共粢盛，使某也敢告於侍者。』」良以妻之事夫，義合則為宗廟主，《禮記・哀公問》云：「合二姓之好，以繼先聖之後，以為天地宗廟社稷之主。」義離則與宗廟絕。《儀禮・喪服傳》云：「出妻之子為母期，絕族無施服。」賈《疏》云：「嫁來承奉宗廟，與族相連綴。今出，則與族絕，故云絕族也。」《詩・衛風・河廣・正義》云：「母出與廟絕。」若被出者不俟廟見成昏，則本未主宗廟粢盛，何必更言與廟絕乎？是以出妻當遠送，詠於《風詩》；《白虎通・嫁娶》篇云：「出婦之義必送之，接以賓客之禮。君子絕，愈於小人之交。詩云：『薄送我畿。』」今按：《邶風・谷風》篇云：「不遠伊邇，薄送我畿。」毛《傳》云：「畿，門內也。」鄭《箋》云：「邇，近也。言君子與己訣別，不能遠維。近耳送我，裁於門內，無恩之甚。」據此，則出妻本有相送之禮，且不當止送於門內矣。出妻必遜詞，載於《雜記》。《雜記下》云：「諸侯出夫人，夫人比至於其國，以夫人之禮行。至，以夫人入。使者將命曰：『寡君不敏，不能從而事社稷宗廟，使使臣某敢告於執事。』」鄭《注》云：「行道『以夫人之禮』者，棄妻致命其家，乃義絕。」《正義》云：「禮尚謙退，不欲指斥夫人所犯之罪，故引過自歸。」無論成昏未成昏，皆循此禮。而未成昏者，較

諸已成昏者，更爲得宜，可謂仁義兼全，情法兩盡。既不至匿瑕含垢，亦不至隙末凶終。而出妻之禮於是乎定矣。

　　要之，士以下無世祿，大夫以上有世祿，《詩‧大雅‧文王‧正義》引《五經異義》云：「《左氏》說：『卿大夫得世祿，不得世位。父爲大夫死，子得食其故采，而有賢才，則復升父故位。故《傳》曰：官有世功，則有官族。』謹按：《尚書》：「世選爾勞。」《論語》曰：「繼絕世。」世謂卿大夫。孟子曰：「文王之治岐也，仕者世祿。」知周制世祿也。」無世祿者，居必狹隘，罕有異宮。《儀禮‧喪服傳》云：「故有東宮，有西宮，有南宮，有北宮。」賈《疏》云：「按：《內則》云：『命士以上，父子異宮。不命之士，父子同宮。』縱同宮亦有隔別，亦爲四方之宮也。」有世祿者，居必寬宏，且多別館。《春秋》莊元年，「秋，築王姬之館。」《公羊傳》云：「主王姬者，於路寢則不可，小寢則嫌，群公子之舍，則已卑矣。其道必爲之改築者也。」何《注》云：「謂女公子也。知當築夫人之下，群公子之上。」今按：《禮記‧曲禮》云：「女子許嫁纓，非有大故，不入其門。」鄭《注》云：「女子有宮者，亦謂由命士以上也。《春秋傳》曰：『群公子之舍，則已卑矣。』」據此，則女子本有異宮。卿大夫以上，新婦未廟見成昏者，無妨居女姒、女叔之宮，非若王姬下嫁，不能居宗國女公子之舍也。則不必更築館矣。無異宮者，成昏必在當夕。有別館者，成昏可俟異時。且士庶人嫁娶多遲，而天子諸侯大夫嫁娶較早。《禮記‧昏義‧正義》引《五經異義》云：「古《春秋左氏說》：『國君十五而生子，禮也。二十而嫁，三十而娶，庶人禮也。』許君謹按：文王十五而生武王，尚有兄伯邑考，知人君早昏娶。」范氏《穀梁‧文十二年傳‧注》云：「寧謂《禮》爲夫之姊妹服長殤，年十九至十六。此又士大夫之禮。」楊《疏》云：「謂喪服所言，多陳士大夫之禮，猶不待二十，明諸侯以上早娶，禮在不疑也。」《通典》卷五十九《男女婚嫁年紀議》云：「三十二十而嫁娶者，《周官》云『掌萬民之判』，即眾庶之禮也。《服經》『爲夫姊之長殤』，士大夫之禮也。《左傳》『十五而生子』，國君之禮也。且冠有貴賤之異，而婚得無尊卑之殊乎？則卿士大夫之子，十五六之後，皆可嫁娶矣。」嫁娶遲者，成昏於當夕，則無遲暮之憂。嫁娶早者，成昏於異時，則無太早之慮。此大夫以上之昏禮，所以與士昏禮不同。萬氏斯《大儀禮商》云：「說者曰：『古者三十而有室，五十服官政，乃爲大夫。大夫亦不當有昏禮。有之，備改娶耳。』愚謂先王之制仕者，世祿不世官，足知卿之子孫即食卿之祿，大夫之子孫即食大夫之祿。既食卿大夫之祿，即行卿大夫之禮，固不必身爲卿大夫也。大夫之有昏禮，曷足怪？若以爲『備改娶』，不思昏屬嘉禮，聖人豈預爲不祥之目哉？然則大夫何以無冠禮，曰成人之始，固不得而假之也。」而揆之人情，固非窒礙而難用也。後世未昏之婦童，養於夫家者，士以下頗多，而大夫以上甚少。與古人留車反馬之禮，情事迥殊。故有以男女長成室廬湫隘，無深宮固門之隔，

至經年累月之久，而遷延未昏者。此乃流俗之所行，非古禮之所許矣。乃議者不責流俗之失，而反以古禮爲疑，是又烏知禮意也歟？

大夫以上先廟見後成昏說下篇

《禮記·仲尼燕居》云：「不能《詩》，於《禮》繆。」鄭《注》云：「繆，誤也。歌《詩》，所以通《禮》意也。」由是言之，《詩》與《禮》本相貫通。明乎《詩》意者，即知《禮》意。然則大夫以上，先廟見後成昏者，其《禮》仍當取證於《詩》矣。《周南·關雎·序》云：「后妃之德也。」今按：詩中三言「荇菜」，謂祀宗廟所用之菹。其言「流之」、「采之」、「芼之」，謂嬪御助后妃以共祭祀。《關雎》次章云：「參差荇菜，左右流之。」毛《傳》云：「荇，接余也。流，求也。后妃有關雎之德，乃能共荇菜，備庶物以事宗廟也。」鄭《箋》云：「左右，助也。言后妃將共荇菜之菹，必有助而求之者。言三夫人、九嬪以下，皆樂后妃之事。」四章云：「參差荇菜，左右采之。」鄭《箋》云：「言后妃既得荇菜，必有助而采之者。」五章云：「參差荇菜，左右芼之。」毛《傳》云：「芼，擇也。」鄭《箋》云：「言后妃既得荇菜，必有助而擇之者。」《正義》云：「此經《序》無言祭事，知事宗廟者，以言左右流之助。后妃求荇菜，若非祭菜，后不親采。《采蘩》言『夫人奉祭』，明此亦祭也。」其言「琴瑟」、「鐘鼓」，謂祭宗廟時，上下之樂皆作。《關雎》四章云：「琴瑟友之。」毛《傳》云：「宜以琴瑟友樂之。」鄭《箋》云：「言賢女之助后妃，共荇菜，其情意乃與琴瑟之志同。共荇菜之時，樂必作。」五章云：「鐘鼓樂之。」毛《傳》云：「德盛者，宜有鐘鼓之樂。」鄭《箋》云：「琴瑟在堂，鐘鼓在庭，言共荇菜之時，上下之樂皆作，盛其禮也。」《正義》云：「見祭時淑女情志之和，而因聽祭樂也。樂雖主神，因共荇菜，歸美淑女耳。」其四言「窈窕淑女」，明其行祭之前，尚未成昏。其特言「君子好逑」，明其行祭之後，可以配匹。《關雎》首章云：「窈窕淑女，君子好逑。」毛《傳》云：「窈窕，幽閒也。淑，善。逑，匹也。言后妃有關雎之德，是幽閒貞專之善女，宜爲君子之好匹。」鄭《箋》云：「怨耦曰仇。言后妃之德，和諧則幽閒，處深宮貞專之善女，能爲君子和好眾妾之怨者言，皆化后妃之德，不嫉妒，謂三夫人以下。」姚仲虞先生《一經廬文鈔·關雎傳說》云：「《疏》以《傳》爲『后妃思得淑女以配君子』。竊謂《傳》以淑女指后妃，《疏》說非毛旨也。《序》云：『是以《關雎》樂得淑女以配君子。』夫唯言后妃有關雎之德，乃宜配君子，能事宗廟，垂以爲法，而列冠篇首，爲正始之道，王化之基者也。豈后妃求淑女之謂乎？」今按：《爾雅·釋詁》云：「仇、讐、敵、妃、知、儀，匹也」；「妃，媲也。」郭《注》云：「《詩》云：『君子好仇。』相偶媲也。」邵氏晉涵《正義》云：「《大雅·文王有聲》云：『作豐伊匹。』毛《傳》：『匹，配也。』《詩疏》引孫

炎云：『相求之匹也。』」引某氏云：「《詩》曰：『天立厥妃。』毛《詩》『妃』作『配』。《傳》
云：『配，媲也。』」是妃、配二字古通用。「君子好仇」，《周南》孔《疏》云：「《詩》『仇』
作『逑』，《爾雅》多作『仇』字，異音義同也。」據郭、邵所言推之，「逑」與「仇」同「妃」
與「配」，同「逑」、「仇」、「妃」、「配」皆訓爲「匹」。《詩》言「君子好逑」，故《序》言「宜
配君子」。好逑與宜配，其義一也。《禮記・緇衣》引《詩》云「君子好仇」，鄭彼《注》訓「仇」
爲「匹」，是也。《詩箋》訓「仇」爲「怨」，非也。然則二章、四章、五章所言「窈窕淑女」，
並與君子有敵偶之意。鄭以「淑女」爲「衆妾」，不若毛以「淑女」爲「后妃」矣。匡衡說
《齊詩・關雎》「君子好仇」，謂：「后夫人奉神靈之統，能致其貞淑，然後
可配至尊，而爲宗廟主。」繹其語意，蓋言能奉神靈，乃能配至尊，與《毛
詩》之義相合。《漢書・匡衡傳》云：「衡上疏曰：『臣又聞之師曰：妃匹之際，生民之始，
萬福之原。婚姻之禮正，然後品物遂，而天命全。孔子論《詩》，以《關雎》爲始，言太上者
民之父母，后夫人之行，不侔乎天地，則無以奉神靈之統，而理萬物之宜。故《詩》曰：窈
窕淑女，君子好仇。言能致其貞淑，不貳其操，情慾之感無介乎容儀，宴私之意不形乎動靜，
夫然後可以配至尊而爲宗廟主。此網紀之首，王教之端也。』」今按：《儒林傳》云：「后蒼授
翼奉、蕭望之、匡衡，衡授師丹、伏理。由是《齊詩》有翼匡師伏之學。」是衡所謂「聞之
師」者，即《齊詩》之說也。由是言之，天子之后妃，固先行祭後成昏矣。《召南・
采蘩・序》云：「夫人不失職也。夫人可以奉祭祀，則不失職矣。」鄭《箋》
云：「奉祭祀者，采蘩之事也。不失職者，夙夜在公也。」《禮記・射義》云：「《采
蘩》者，樂不失職也。」鄭《注》云：「謂《采蘩》曰：『被之僮僮，夙夜在公。』」今按：
詩中兩言「采蘩」，謂祀宗廟所用之菹。《采蘩》首章云：「于以采蘩，于沼于沚。」
毛《傳》云：「蘩，皤蒿也。于，於。沼，池。沚，渚也。公侯夫人執蘩菜以助祭，神饗德與
信，不求備焉。沼沚谿澗之草，猶可以薦王，后則荇菜也。」鄭《箋》云：「于以，猶言往以
也。執蘩菜者以豆薦蘩菹。」次章云：「于以采蘩，于澗之中。」毛《傳》云：「山夾水曰澗。」
其言「公侯之事」、「公侯之宮」，謂祭祀公侯之宗廟。《采蘩》首章云：「于以用
之，公侯之事。」毛《傳》云：「之事，祭事也。」鄭《箋》云：「言夫人於君祭祀，而薦此
豆也。」《正義》云：「《序》云『可以奉祭祀』，故知祭事祭必於宗廟。故下云『宮』，互見其
意也。」次章云：「于以用之，公侯之宮。」毛《傳》云：「宮，廟也。」其言「被之僮僮，
夙夜在公」者，謂助祭之始，視濯爨而至廟中。《采蘩》毛《傳》云：「被，首飾
也。僮僮，竦敬也。夙，早也。」鄭《箋》云：「公，事也。早夜在事，謂視濯溉饎爨之事。」
《正義》云：「諸侯之祭禮亡，正以言夙夜是祭前之事。案：《特牲》：『夕陳鼎於門外，宗人
升自西階，視壺濯及豆籩。』即此所云夜也。又云：『夙興，主婦親視饎，爨於西堂下。』即

此所云夙也。以其夙夜之事同，故約之以爲濯溉饎爨之事也。《特牲》宗人視濯非主婦，此引之者，諸侯與士不必盡同。不約《少牢》者，以《少牢》先夕無事，所以下人君。故鄭不約之。士妻得與夫人同者，士卑不嫌也。此諸侯禮，故夫人視濯。天子則大宗伯視滌濯，王后不視矣。」其言「被之祁祁，薄言還歸」，謂助祭之餘，釋祭服而反燕寢。《采蘩》三章，毛《傳》云：「祁祁，舒遲也，去事有儀也。」鄭《箋》云：「言，我也。祭事畢，夫人釋祭服而〔註13〕髮髢，其威儀祁祁然而安舒，無罷倦之失。我還歸者，自廟反其燕寢。」《正義》云：「以廟寢同宮，嫌不得言歸，故明之。燕寢，夫人常居之處。」「被」即《周禮》之「次」、《儀禮》之「髮髢」，婦人服之於新嫁之初。《采蘩》三章，鄭《箋》云：「主婦髮髢。」《正義》云：「此『主婦髮鬄』，在《少牢》之經，《箋》云『《禮記》曰』者，誤也。」今按：《儀禮·少牢饋食禮》云：「主婦被錫。」鄭彼《注》云：「被錫讀爲髮鬄。此周禮所謂『次』也。」《士昏禮》云：「女次純衣纁袡。」鄭彼《注》云：「次，首飾也。今時髲也。」《周禮·天官·追師》云：「掌王后之首服，爲副、編、次、追衡、笄。」鄭彼《注》云：「次，次第髮長短爲之，所謂髮髢，服之以見王。」《昏禮》：「女次純衣，攝盛服耳。凡諸侯夫人於其國，衣服與王后同。」合觀三《注》，王后見王服次，則夫人見國君亦服次，可知士妻初嫁服次，則夫人初嫁亦服次可知。是故將助祭之時，夫人服次以視濯爨。方助祭之頃，夫人服副，以執豆籩。《采蘩》三章，《正義》云：「知祭畢釋祭服者，以其文言被與上同，若祭服即副矣，故知祭畢皆釋祭服也。」至於既離廟中，將反燕寢，若在平日，但服纚笄。而茲必服次還歸者，以其將成昏禮。《周禮·追師》，鄭《注》云：「王后之燕居，亦纚笄，總而已。」賈《疏》云：「案：《士冠禮》纚長六尺以韜髮，笄者所以安髮，總者既係其本，又總其末。燕居，謂不至王所，自在燕寢而居時也。此經云『副、編、次，以待祭祀、賓客』，明燕居不得著次，自然著纚笄。」《詩·齊風·雞鳴》云：「東方明矣，朝既昌矣。」毛《傳》云：「東方明，則夫人纚笄而朝王。」《正〔註14〕義》云：「《列女傳》：『魯師氏之母齊姜戒其女云：平旦纚笄而朝，則有君臣之嚴。』莊二十四年《公羊傳》何休《注》，其言與《列女傳》亦同。然則古之書傳，有言夫人纚笄而朝君者，毛當有所依據而言。」今按：夫人每日平旦朝君，亦係燕見，而非禮見。以《周禮注疏》及《毛詩傳疏》參互考之，后妃燕見於王、夫人燕見於君，則當服纚笄；后妃禮見於王、夫人禮見於君，則當服次。至於成昏尤最重之禮，其相見必當服次無疑。蓋能奉宗廟之祭，斯能稱夫人之職耳。由此言之，諸侯之夫人，亦先行祭後成昏矣。《草蟲·序》云：「大夫妻能以禮自防也。」今按：詩中言「采蕨」、「采薇」，謂以供宗廟

〔註13〕檢《毛詩正義》，「而」下有「去」。
〔註14〕正，原缺。下文所引係《毛詩正義》之文，據補。

祭祀之鉶羹。《草蟲》次章云：「陟彼南山，言采其蕨。」毛《傳》云：「蕨，鱉也。」《正義》云：「蕨，鱉。《釋草》文。舍人曰：『蕨，一名鱉。』郭璞云：『初生無葉可食。』」《文選》謝靈運《酬從弟惠連詩》，《注》引《毛詩義疏》云：「蕨，山菜也。」三章云：「陟彼南山，言采其薇。」毛《傳》云：「薇，菜也。」《正義》云：「陸璣云：『莖葉皆似小豆，蔓生，其味亦如小豆藿，可作羹，亦可生食。今官園種之，以供宗廟祭祀。』」今按：《儀禮公‧食大夫禮記》云：「鉶芼牛藿羊苦豕薇皆有滑。」鄭《注》云：「滑，堇荁之屬。」賈《疏》云：「按：《士虞記》云：『鉶芼用苦若薇，有滑。夏用葵，冬用荁。』鄭《注云》：『荁，堇類也。乾則滑，夏秋用生葵，冬春用乾荁。』此經云『皆有滑』，不言所用之物，故取《士虞記》解之。云『之屬』者，其中兼有葵也。」據此，是薇可芼鉶羹，則蕨亦可芼鉶羹矣。《齊民要術》引陸璣《疏》云：「蕨，瀹爲茹，滑美如葵。」據此，則蕨與葵品味相近，葵可滑鉶羹，則蕨亦可滑鉶羹矣。鄭《注》以「滑」爲「堇荁之屬」，蕨與薇皆堇荁之屬也。《禮記‧內則》以粉榆與堇荁並言，足證「之屬」二字所包者廣矣。其三言「未見君子」，謂初嫁三月之前，尙未成昏，慮其被出。《草蟲》首章云：「未見君子，憂心忡忡。」毛《傳》云：「忡忡，猶衝衝也。婦人雖適人，有歸宗之義。」鄭《箋》云：「憂不當君子，無以寧父母。」《正義》云：「若不當夫氏，爲夫所出，還來歸宗，謂被出也。」今按：次章云：「未見君子，憂心惙惙。」毛《傳》云：「惙惙，憂也，亦憂其被出歸宗也。」三章云：「未見君子，我心傷悲。」毛《傳》云：「嫁女之家，不息火三日，思相離也。」傷悲雖因相離而生，然實由於未見君子。毛公言「婦人雖適人，有歸宗之義」，蓋因雖嫁而尙未成昏，故憂其被出耳。其三言「亦既見止，亦既覯止」，謂新嫁三月之後，既已成禮，可不歸宗。《草蟲》首章云：「亦既見止，亦既覯止，我心則降。」毛《傳》云：「止，辭也。覯，遇降下也。」鄭《箋》云：「既覯，謂已昏也。始者憂於不當，今君子待己以禮，庶自此可以寧父母，故心下也。」次章云：「亦既見止，亦既覯止，我心則說。」毛《傳》云：「說，服也。」三章云：「亦既見止，亦既覯止，我心則夷。」毛《傳》云：「夷，平也。」今按：心說、心夷與心降相近，而與心憂、心傷、心悲相反。因既見君子而成昏，則不至於被出歸宗耳。蓋「采薇」、「採蕨」之時，猶未行祭；「見止」、「覯止」之際，方始成昏。是祭之禮行於前，昏之禮行於後。此即毛《傳》所謂「卿大夫之妻，待禮而行，隨從君子」，亦即《序》所謂「大夫妻能以禮自防」耳。鄭《箋》以「未見」爲「在塗」，「既見」爲「同牢而食」，因謂「采薇」、「采蕨」爲在塗所見。《箋》云：「未見君子者，謂在塗時也。既見，謂已同牢而食也。言，我也。我採者，在塗而見採鱉，採者得其所欲得，猶已今之行者欲得禮以自喻也。」然而采蘩於沼沚，采蘋於南澗，采藻於行潦，皆非在塗所見，則采蕨薇於南山，亦非在塗所見可知。況所謂

未見者，言未見其接待，非未見其容儀。誠以親迎已見容儀，不待同牢之際。成昏乃見接待，非指同牢之時。《草蟲》，《正義》云：「按：《昏義》云：『壻親受之於父母』，則在家已見矣。今在塗言未見者，謂未見君子接待之禮而心憂，非謂未見其面目而已。」今按：《正義》以未見爲未見接待，非謂未見面目。其說是矣。然仍從鄭說，以未見爲在塗時，既見爲同牢時。其說非也。若同牢即可謂之接待，則親迎亦可謂之接待，何得謂在塗時未接待乎？若謂「未見君子」指不親迎者而言，非指未成昏者而言，則凡當夕成昏者，縱被出，歸宗亦必待至次日，斷無初至時，即不同牢之理。何必以未同牢爲憂？既同牢，遂不憂乎？然則《詩》言「未見君子」者，即賈氏《左傳注》所言「禮，齊而未配，三月廟見，然後成昏。」蓋雖同牢而食，尚未同室而居。此三月之中，無事不當相見，故必俟采蕨薇以供祭之後，始見接待於君子也。由此言之，卿大夫之內子命婦，又先行祭後成昏矣。《采蘋·序》云：「大夫妻能循法度也。能循法度，則可以承先祖，共祭祀矣。」鄭《箋》云：「此言能循法度者，今既嫁爲大夫妻，能循其爲女之時所學所觀之事，以爲法度。」《禮記·射義》云：「采蘋者，樂循法也。」鄭《注》云：「謂《采蘋》曰『于以采蘋，南澗之濱』。循澗以采蘋，喻循法度以成君事也。」今按：詩中言「采蘋采藻」，謂將嫁之先，祭女所出祖也。而既嫁之後，祭夫所出祖，可循其法度焉。《采蘋》首章云：「于以采蘋？南澗之濱。于以采藻？于彼行潦。」毛《傳》云：「蘋，大萍也。濱，厓也。藻，聚藻也。行潦，流潦也。」鄭《箋》云：「」此祭女所出祖也。法度莫大於四教，是又祭以成之。故舉以言焉。其言盛之筐筥，湘之錡釜，謂將嫁之先，薦鉶羹於女氏之廟也。而既嫁之後，薦鉶羹於夫家之廟，可循其法度焉。《采蘋》次章云：「于以盛之？維筐及筥。于以湘之？維錡及釜。」毛《傳》云：「方曰筐，圓曰筥。湘，亨也。錡，釜屬，有足曰錡，無足曰釜。」鄭《箋》云：「亨蘋藻者於魚湆之中，是鉶羹之芼。」其言奠之宗室，尸之季女，謂將嫁之先，主祭於母家大宗之廟也。而既嫁之後，助祭於夫族大宗之廟，可循其法度焉。《采蘋》三章云：「于以奠之？宗室牖下。誰其尸之？有齊季女。」毛《傳》云：「奠，置也。宗室，大宗之廟也。尸，主。齊，敬。季，少也。」此教成主祭之禮，牲不用牢而用魚，《采蘋》首章，鄭《箋》云：「古者婦人先嫁三月，祖廟未毀，教於公宮；祖廟既毀，教於宗室。教以婦德、婦言、婦容、婦功。教成之祭，牲用魚，芼用蘋藻，所以成婦順也。」《正義》云：「成婦順以上，皆《昏義》文。」今按：《禮記·昏義》，「祭」在「之」上，「芼用」作「芼之以」。鄭《注》云：「祭之，祭其所出之祖也。魚、蘋、藻，皆水物陰類也。魚爲俎實，蘋、藻爲羹菜。祭無牲牢，告事耳，非正祭也。」《經義述聞》云：「『教成祭之』，當作『教成之祭』。謂三月教成，

乃祭女所出之祖而告之，故曰：『教成之祭，其祭以魚爲俎實，蘋藻爲羹菜。』與正祭之用牲牢者不同。」《召南・采蘋》，《箋》全用此文，而云「教成之祭」。鈔本《北堂書鈔》「禮儀部」引《昏義》，亦作「教成之祭」。**奠不在室奧而在牖下**，《采蘋》三章，毛《傳》云：「大夫士祭於宗室，奠於牖下。」鄭《箋》云：「牖下，戶牖間之前。祭不於室中者，凡昏事，於女禮設几筵於戶外，此其義也與？」《正義》云：「《箋》知『牖下』、『戶牖間之前』者，以其正祭在奧西南隅，不直繼牖言之。今此云『牖下』，故爲『戶牖間之前』。戶西牖東，去牖近，故云『牖下』。又解正祭在室，此所以『不於室中』者，以其凡昏事，取外成之義。今教成之祭，於戶外設奠，此外成之義。《昏禮》云：『納采，主人筵於戶西，西上，右幾』；『問名、納吉、納徵、請期，皆如初。』《昏禮》又云：『主人筵於戶西，西上，右幾。』是其禮皆戶外設几筵也。」王肅以爲『設之於奧』，『奧』即『牖下』。自云述毛，非傳旨也。又《經典》未有以『奧』爲『牖下』者矣。**設羹不使主婦而使季女**，《采蘋》三章，毛《傳》云：「古之將嫁女者，必先禮之於宗室，牲用魚，芼之以蘋藻。」鄭《箋》云：「主設羹者季女，則非禮女也。女將行，父禮之而俟迎者，蓋母薦之，無祭事也。祭禮主婦設羹，教成之祭，更使季女者，成其婦禮也。季女不主魚，魚俎實男子設之，其粢盛蓋以黍稷。」《正義》云：以《士昏禮》云：『饗婦姑薦』，鄭《注》云：『舅獻爵，姑薦脯醢。』舅饗婦，既姑薦，明父禮女母薦之可知。故《昏禮記》『父醴女』，《注》云：『蓋母薦焉，重昏禮』，是也。《少牢》無主婦設羹之事，此宗子或爲大夫，其妻不必設羹。要非此祭，不得使季女設羹，因《特牲》有主婦設羹之義，故據以言之。知俎實男子設之者，以《特牲》、《少牢》俎皆男子主之故也。『其粢盛蓋以黍稷』耳〔註15〕。知者，以《特牲》、《少牢》止用黍稷，此不得過。**與成婦助祭之禮不同然。而季蘭主祭之日，其齊明忠信已昭。**《采蘋》三章，毛《傳》云：「蘋藻，薄物也。澗潦，至質也。筐筥錡釜，陋器也。少女，微主也。」《正義》云：「季者，少也。以將嫁，故以少言之，未必伯仲處小也。襄二十八年《左傳》：『濟澤之阿，行潦之蘋藻，置諸宗室，季蘭尸之，敬也。』隱三年《左傳》曰：『苟有明信，澗谿沼沚之毛，蘋蘩蘊藻之菜，筐筥錡釜之器，潢污行潦之水，可薦於鬼神，可羞於王公。風有《采蘩》、《采蘋》，《雅》有《行葦》、《泂酌》，昭忠信也。』二者皆取此篇之義以爲說，故傳歷言之。」**則新婦助祭之時，其柔順潔清必著。**《采蘋》首章，鄭《箋》云：「蘋之言賓也，藻之言澡也。婦人之行，尚柔順，自潔清，故取名以爲戒。」《正義》云：「賓，服也，欲使婦人柔順服從。澡，浴也，欲使婦人自潔清。《左傳》曰：『女贄不過榛、栗、棗、脩，以告虔。』取早起、戰慄、修治法度、虔敬之義也。則此亦取名爲戒，明矣。」**王肅謂此篇所陳，**

〔註15〕　「其粢盛蓋以黍稷耳」之前，《毛詩正義》原有「又魚、菜不可空祭，必有其饌，而食事不見，故因約之」。

皆是大夫妻助夫氏之祭，雖但言爲婦助祭，不言爲女主祭，於詩中大義得其偏，未得其全，而與《小序》所云「能循法度」、鄭《箋》所云「能循爲女時所學所觀」均不相背。蓋大夫之妻雖已嫁，而三月之中，尙未成昏，故不稱命婦，而稱季女。足證教成之祭，與成婦之祭實相表裏。爲女時學祭禮，爲婦時行祭禮，先行祭後成昏耳。《采蘋·小序》，《箋》云：「女子十年不出，學女事以共衣服。觀於祭祀，納酒漿籩豆葅醢，禮相助奠。十有五而笄，二十而嫁。」《正義》云：「從『二十而嫁』以上，皆《內則》文也。禮相助奠者，言非直觀薦獻，又觀祭祀之相佐助奠設器物也。觀之，皆爲婦當知之。」然則《采蘋》與《草蟲》相連，皆言卿大夫之妻，彼此可以互證。而《草蟲》多言成昏以後，《采蘋》止言成昏以前。故說者謂當從《儀禮》、《齊詩》，移《采蘋》於《草蟲》之上也。《詩譜·正義》云：「《儀禮》歌《召南》三篇，越《草蟲》而取《采蘋》，蓋《采蘋》舊在《草蟲》之前。孔子以後，簡札始倒。或者《草蟲》有《憂心》之言，故不用爲常樂耳。」〔註 16〕王氏應麟《三家詩考》引曹氏《詩說》云：「《齊詩》先《采蘋》而後《草蟲》。」丁儉卿先生《詩考補注》云：「考之《漢書》，后蒼作《齊詩》，又傳《儀禮》十七篇，則《儀禮》之先《采蘋》，

〔註16〕　《日知錄》卷三《詩序》（黃汝成集釋，欒保群、呂宗力校點《日知錄集釋》，上海古籍出版社 2006 年版，第 176～178 頁）云：

《詩》之世次，必不可信，今《詩》亦未必皆孔子所正。且如「褒姒滅之」，幽王之詩也，而次於前；「召伯營之」，宣王之詩也，而次於後。序者不得其說，遂並《楚茨》、《信南山》、《甫田》、《大田》、《瞻彼洛矣》、《裳裳者華》、《桑扈》、《鴛鴦》、《魚藻》、《采菽》十詩，皆爲刺幽王之作，恐不然也。又如《碩人》，莊姜初歸事也，而次於後；《綠衣》、《日月》、《終風》，莊姜失位而作，《燕燕》，送歸妾作，《擊鼓》，國人怨州吁而作也，而次於前。〔朱子《日月·傳》曰：「此詩當在《燕燕》之前，下篇放此。」〕《渭陽》，秦康公爲太子時作也，而閟於後；《黃鳥》，穆公薨後事也，而次於前。此皆經有明文可據，故鄭氏謂《十月之交》、《雨無正》、《小旻》、《小宛》，皆刺厲王之詩。〔《十月之交》有「豔妻」之云，只當是幽王。〕漢興之初，師移其第耳。而《左氏傳》楚莊王之言曰：「武王作《武》，其卒章曰『耆定爾功』，其三曰『敷時繹思，我徂維求定』，其六曰『綏萬邦，屢豐年』。」今詩但以「耆定爾功」一章爲《武》，而其三爲《賚》，其六爲《桓》，章次復相隔越。《儀禮》歌《召南》三篇，越《草蟲》而取《采蘋》，《正義》以爲《采蘋》舊在《草蟲》之前。知今日之《詩》已失古人之次，非夫子所謂「《雅》、《頌》各得其所」者矣。〔嚴太僕曰：「虞惇按：亭林顧氏之說最爲有見，《三百篇》中前後世次錯迕者甚多，如《小雅·常棣》，閔管、蔡，成王時詩也，而在《采薇》、《出車》之前。《靈臺》，民始附文王時詩也，而在《文王》、《大明》之後。蓋經秦火，簡編殘脫，漢儒掇拾補綴，廑而存之，未必皆孔氏之舊矣。至於《楚茨》、《信南山》八篇，及《黍苗》一篇，應從《序》陳古刺今之說。《十月之交》四篇，考之經文及史傳，皆當作刺幽王·非刺厲王之詩也。」〕

或《齊詩》之學。曹氏之說有自來矣。」若夫《采蘋》所言，教成之祭固專言卿大夫之家。然推之天子諸侯，其教女尤當如此，則《關雎》、《采蘩》之義，亦不妨援證於《采蘋》矣。要之，蘋、蘩、蕰、藻之為茶，《左氏》本有明文；薇蕨之為茶，亦見於傳注；而荇茶之語，更顯著於詩詞。則諸篇所詠茶名，當即廟見時所奠笄茶。《士昏禮》鄭《注》疑其茶用菫。《士昏禮》云：「乃奠茶。」鄭《注》云：「蓋用菫。」賈《疏》云：「鄭知茶『蓋用菫』者，舅姑存時，用棗、栗、腶、脩，義取早起、肅栗、治腶、自修，則此亦取謹敬。因《內則》有菫荁粉榆供養，是以疑用菫，故云『蓋』也。」夫菫，本芼羹所用。薇蕨蘋藻，亦芼羹所用。菫可為奠笄之茶，則薇蕨蘋藻亦可為奠笄之茶。至於荇蘩，《疏》家謂用以實豆，非用以芼羹。《關雎》次章，《正義》云：「按：《天官》：『醢人陳四豆之實』。無荇茶者，以殷禮。詩詠時事，故有之。」《采蘩》首章，《正義》云：「知蘩不為羹者，《祭統》云『夫人薦豆』，《九嬪職》云『贊后薦，徹豆籩』，即王后夫人以豆為重。故《關雎·箋》云：『后妃供荇茶之菹』，亦不為羹。《采蘩》知為羹者，以教成之祭，牲用魚，芼之以蘋藻，故知為羹。且使季女設之，不以薦事為重，與此異也。」然蘋藻既皆用以芼羹，則荇蘩未見止能實豆。即使止能實豆，而供芼羹者既可以供奠笄，則供實豆者亦可以供奠笄。蓋荇茶蘋蘩蕰藻薇蕨，采之者兼，備廟見助祭之用。廟見時，用之於奠笄；助祭時，用之於實豆芼羹。均是用茶，特有先後之序耳。是故廟見時所奠笄茶，士之妻用菫，卿之內子、大夫之命婦用蘋藻蕨薇，諸侯之夫人用蘩，天子之后妃用荇，其尊卑次第，觀於《詩》而顯然可知。則大夫以上先廟見後成昏者，其禮更炳然足據矣。況乎《召南·鵲巢》云：「百兩御之」、「百兩將之」、「百兩成之」，可以證留車之事。《鵲巢》首章云：「之子于歸，百兩御之。」毛《傳》云：「百兩，百乘也。諸侯之子嫁於諸侯，送御皆百乘。」鄭《箋》云：「御，迓也。其往嫁也，家人送之，良人迎之，車皆百乘。」次章云：「之子于歸，百兩將之。」毛《傳》云：「將，送也。」三章云：「之子于歸，百兩成之。」毛《傳》云：「能成百兩之禮也。」鄭《箋》云：「宜配國君，故以百兩之禮送迎成之。」《正義》云：「言迓之者，夫自以其車迎之送之，則其家以車送之，故知壻車在百兩迎之中，婦車在百兩將之中，明矣。」《周南·漢廣》云：「言秣其馬」、「言秣其駒」可以證反馬之儀。《漢廣》次章云：「之子于歸，言秣其馬。」三章云：「之子于歸，言秣其駒。」毛《傳》云：「秣，養也。六尺以上曰馬，五尺以上曰駒。」鄭《箋》云：「謙不敢斥其適己，於是子之嫁我，願秣其馬，致禮餼，示有意焉。」《正義》云：「餼，謂牲也。《昏禮》不見用牲文。鄭以時事言，或亦宜有也。」惠氏周惕《詩說》云：「《昏義》，壻親迎之後，『出，御婦車，而壻授綏，御輪三周』，故曰

『之子于歸，言秣其馬』，言得如是之女歸於我，則我將親迎而身御之。不言御車而言秣馬，欲速其行，且微其辭也。又《左傳》有『反馬』之文〔註17〕，《鄭詩》有『同車』之語〔註18〕，故《漢廣》以「秣馬」、「秣駒」為言，若《箋》言『禮餼』，則納徵無用馬者。詩人言此，亦贅矣。」蓋鄭康成每喜引《禮》以箋《詩》，為鄭學者不妨援《詩》以釋《禮》也。觀於此而益信《孔子閒居》所謂「《詩》之所至，《禮》亦至焉」者，洵千古言《詩》言《禮》之準則也夫。

兼祧之禮合乎古義說

　　議禮之家名為聚訟，欲覈其禮之得失者，必析其義之是非。《新例》〔註19〕，

〔註17〕　《春秋‧宣公五年》記載：「冬，齊高固及叔姬來。」《左傳》：「冬，來，反馬也。」

〔註18〕　《詩經‧鄭風》有《有女同車》。

〔註19〕　當指乾隆四十年（1775年）頒佈的《獨子承祧例》。蒲堅編《中國古代法制叢鈔》（第四卷）據《清實錄‧高宗皇帝實錄》「乾隆四十年乙未閏十月」錄「獨子承祧」（光明日報出版社2001年版，第398頁），云：
立繼一事，專為承祧、奉養，固當按昭穆之序，亦宜順孀婦之心，所以例載：嗣子不得於所後之親，准其另立，實準乎情理之宜也。至獨子雖宗支所繫，但或其人已死，而其兄弟各有一子，豈忍視其無後？且存者尚可生育，而死者應與續延，即或兄弟俱已無存，而以一人承兩戶宗祀，亦未始非從權以合經。又或死者有應承之職，不幸無嗣，與其拘泥「獨子之例」求諸遠族，何如先盡親兄弟之子，不問是否獨子，令其繼襲之為愈乎？嗣後遇有寡婦應行立繼之事，除照例按依昭穆倫次相當外，應聽孀婦擇其屬意之人，並問之本房是否願繼，取其合族甘結，即獨子亦准出繼，庶窮嫠得以母子相安，而立嗣亦不致以成例阻格。該部即照此辦理。著為令。
俞樾《俞樓雜纂》卷一《喪服私議》有《論獨子兼祧之服》（《春在堂全書》第三冊，鳳凰出版社2010年版，第453～454頁），云：
一子兩祧，為國朝乾隆間特製之條。所謂王道本人情也，所謂禮以義起也，此洵足補前聖所未及，而為後世之所法守矣。道光間，議定服制：大宗子兼祧小宗，則為所生父母斬衰三年，而為兼祧父母齊衰不杖期；小宗子兼祧大宗，則為所生父母齊衰不杖期，而為兼祧父母斬衰三年。禮重大宗，固宜爾也，然於人情則似有未饜者。夫為人後者，為所後父母斬衰三年，古今之通禮也。小宗無子，而以大宗子後之，未聞有所降也。徒以大宗亦止一子，以此子兼祧小宗，乃降而為齊衰不杖期，於禮則允洽矣。而小宗父母有嗣子之名，無嗣子之實，仍無有人為持三年服者。小祥之後，几筵猶在，而服制已除，在人情得無未饜乎？然此猶未饜之小者也。其尤未饜者，則小宗子兼祧大宗，而於所生父母改服齊衰不杖期也。夫大宗不幸而無子，小宗固幸而有子也，乃奪以予大宗而使小宗之父母有子而無子，則小宗亦無子矣。夫為人後者，於所生父母齊衰不杖期，固古今之通禮也。然其父母猶有他子在，非無人執三年之喪也。今此小宗之父母，則獨子也，無他子也。設使父亡而母

獨子許其兼祧，或以大宗子兼祧小宗，或以小宗子兼祧大宗，或以小宗子兼祧小宗。其制似爲古禮所無，而其義實爲古書所有。然近時議禮者每有異詞。或謂古人闔族共一大宗，非各支立一大宗。抑知大宗之體統有定，而大宗之人數無定。故有謂大宗止有一人者，此杜預之說。《通典》卷七十三引：「晉杜元凱《宗譜》曰：別子者，君之嫡妻之子，長子之母弟也。君命爲祖，其子則爲大宗。是故百代不遷。若始封君相傳，則自祖始封君。其支子孫皆宗大宗。而說者或云『君代代得立大宗』，或云『別子之母弟亦得爲祖』，或云『命妾子爲別子，其嫡妻子則遷宗於君』，皆非也。」又引：「傅純曰：杜氏以爲始封之君，別子一人爲祖。」有謂大宗不限人數者，此賀循之說。《通典》又引：「晉賀循《喪服要記》曰：公子之二宗，皆一代而已。庶兄弟既亡之後，各爲一宗之祖也。嫡繼其正統者，各自爲大宗，乃成百代不遷之宗也。」謝徽注曰：「母弟於妾子則貴，於嗣子則賤，與妾子同爲庶故也。既死之後，皆成一宗之始祖，即上所謂別子爲祖也」；「賀公答庾元規曰：『雖非諸侯別子，始起是邦而爲大夫者，其後繼之，亦成百代不遷之宗。』鄭玄〔註20〕亦曰：『大宗謂別子始爵者也，雖非別子始爵者亦然。』愚謂是起是邦始受爵者。又問：『別子有十人，一族之中可有十大宗乎？』『然。』賀答傅純云：『別子爲祖，不限前後，此謂每公之子皆別也。』」范宣、曹述初皆與賀說相同，而不從杜說。《通典》又引：「晉殷浩問范宣曰：『其士大夫之嫡者，公子之宗道也。請解其義。』答曰：『其士大夫之嫡者，言上二宗，唯施公子之身；至諸公子有子孫，各祖公子以爲別子，各宗其嫡子以爲大宗，代代相承，然後乃成別子之後百代不遷之宗者也。所以舉其士大夫之嫡者，明公子之子孫，不復宗公子之宗，又嫌庶宗昆弟之子猶復爲小宗，故特舉嫡以曉之也。凡母弟及庶昆弟所稱庶宗大宗，正論其一代之嫡庶耳。至於各有子之後，長子皆成嫡也。公子之宗道，言公子之宗道成，故重釋也。』」曹述初《集解明宗義》曰：「其士大夫之嫡者，此爲諸侯別子之後也，或母弟之子孫，或庶弟之子孫，位爲大夫者，各祖別子爲始祖，各宗其嫡爲大宗。嫌庶子小宗之後，猶不得爲嫡，故通稱以明之，後代皆應同正也。」今按：范氏、曹氏所引「其士大夫之嫡者」，係《禮記大傳》之語。其上文云：「爲其士大夫之庶者宗近儒」，以「宗」字屬下句讀，非也。今按：《禮記大傳》云：「別子爲祖，繼別爲宗，宗其繼別子者，百世不遷者也。」鄭《注》云：「諸侯之庶子，別爲後世爲始祖也。謂之別子者，公子不得禰先君。又若始來在此國者，後世亦以爲祖也。」《王制》云：「大夫三廟，一昭

在，則小祥之後，其母猶斬焉在衰絰之中，而其子若婦已衣錦而食稻矣。顧視其後，竟無一人與己同凶服者，有不盡然傷心者哉！此實於人情尤未饜者也。夫不曰爲人後，而曰兼祧兼之云者，齊等之謂也。然則獨子兼祧者，於生父母、所兼祧父母並宜服斬衰三年，或亦禮之所許歟？

〔註20〕玄，原作「元」。

一穆，與太祖之廟而三。」鄭《注》云：「太祖別子，始爵者也。雖非別子始爵者亦然。」繹鄭君之意，士大夫之始來及始爵者，尚得爲別子。則凡諸侯之公子，自嗣君以外，無論嫡庶長幼，皆得爲別子，不獨始封之世子、母弟乃得爲別子。足證大宗不限人數，而非止有一人矣。況乎大宗、小宗之分，由於兩相對待，而所謂對待者，亦隨時變遷。故后稷、不窋有別子，而《公劉》言「君之宗之」，則當以公劉爲大宗，而邰、豳之別子皆爲小宗。《大雅·公劉》篇云：「君之宗之。」毛《傳》云：「爲之君，爲之大宗也。」《正義》曰：「《板》，《傳》云：『王者，天下之大宗。』然則此以諸侯爲一國之所尊，故云爲之大宗也。」今按：《禮記大傳》云：「君有合族之道，族人不得以其戚戚君，位也。」然則族人不敢稱公劉以大宗者，尊尊之誼。公劉自願爲族人之大宗者，親親之恩。二者並行不悖。孫毓但據「國君不統宗」以駁毛公〔註21〕，誤矣。周公、魯公爲宗國，而泰伯於宗室爲長，則當以泰伯爲大宗，而東魯之宗國仍爲小宗。哀公十三年，《左傳》云：「吳人曰：『於周室我爲長。』」此大宗有時而稱小宗也。繼高祖之小宗，對繼曾祖之小宗則爲大；繼祖之小宗，對繼禰之小宗則爲大。此小宗有時而稱大宗也。然則有兼祧之禮，以觀其會通，則古人所謂大宗者，今人固當實指爲大宗；古人所謂小宗者，今人亦可借稱爲大宗矣。或謂大宗不妨間代立後，何必獨子兼祧。抑知昭穆相當者，禮之常；而間代立後者，禮之變。故有謂大宗可間代立後者，此劉寶之說。《通典》卷八十八引：「晉劉寶曰：『《喪服》云：爲人後者三年。爲人後者，或爲子，或爲孫，故經但稱爲人後，不列所後者名，所以通人無貴賤，爲人後者用此禮。若荀太尉無子，養兄孫以爲孫，是《小記》所謂爲祖後者也。夫人情不殊，祖所養孫猶子，而孫奉祖猶父，故聖人稱情以定制，爲人後者無復父祖之差，同三年也』。」今按徐氏乾學《憺園集·立孫議》以此條爲庾純之說，蓋因《通典》上文引「晉侍中庾純」云云。健菴偶未細檢，故有此誤耳。有謂大宗不可間代立後者，此王敞之說。《通典》又引：「晉王敞難劉寶曰：爲人後者，以當收族而嚴宗廟也，必以同宗支子，擇其昭穆之倫而立之，不得高祖無子而立元孫之序。荀太尉秩尊，其統宜遠，親廟有四。今立孫但得祭祖，而使曾祖不食，是則先人將恐於爲屬，故知非立後之道也。」何琦與劉寶說同。《通典》卷九十六引：「晉何琦議以爲：卿士之家別宗無後，宗緒不可絕，若昆弟以孫若曾孫後之，理宜然也。禮緣事而興，不應拘常以爲礙也。魏之宗聖，遠繼宣尼；琦從父以孫紹族祖；荀顗無子，以兄孫爲嗣。此成比也。」而庾蔚之

〔註21〕　《毛詩正義》疏《公劉》「君之宗之」一節引孫毓云：「此篇主稱公劉之厚於民，列其始遷於豳。此章言群臣之愛敬，上下之有禮，無饗燕尊賓之事。且饗之禮，設幾而不倚，何有賓已登席依幾之義？又國君不統宗，故有大宗小宗，安得爲之君，復爲之大宗乎跡《箋》說爲長。」

駁之。《通典》卷九十六又引：「宋庾蔚之謂：間代取後，禮未之聞。宗聖，時王所命，以尊先聖，本不計數，恐不得引以比也。」王儉亦與劉寶說同，而尚書參議又駁之。詳見下文。今按：《儀禮・喪服》云：「爲人後者，傳曰：受重者必以尊服服之。」《疏》引雷次宗之語，不言間代立後。《疏》曰：「雷氏云：『此文當云：爲人後者，爲所後之父。闕此五字者，以其所後之父或早卒，今所後其人不定，或後祖父，或後曾高祖，故闕之也。』」《通典》引雷氏之語稍有詳略，亦不言間代立後。《通典》卷八十八引：「雷次宗曰：『但言爲人後者，文似不足。下章有爲人後者爲其父母，當言爲人後者爲所後之父。今闕此五字，以所後者，或爲祖父，或爲高曾，繁文不可不備設，言一以包二，則凡諸所後，皆備於其中也。』」徐氏乾學但據《通典》「無所後父早卒」之言，而未檢核《儀禮疏》，遂若雷氏主間代立後之說，而雷氏固無此意也。徐氏作《立孫議》，主間代立後之說，蓋因其舅氏顧亭林先生立從子洪慎之子爲孫也。〔註22〕今按：亭林先生《與李霖瞻書》云：「猶子衍生，稍知禮法，不好嬉戲，竟立以爲子。而崑山從弟子嚴連得二孫，又令荊妻抱其一，以爲殤兒之後。」車氏守謙《顧亭林先生年譜》云：「所抱者，即洪慎之子

〔註22〕 俞樾《茶香室續鈔》卷六《立孫》（《茶香室叢鈔》，中華書局 1995 年版，第607～608 頁）載：

國朝徐乾學《憺園集》有《立孫議》。其略云：舅氏亭林先生，立從子洪慎之子世樞爲孫。或曰：「無子而立孫，非昭穆之序，是使世樞有祖而無禰也。先生即有子而殤，殤不立後，盍擇諸族兄弟之子以爲嗣乎？」予曰不然。自夫子之告子游，已謂三代以後，天下爲家，各親其親，各子其子。是則兄弟之子必親於從兄弟之子，從兄弟之子必親於族兄弟之子明矣。苟謂兄弟之子無當立者，捨兄弟之孫勿立，而立疏遠族屬之子爲嗣，其於族若考之意，果無憾乎？《晉書・荀覬傳》：「覬無子，以從孫徽嗣。」荀氏潁川名族，子姓甚繁，豈無昭穆之倫可爲子者，而獨以從孫嗣，其必不捨親屬而他立也。禮之權而不失經者也。故雷次宗釋《儀禮》「爲人後者」之文，以爲不言所後之父者，或後祖父，或後高曾，凡諸所後，皆備於其中。故昭穆相續，其常也。如親屬無當立者，不得已而立從孫爲孫，如父子之誼，仍不改其昭穆之倫，毋亦勢之不得不然，而聖人之所許與。按議禮者，每謂無子不得立孫。今讀此議，則知本朝大儒有行之者矣。

按：先生《與李霖瞻書》云：「猶子衍生，稍知禮法，不好嬉戲，竟立以爲子。而崑山從弟子嚴，連得二孫，又令荊妻抱其一，以爲殤兒之後。」所抱者即世樞也。先生本立爲殤子詒谷之後，不知憺園何以又有此議，豈以議詒谷四歲而殤，與其爲殤立後，不如竟云以從孫爲先生後乎？然何以處衍生也？

又按：世樞後更名宏佐，年十三補松江府庠生，年未二十病瘵卒。是世樞爲先生之後，仍早世。而元和顧廣圻家藏先生著書目錄，有跋云：「歲丙子，不肖衍生於舊麓中撿得此本，丁亥冬於宛陵旅舍出而錄之。」丁亥爲康熙四十六年，距先生之歿二十六年矣。是終爲先生後者，衍生也。並見國朝張穆所著《亭林先生年譜》。

宏佐。本先生立爲殤子詁谷之後，先生之治命也。而衍生立爲子，亦先生初意，且相隨五六年，並爲之授室，以至於視含飯恩義，亦非泛常。」據此，則亭林先生兩後並立，固未嘗捨從子而專立從孫，亦未嘗置殤子而間代立後，無庸附會於雷氏之說矣。然徐氏言「各親其親，爲人之同情間。代取嗣權，而不失經，不悖於先王之道」，則可謂深知禮意者矣。徐氏《立孫議》云：「自夫子之告子游，已謂三代以後，天下爲家，各親其親，各子其子，爲人之同情。是則兄弟之子必親於從兄弟之子，從兄弟之子必親於族兄弟之子也明矣。苟謂兄弟之子無當立者，捨兄弟之孫弗立，而立疏遠族屬之子爲嗣，其於祖若考之意果無憾乎？《晉書·荀顗傳》：『顗無子，以從孫徽嗣。中興初，以顗兄元孫序爲顗後。』荀氏穎川名族，子姓甚繁，豈無昭穆之倫可立爲子者，而獨以從孫嗣，其必不捨親屬而他立也。禮之權而不失經者也。惟庾蔚之謂間代取嗣，古未之聞，然試以各親其親之常情準之，則必喟然發寤，以爲不悖於先王之道矣。故昭穆相續，其常也。如親屬無當立者，不得已而立從孫爲孫，如父子之誼，仍不改其昭穆之倫。毋亦勢之不得不然，而聖人之所許與？」庾蔚之雖以間代立後爲非，然其論爲後於異姓而本宗乏嗣者，宜以子後其本生父，仍不外乎間代立後之說。蓋窮於勢之無可如何，故不得已而出此耳。《通典》卷六十九引：「宋庾蔚之曰：『神不歆非類，蓋捨己族而取他人之族爲後。若己族無所取而養他人者，生得養己之老，死得奉其先祀，神有靈化，豈不嘉其功乎？唯所養之父自有後，而本宗絕嗣者，便當還其本宗，奉其宗祀，服所養父母，依繼父齊衰周。若二家俱無後，則宜停所養家，依爲人後服其本親例，降一等。有子以後，其父未有後之間，別立室以祀之是也。』」然而間代立後，究不如獨子兼祧。蓋出繼異姓而本宗乏嗣者，止可令其子分嗣，而已身不可兼祧。此不得不間代立後者也。出繼同姓而本生乏嗣者，既可令其子分嗣，而已身仍可兼祧。此不限於間代立後者也。然則有兼祧之法，以彌其闕陷，則小宗且不必間代立後，而大宗更不必間代立後矣。或謂小宗之子可以出繼大宗，而不可以兼祧大宗。抑知小宗之子兼祧大宗者，由於大宗無子，小宗止有一子，故有謂小宗可絕，大宗不可絕者。此戴聖之說，《通典》卷九十六引：「漢《石渠議》：『大宗無後，族無庶子，已有一嫡子，當絕父祀以後大宗不？』戴聖云：『大宗不可絕。言嫡子不爲後者，不得先庶耳。族無庶子，則當絕父以後大宗。』」而班固從之。《白虎通》卷一下云：「爲人作子何？小宗可以絕，大宗不可絕，故捨已之後，往爲後於大宗，所以尊祖重，不絕大宗也。何休亦從之。何氏《公羊·莊二十三年傳》注》云：「小宗無子則絕，大宗無子則不絕，重本也。」有謂大宗可絕，小宗不可絕者。此聞人通漢之說，《通典》又引漢《石渠議》：「聞人通漢云：『大宗有絕，子不絕其父。』」而范甯從之。《通典》又引晉范甯云：「夫嫡子存則奉養有主，嫡子亡則烝嘗靡寄，是以支子有

出後之義，而無廢嫡之文。故嫡子不得後大宗，但云以支子繼大宗，則義已暢矣，不應復云嫡子不得繼大宗，此乃小宗不可絕之明文也。」許猛亦從之。《通典》又引：「晉或問許猛云：『為人後時有昆弟，後昆弟亡，無後，當得還否？』猛答曰：《喪服傳》曰：嫡子不得後大宗。言大宗雖重，猶不奪己之正以後之也。推此而論，小宗無支子，則大宗自絕矣。子不絕父之後。本家無嗣，義得還，出後者還本追服。」有謂大宗小宗皆不可絕者，此田瓊之說。《通典》又引：「魏劉得問以：『為人後者，支子可也，長子不以為後。同宗無支子，唯有長子，長子不後人則大宗絕，後則違禮，如之何？』田瓊答曰：『以長子後大宗，則成宗子。《禮》，諸父無後，祭於宗家，後以其庶子還承其父。』」而范汪從之，《通典》又引：「晉范汪《祭典》云：『廢小宗昭穆不亂，廢大宗昭穆亂矣。先王所以重大宗也。豈得不廢小宗以繼大宗乎？既明大宗不可以絕，則支子當有繼祖，是無父者也。』」今按：所謂「支子」者，小宗嫡子之次子也。所謂「繼祖」者，繼小宗之祖也。所謂「無父」者，其父出繼大宗，故小宗闕一世也。庾蔚之亦從之。《通典》卷六十九引：「宋庾蔚之曰：『若己族無所取而養他人者』」云云。詳見上文。今按：庾氏所言，係寄養於他族者，尚不絕其本族，則出嗣於大宗者，必不絕其小宗。此雖未見明文，固可默會其意矣。今按：《儀禮‧喪服傳》云：「大宗者，尊之統也。大宗者，收族者也。不可以絕。」諸儒謂大宗不可絕者，據此語為證也。又云：「故族人以支子後大宗，嫡子不得後大宗。」諸儒謂小宗不可絕者，據此語為證也。《禮記‧服問》引傳曰「君子不奪人之喪，亦不可奪喪也」，準此以推知君子不絕人之後，亦不可絕後也。然則小宗兼祧大宗者，大宗固不可絕，而小宗亦不可絕矣。或謂大宗之子不當出繼小宗，亦不當兼祧小宗。抑知大宗之子兼祧小宗者，由於小宗無子，大宗止有一子，故有謂大宗支子不得出繼小宗者，此曹述初之說。有謂大宗支子不妨出繼小宗者，此張湛之說。《通典》卷九十六引：「晉博士曹述初議曰：『《禮》，大宗無子，族人以支子後之。不為小宗立後。』張湛謂曹曰：『若如前議，則兄弟以子相養者，代代有之，此輩甚眾，時無譏議。蓋同係一祖，兄弟所生，猶如己子，非犯禮違義故也。雖非禮之正義，亦是一代成制，由來故事。』」南齊江敩以大宗之子出繼小宗，既而因大宗無人，復還其本。是時，僕射王儉議以敩之幼子繼小宗為孫，此就張湛之說而推之也；尚書參議駁荀顗、何琦兄孫可以為後之論，此就曹述初之說而演之也。《南齊書‧江敩傳》云：「初，宋明帝勅敩出繼從叔瑟，為從祖淳後。於是僕射王儉：『禮無從小宗之文，近世緣情，皆由父祖之命，未有既孤之後，出繼宗族也。雖復臣子一揆，而義非天屬。江忠簡允嗣所寄，唯敩一人，傍無眷屬。敩宜還本。若不欲江瑟絕後，可以敩小兒繼瑟為孫。』尚書參議，謂『間世立後，禮無其文。荀顗無子立孫，墜禮之始。何期又立此論，義無所據。』於是敩還本家，詔

使自量立後者。」今按：《禮記・檀弓》云：「兄弟之子猶子也，蓋引而近之也。」使謂弟子當出繼大宗，而兄子不當出繼小宗，則是兄可視弟之子猶子，而弟不可視兄之子猶子矣。先王制禮，不若是之偏也。《儀禮・喪服傳》云：「異居而同財，有餘則歸之宗，不足則資之宗。」使謂大宗當取嗣於小宗，而小宗不當取嗣於大宗，則是小宗乏財者；大宗尚恤其窮；而小宗乏嗣者，大宗不憫其絕矣。先王制禮不若是之恝也。然則大宗兼祧小宗者，大宗既有子則小宗亦不吝有子矣。

　　然猶有可諉者，曰：「諸儒之中，遠者不過魏晉，近者不過宋齊，似非舊典也。」則請以漢代儒家深通舊典者言之。《後漢書・伏恭傳》云：「司徒湛之兄子也。湛弟黯無子，以恭爲後。」夫恭爲伏生裔孫，世傳經學，涉歷兩漢四百餘年，當代儒林推爲盛族。《後漢書・伏湛傳》云：「九世祖勝，所謂濟南伏生者也。初，自伏生已後，世傳經學，清靜無競，故東州號爲『伏不鬬』云。趙氏翼《廿二史劄記》云：「今按：周秦以來，世以儒術著者，自以孔聖之後爲第一，其次則伏氏。此一家歷兩漢四百年，亦儒學之最久者也。」湛父理及湛黯兄弟，皆宿學名儒。恭亦克紹家風，不忘舊緒。《後漢書・伏湛傳》云：「父理爲當世名儒，以《詩》授成帝，爲高密太傅，別自名學。湛性孝友，少傳父業，教授數百人。光武即位，知湛名儒舊臣，使典定舊制。」《伏恭傳》云：「湛弟黯以明《齊詩》，改定章句，作《解說》九篇。恭性孝，事所繼母甚謹。少傳黯學，教授不輟，由是北州多爲伏氏學。」向使此舉實違乎經訓，豈有伏氏一門竟肯首作厲階，遺譏禮教？然則大宗承嗣小宗者，不可謂非舊典矣。

　　然猶有可諉者曰：「伏氏弟兄，長者果非庶子，幼者果非嫡子，究無明文也。」則請以同母嫡子確有明文者言之。《三國志・諸葛喬傳》云：「喬字伯松，亮兄瑾之第二子也，本字仲愼。初，亮未有子，求喬爲嗣。瑾啓孫權，遣喬來西。亮以喬爲己適子，故易其字焉。」《諸葛瑾傳・注》引《吳書》曰：「瑾少游京師，治《毛詩》、《尚書》、《左氏春秋》。遭母憂，居喪至孝，事繼母恭謹，甚得人子之道。」今按：瑾長於武侯七歲。《三國志・諸葛亮傳》云：「建興十二年八月，亮疾病，卒於軍，時年五十四。」《諸葛瑾傳》云：「赤烏四年，年六十八卒。」按：吳赤烏四年即蜀漢延熙四年，上距建興十二年凡七年。是武侯歿時，瑾年六十有一，故知長於武侯七歲也。其遊學京師，至早亦當在十歲以上，而遭憂尚在其後。則八歲之時，其母無恙，更不待言。是瑾本嫡子，武侯與瑾同母，亦係嫡子。瑾以長子爲大宗，武侯以次子爲小宗也。夫諸葛氏爲巨室高門，天下所共仰。《三國志・諸葛瑾傳・注》引《吳書》曰：「初，瑾爲大將軍，而弟亮爲蜀丞相。

二子恪、融，皆典戎馬，督領將帥。族弟誕，又顯名於魏。一門三方爲冠蓋，天下榮之。」武侯伯仲伊、呂，固三代以後一人。瑾亦德冠吳臣，爲當時所罕有。《三國志·諸葛瑾傳》云：「虞翻以任直流徙，惟瑾屢爲之說，翻與所親書曰：『諸葛敦仁，則天活物。』」《注》引《江表傳》曰：「人有密讒瑾者，陸遜表保明瑾無此。權報曰：『子瑜非道不行，非義不言，其言足貫，神明非外言所間也。』」喬出繼叔父之後，武侯立兄子爲兒，兩境胥無閒言，千載不聞異論。《通典》卷六十九引：「東晉散騎侍郎賀嶠妻于氏上表云：『諸葛亮無子，取兄瑾子喬爲子。及亮有子瞻，不以有瞻而遣喬也。亮，近代之純賢。瑾，正達之達士。其兄弟行事如此，必不陷子弟於不義，而犯非禮於百代。』」然則小宗取嗣大宗者，不可謂無明文矣。

然猶有可議者曰：「諸葛氏雖係出繼，而非兼祧，未爲定論也。」則請以諸葛氏兼祧允符定論者言之。《三國志·諸葛喬傳》云：「年二十五卒。」原文「卒」上有「建興元年」四字。今按：上文云：「隨亮至漢中。」《注》引亮《與兄瑾書》曰：「喬本當還成都，今諸將子弟皆得傳運思，惟宜同榮辱。今使喬督五六百兵，與諸子弟傳於谷中。」下文《諸葛瞻傳》云：「建興十二年，亮出武功，與兄瑾書曰：『瞻今已八歲，聰慧可愛。』」以前後文參互觀之，武侯與瑾書當是因喬而及瞻，則建興十二年，喬尚無恙，非卒於元年矣。若謂喬之督運在是年之前，則武侯初次伐魏，北駐漢中，在建興五年，喬之督運至早亦不過是年。若元年已卒焉，得有督運之事乎？況喬兄恪以吳孫亮，建興二年爲孫峻所害，年五十有一。吳建興二年即蜀漢延熙十六年，上溯後主建興元年，相距凡三十年。是時恪甫二十一歲，喬爲其弟，焉得有二十五歲乎？若謂喬之卒在孫建興元年，則無論《蜀志》不應用吳之年號，且武侯求喬爲嗣時，瞻尚未生。喬之年長於瞻，自不待言。後主建興十二年，瞻已八歲，則生於建興五年可知。吳建興元年即蜀漢延熙十五年，喬果卒於是年，則上溯二十四年以前，爲後主建興六年，是喬反幼於瞻一歲焉。得有出繼之議乎？使喬果生於建興六年，則建興十二年武侯薨於武功之時，喬之年僅七歲，安得膺督運之任乎？是故反覆推之，《喬傳》所言「建興元年」當作「延熙元年」，今本涉下文《瞻傳》「建興十二年」而誤。蓋延熙元年即吳之赤烏元年，是歲，瑾年六十五，恪年三十六，喬年二十五，瞻年十二。年齒之老少長幼，次第秩然。上溯建興十二年武侯薨之歲，相距四年。彼時喬年二十一，則督運可以勝任。上溯建興五年瞻生之歲，相距十一年，彼時喬年十四，而出繼尚在其先。於前後事蹟均屬符合。附存此說，以俟考焉。子攀，官至行護軍翊武將軍，亦早卒。諸葛恪見誅於吳，子孫皆盡，而亮自有胄裔，故攀還復爲瑾後。今按：喬無他子，攀既還爲瑾後，自必承嗣恪之大宗，而兼祧喬之小宗矣。然此因武侯既有子瞻，故攀也去武侯之小宗，而歸瑾之大宗，毫無窒礙耳。向使武侯未有子瞻，以喬嗣爵。喬存而攀尚未生，

恪即被害。斯時也，喬若不奉瑾之祀，則是繼小宗而絕大宗，無異於拔本塞源，裂冠毀冕。喬若不奉武侯之祀，則是忘教育成立之深恩，亦將爲名教所不容。況武侯無後，何以勸善。祀不可絕，必將有主。主其祀者，非喬而誰？《三國志·諸葛亮傳》云：「亮弟均，官至長水校尉。」今按：《諸葛瞻傳》云：「瞻長子尚，與瞻俱沒。次子京及攀子顯等，內移河東。」而不言均之後人。疑均本無子，故武侯越境而取喬，否則均之子亦係猶子，斷不捨近而求遠矣。至於武侯之族弟誕，捨魏投吳在吳太平二年，上距恪之被害已閱四年。前此，誕之音問不通於吳，何論蜀漢，萬無求誕子爲嗣之理也。吾知蜀漢諸儒議斯禮者，惟有令喬還嗣瑾之大宗，而兼祧武侯之小宗。然後仁至而義盡。武侯之夫人黃氏，夙號賢明，如其爾時尚存，諒必不違公議。《通典》卷六十九引：「東晉散騎侍郎賀嶠妻于氏表云：陳壽云：喬卒之後，諸葛恪被誅，絕嗣，亮既自有後，遣喬子攀還嗣瑾祀。明恪若不絕嗣，則攀不得還。」今按：《通典》全載此表，敘其始末甚詳。蓋嶠初無子，其母薄氏命嶠仲兄群，以第四子率與嶠爲子。初生時，即付于氏鞠育之。越一年，而嶠妾張氏生子纂，群亦不令率歸宗。率年六歲而群始亡，其後率年漸長。或告以嶠既有纂，若率久安不去，則是與爲人後，率遂歸其本生母陶氏。其時，薄氏前歿，嶠已寢疾，未及論正而歿。故于氏表訴諸朝。陶氏亦引司空賀循晚年生子，遣嗣子紘歸本之例，欲令率歸宗。博士杜瑗、廷史陳序以于氏爲是，尚書張闓、丹陽尹蔡謨以陶氏爲是。平心而論，賀循遣紘歸宗，則可以歸。嶠未遣率歸宗，則不可以歸。諸葛喬未聞請歸，而率遽擅歸。諸葛瑾不令喬歸，而陶氏竟令率歸。其得失是非，無難立判。于氏所上之表，詞達理明，頗知經義。向使群果絕嗣，當必許其歸繼本宗。即或嶠本無兒，亦必許其兼承兩祀矣。然則大宗兼祧小宗者，不可謂未有定論矣。

　　《禮記·禮運》云：「故禮也者，義之實也。協諸義而協，則禮雖先王未之有，可以義起也。」況兼祧之制，未始非古禮所許者乎？《禮器》云：「毋輕議禮。」《郊特牲》云：「禮之所尊，尊其義也。故其數可陳也，其義難知也。」太史公曰：「書闕有間矣，其軼乃時時見於他說。」議禮者欲知兼祧古義，亦惟旁推交通，由比事屬詞以求其條例，庶不淆於聚訟之說也歟？

　　海寧蔣君寅昉光焴輯其兼祧嗣母徐安人《節孝錄》〔註23〕，介秀水高君伯平均儒寄以見示，乞爲撰文。余錄中所載，如秀水莊君芝階〔註24〕仲芳、嘉興

〔註23〕　蔣光焴輯《節孝錄》一冊，清咸豐刻本，國家圖書館藏。
〔註24〕　徐成志、王思豪主編《桐城派文集敘錄》（安徽大學出版社2016年版，第141
　　　　～142頁），著錄《莊仲芳集》，稱《映雪樓文偶鈔》一卷，藏南京圖書館；《映
　　　　雪樓雜著》不分卷，藏復旦圖書館；《光緒嘉興府志》卷八十一著錄《映雪樓
　　　　文稿》，未見。

錢君警石〔註25〕泰吉所撰家傳，吳江沈君南一〔註26〕日富所撰墓誌，皆言寅

〔註25〕錢泰吉著《甘泉鄉人稿》卷十九《蔣節母徐安人傳》（《清代詩文集彙編》第
572冊，第241～242頁）。

安人江蘇吳縣歲貢生徐宗暘女，年十八，爲浙江海寧州監生蔣星緯繼妻。未
踰年，星緯死。閱十年，星緯弟星華生子光煦，安人子之。光煦生四年，星
華又死，無他子，安人與星華妻曹氏撫教之。而光煦視安人不啻如所生，以
甫彌月即育焉，恩義猶篤也。安人之子光煦也，星緯父淳村翁遺命也。星華
甫有子而死，而未有他子，淳村翁不及知也。議者謂星緯庶長也，星華嫡子
也，繼禰之宗也。光煦爲星華後，而於星緯夫婦，從兼祧小宗，父母服期年
之律。乃宜安人聞之，大以爲然。是時，光煦有三子矣。請命於姑，立光煦
子拱、垣、佐、垚爲星緯孫，而爲光煦更定兼祧小宗父母之名。
余方爲州學訓導，與學正董君以安人守節合年例，宜旌表。祥列事實，上大
府，請達於禮部。及旌旨下，如所請。以故光煦定爲星緯兼祧之子，而爲星
華後。與余往歲所撰《海昌備志·列女傳》之文異。余嘗質於通人，曰無嫌
也，當爲後與不當爲後，禮也律也。爲後不爲後異，母子之情不異也。安人
之恩義，與光煦所以報安人者，不繫於爲後不爲後也。且律文定其名曰兼祧，
父母固許兼爲後，以通古禮之窮也。後之人讀州志與蔣氏譜牒之異文，而深
思其義，可以見安人不牽撫育之私恩。於光煦冠昏有子之後，更定兼祧，尤
爲賢明婦人之所難也。咸豐三年四月癸巳，安人卒，余乃詳著之，俾光煦列
於家乘。安人之嫡姑，余族兄之女孫也，夙聞安人某事某事合禮法。余謂安
人能明大義，則其他於安人皆小節，故不具。贊曰：余嘗讀東晉賀喬妻于氏
上表，以所育喬兄之子率欲還所生，立六義十疑以伸長養之功，卒爲朝議駁
正。益歎徐安人不恃鞠育之恩，爲奪宗之論之難能也。於戲！若徐安人之事，
禮家通儒考論宗法者，當有取焉。

〔註26〕沈日富《受恒受漸齋集》卷四《蔣節孝徐太安人墓誌銘並序》（《清代詩文集
彙編》第628冊，第228～229頁），云：

海昌蔣氏多節母，其歸自吾郡者，爲國子監生潞英君諱星緯之繼妻，實候補
大理寺評事光煦之嗣母也，姓徐氏，世家吳縣。大父諱瑋，河南陳留縣知縣，
加五品銜。考諱宗暘，歲貢生，試用訓導。節母年十八，以嘉慶二十年正月
歸蔣君。至十月而蔣君遘疾，卒時舅姑俱存。淳邨君諱開基，泣諭節母曰：「徒
悲以死無益，立孤存夫祀，不獨愈乎？他日當以星華首生之子爲汝子矣。」
節母泣受命。星華者，蔣君弟霽峰也，方幼。越十年，而光煦始生，時舅已
前卒，姑錢太君依成命。光煦甫生一月，即令節母撫育之。又四年，霽峰卒。
自光煦養於節母，而叔姒曹不復有子。
至是議所以爲霽峰後者，或言光煦宜歸宗而爲節母別立嗣。節母曰：「舅命也，
不可以違。」或言光煦不宜復爲霽峰後，爲霽峰後者宜別擇。節母曰：「奈何
奪人之親生者而使之外求嗣？」然則如之何而可，曰有兼祧之法在。於是節
母白於姑，使光煦還爲霽峰行三年喪。當是時，中外翕然無異辭，久而復有
議此禮者，曰：「於禮也，喪服不貳斬，光煦所生之親雖幼冢子也，所嗣之親
雖長介子也，冢不與介齒爲冢也，生而爲介也，祧者爲冢也，三年未介也。
期今泛言兼祧以冢，兼介耶？抑將以長兼幼與？」節母聞之，曰：「固也。光

昉本以大宗之子出繼小宗，既而大宗乏嗣，遂還繼大宗，而兼祧小宗。安人不自恃其撫育之恩，以奪宗嗣爲賢母所難能。平湖顧君訪溪廣譽復撰《兼祧說》〔註 27〕以申此。指毓崧與寅昉未嘗識面，然觀於所述行略，惻愴溢於語

熉之生，不及追服其嗣親，他曰爲未亡人制兼祧之服，何嫌於貳斬哉？雖然，不可以不明也。」乃使光熉告於其州之長吏，俾白於上官而達諸部臣，且請立光熉第二第三子爲蔣君孫，然後眾議乃定。嗚呼！使節母不能少忘其撫育之勞，或堅執前命，則爭端可立起。惟其洞明於大義，抑然自下，而後蔣君終得有賢孝之嗣。甚矣！讓之美也。節母事蔣君日淺，未有所著聞，其奉舅姑也敬，處兩姑間俱能得其歡心。及撫光熉，慈而善教。光熉未入塾，節母日舉善惡感應之理，充盈其耳腹。其後累從碩師，講論正學，聞輒開悟，由節母先有以導引之力也。

節母生於嘉慶三年某月日，卒於咸豐三年某月日，春秋五十有六。以某月日祔葬於蔣君之墓。其葬也，光熉之友蕭迺甲以書抵吳江沈曰富，寓光熉所撰狀乞爲銘。夫貞孝仁讓之行雖在女子，於郡國有光焉。予固未能篤古而達於詞，敢不承乏爲之耶。遂爲銘曰：

昔顧氏絳家於昆，捨其族子立從孫，於俗若違禮則存。顧有甥徐撰《通考》，曰顧氏猶行古道，後著爲令世咸曉。徐之他族女中英，作嬪於蔣淑且貞，於禮習於故事明。守舅遺命，保夫嗣子，得其半孫，得二亭林。後復見茲事，我作爲銘論不刊，深刻於石以下棺，其他可能此大端。

〔註 27〕顧廣譽《悔過齋文集》卷一《兼祧說》(《清代詩文集彙編》602 冊，第 546 頁)，云：

《禮》之有爲人後，何也？曰爲大宗設也。適子不以後大宗，何也？曰適子者，祖禰之正體，禮當自後其小宗，不得奪之以後大宗也。今雖支庶，亦得立後，何也？曰禮之變也。古者之不立後，有宗子焉爲之主，其祀未嘗絕也。今宗法之不行久矣，自非隨其時俗爲之制度，小宗以下一無子息，鬼有餒而已。故其立後非得已也，世變使然也。今制有獨子兼祧之說，何也？曰禮之變而不失其正者也。今夫立嫡之法，先侭同父周親，次及大功小功緦麻，如俱無，方許擇立遠房及同姓爲嗣，是亦名正而言順矣。然而人之良莠不齊、情之愛憎無定，且或不幸間遇單傳，必且去親昵、取疏遠，而後得爲合例也。否則，釁端一啓，獄訟棼焉，法立而弊生，夫豈制禮之本意？此獨子兼祧之說所以爲因時制宜、仁至義盡之道。自乾隆四十年特旨始也。謹案：禮部則例獨子兼承兩房宗祧。如以大宗子兼祧小宗，或以小宗子兼祧大宗，均以大宗爲重。爲大宗父母服三年，爲小宗父母服期年。如以小宗子兼祧小宗，則以所生爲重。爲所生父母服三年，爲兼祧父母服期年。夫《禮》所指大小宗云者，以通族言之也。此所指大小宗云者，以同父言之也。所指不一，而重宗則一。令典煌煌，蓋以清爭訟之源、篤孝慈之誼、明隆殺之序，豈苟焉已哉？故曰變而不失其正者也。曰小宗子承祧大宗，於古信有徵矣。若以大宗子兼祧小宗，或慮其不合於古，如何？曰不然。孔子曰：「凡殤與無後者，祭於宗子之家，當室之白，尊於東房。」鄭氏《注》曰：「無後者，如有昆弟及諸父。則今死者，爲宗子大功之內親其祖禰者。凡祖廟在小宗之家，小宗祭之亦然。」支庶無後者，得祭於大宗或小宗之家。此其明徵也。《喪服小記》

言，想見其永慕慈徽，忱懇篤摯，又重以伯平之請，不獲固辭。爰考證群書，作《兼祧之禮合乎古義說》，以闡揚安人之德，慰藉寅昉之心，而先質諸伯平焉。

禁遷葬者與嫁殤者考

《周禮·媒氏》云：「禁遷葬者與嫁殤者。」〔註28〕鄭康成云：「遷葬，謂生時非夫婦，死既葬，遷之使相從也。殤，十九以下未嫁而死者。生不以禮相接，死而合之，是亦亂人倫者也。」鄭司農云：「嫁殤者，謂嫁死人也。今時娶會是也。」賈《疏》云：「遷葬，謂成人鰥寡，生時非夫婦，死乃嫁之。嫁殤者，生年十九已下而死，死乃嫁之。不言殤娶，舉女殤男可知也。」按：賈氏之意，蓋謂言嫁殤則殤娶可知，深得古人屬詞省文之例。史浩言「遷葬」者，謂以死者求婦；「嫁殤」者，謂以死者求夫。不但強解遷葬之文，抑且未

又曰：「庶子不祭殤與無後者，殤與無後者從祖祔食。」鄭氏《注》曰：「不祭無後者，祖之庶也。」此無後者當從祖祔食，而己不祭祖，共其牲物，而宗子主其禮焉。支庶無後者之祭，不主以庶子而主以同祖之宗子，又其明徵也。然準古禮無後者祭於宗子家，而宗子為之主者，猶以旁親處之也。今制，以宗子兼其祧，則攝行為子之事，至其承祧之孫，直以祖父母之正服，服之而無所屈焉。蓋仿魏田瓊論長子後大宗所以處本宗者，抑又過之，恩義為加厚耳矣。近代議者每欲復從祖祔食之禮，而兼祧之法尤令存沒者安之而無憾，是乃鑒乎古之宗法而與時變通者也。夫何不安之有？

海昌蔣君光焴，其世父諱星緯，故庶長。光焴於世父，禮之所謂同祖小宗子，而今制之所謂大宗子也。世父卒，繼配節孝徐安人年十九，去結縭僅十閱月，哀毀咯血，大父以待叔子延嗣慰焉，蓋越十年，光焴始生，大父前卒，父奉先命以育於節孝甫彌月耳。又四年，父復棄世，節孝誨養備至，以迄於長。光焴初兩祧，後知於定例未符，節孝乃亟請之嫡姑，願以光焴歸大宗，而於其夫則兼祧。光焴先後生五子，因並請以名拱、垣、佐、垚者，為之孫。光焴之母節孝也，有祖禰命，有撫育恩，故光焴兼祧之舉萬不能已。廣譽究觀光焴子母之間，庶幾為善遵國家之令典，而《禮》之所深許者。作《兼祧說》。

〔註28〕 凌揚藻《蠡勺編》卷五《禁遷葬者與嫁殤者》（中華書局1985年版，第80～81頁），云：

「媒氏：禁遷葬者與嫁殤者。」《注》：「謂生非夫婦，既葬，遷之使相從也。嫁殤，謂十九以下，未嫁而死，既死而合葬者。」仁和沈氏赤然曰：「生時既非夫婦，斷無遷葬相從之理。」想即曹操欲為子倉舒聘邴原女為婚，韋后為弟洵求蕭至忠女為冥婚之類是也。未嫁而死，既死而合葬者，亦即今時之尚未結縭，夫家請其柩而葬之類也。謂十九以下者，蓋女子二十未有不嫁者也。然女未廟見而死，歸葬於女氏之黨，則雖已嫁，尚不得相從，何以此條下獨無明文耶？

悉嫁殤之意矣。〔註29〕司農言「今時娶會」，即漢碑所謂「娉會」。詳見《嫁殤非未婚守志辨》。蓋漢時俗禮，而曹魏以後因之，趙氏翼《陔餘叢考》〔註30〕云：「曹操幼子倉舒卒，掾邴原有女蚤亡，操欲求與倉舒合葬。原辭曰：『嫁殤，非禮也。』然終聘甄氏亡女與合葬。魏明帝幼女淑卒，取甄后從孫黃與之合葬。」〔註31〕北魏及唐謂之冥婚。惠氏《禮說》云：「周曰嫁殤，漢曰娶會，唐曰冥婚。」〔註32〕《陔餘叢考》云：「《北史·穆崇傳》：『崇玄〔註33〕孫平城早卒，孝文時始平公主薨於宮，追贈平城駙馬都尉，與公主冥婚。』《舊唐書·懿德太子重潤傳》：『中宗爲聘國子監丞裴粹亡女爲冥婚合葬。』《蕭至忠傳》：『韋庶人爲亡弟洵與至忠亡女爲冥婚合葬。』」其儀節雖無可徵，然據宋康與之《昨夢錄》所載「未婚而死者，鬼媒爲之合婚」，尚可得其梗概。《陔餘叢考》引《昨夢錄》云：「北俗男女未婚而死者，兩家命媒而求之，謂之鬼媒人。通家狀，各以父母命卜之，得吉即製冥衣，媒者就男墓設酒果，以合婚。二座相併，各立一小幡，奠畢，二幡微動，若相就。其有不動者，則以爲不喜也。兩家各以幣帛酬鬼媒，鬼媒常藉此自給。」則嫁殤之語，明指男女夭亡未曾嫁娶者而言，其義固甚顯矣。

　　若夫遷葬之事，鄭《注》謂生非夫婦，死使相從，賈《疏》申之，以爲此指成人鰥寡。其說是也，惜未詳揭其意，致閱者不能無疑。今以史傳考之。

〔註29〕黃以周《禮書通故》第六解《周禮·媒氏》，引鄭康成、鄭司農、史浩之說，與此同。後附「以周案」（詹亞園、張涅主編《黃式三黃以周合集》第8冊，上海古籍出版社2014年版，第261頁），云：

「遷葬」者謂娶其未聘者，「嫁殤」者謂嫁其已聘者，鄭注是也。近時惡習盛行，因遷嫁而祔主，因祔主而爭繼，惜官司無有禁之者。

〔註30〕見《陔餘叢考》卷三十一《冥婚》。

〔註31〕楊慎《丹鉛總錄》卷九《人事類》有「嫁殤死」條（王大亨箋證《丹鉛總錄箋證》，浙江古籍出版社2013年版，第333頁），云：

曹操幼子倉舒卒，求邴原死女合葬，史以爲譏。余觀《周禮·地官》禁嫁殤者，《注》謂生時非夫婦，死而葬相從，嫁殤嫁死人，則此俗古已有之，今民間尤有行焉而無禁也。

〔註32〕陸容撰《菽園雜記》卷五《冥婚》（上海古籍出版社2012年版，第42頁），云：

山西石州風俗，凡男子未娶而死，其父母俟鄉人有女死，必求以配之，議婚定禮納幣，率如生者。葬日，亦復宴會親戚。女死，父母欲爲贅婿，禮亦如之。

梁紹壬《兩般秋雨盦隨筆》卷八《冥婚》（上海古籍出版社2012年版，第315頁），云：

今俗男女已聘未婚而死者，女或抱主成親，男或迎柩歸葬，此雖俗情，亦有禮意。宋康譽之《昨夢錄》云：「北俗，男女年當嫁娶，未婚而死者，兩家命媒互求之，謂之鬼媒人。」則眞奇聞矣。然《周禮·地官》媒氏禁嫁殤者，則冥婚之說，似古已有之。

〔註33〕玄，原作「元」。

成人鰥寡，生非夫婦，死而合葬者，其類有二。一則生前爲名分所限，不得稱爲夫婦，而死後以合葬逞其私者。如《國策》、《漢書》所載秦之宣太后，欲魏醜夫殉葬；《戰國策》卷四云：「秦宣太后愛魏醜夫。太后病，將死，出令曰：『爲我葬，必以魏子爲殉。』庸芮爲魏子說太后曰：『若死者有知，先王積怒之日久矣。何暇乃私魏醜夫乎？』乃止。」漢之館陶主與董偃會葬。《漢書‧東方朔傳》云：「初，帝姑館陶公主近幸董偃，與董君會葬於霸陵。」是其事也。此固悖禮之尤也。一則生前恩義已絕，不得復爲夫婦，而死後以合葬遂其情者。如《通典‧凶禮》所載，或父在繼母亡，前家子取喪柩去，與前夫合葬；《通典》卷九十四云：「晉束晢問：『有婦人再嫁爲人繼母而亡，前家子取母柩，父與之去，繼子之服如何？』步熊云：『當爲服周，亡取去亦服周。』宋庾蔚之謂：『子當以父服爲正。父若服以爲妻，則子亦應服之如母。若父與去而不服之，則子宜依繼母出不服也。』」或父卒，繼母還前親子家，亡後與前夫合葬；《通典》云：「晉摯虞《理疑》〔註34〕云：『有夫婦生男女三人，遭荒亂離散，不知死生。母后嫁，有繼子。後夫未亡，得親子信，請還親子家，後夫言可爾。後數年，夫亡，喪之如禮，服竟，隨親子去，別繼子云：我則爲絕，死不就汝家葬也。而名戶籍如故。母今亡，繼子當何服？博士淳于睿等以爲，當依繼母嫁，從爲服周。博士孫綽議曰：施之於出，出義不全；施之於嫁，嫁義不成。名在夫籍，私歸親子。喪柩南北，禮律私法。訂其可知，便決降服。許令制周，頗在可怪。博士弟子徐叔中難孫云：本有求還之計，去誓不還葬之辭。生則已不得養，死則不與己父同穴。既不成嫁，當爲去母，附之於嫁，不亦宜乎？』宋庾蔚之謂：繼母持服竟後乃去，不得爲遣。比之繼母嫁，於情爲安。」或父卒，繼母還前繼子家，亡後與前夫合葬。《通典》云：「東晉元帝大興三年，淮南小中正王式繼母先嫁有繼子，後嫁式父。式父臨終，繼母求出，式父許有遺命。及式父亡，母制服積年，後還前繼子家。及亡，與前夫合葬，式追服周。國子祭酒杜夷議以爲：『率意違禮，服已絕之服，可謂觀過知仁。』博士江泉議曰：『式爲人子，愼終志篤，豈忍以母節小闕而不行服哉！』太常曲陵公荀崧，丞、騎都尉蕭輪議曰：『禮，繼母嫁，爲之服，報。其犯出者無服。式之追服，可謂過厚。』御史中丞卞壼議：『夫既沒，是其從子之日，而式以爲出母，此即何異子出其母！而使存無所從以居，沒無所歸以託，終命於他人之門，埋屍於無名之冢。受之者應有過禮之貶，出之者宜受莫大之責。』宋庾蔚之謂：『制服依禮，葬畢乃還家，積年方就前家子，比之繼嫁，不亦可乎！』」是其事也。此亦失禮之甚也。《詩‧王風‧大車》篇云：「穀則異室，死則同穴。」如毛、鄭之說，則名分久定，恩義兼隆，必須合葬者也。毛《傳》云：「生在於室，則外內異，死則神合，同爲一也。」鄭《箋》云：「此章言古之大夫聽訟之政，非但不敢淫奔，乃使

〔註34〕理疑，《通典》作「決疑」。（王文錦等點校，中華書局 2016 年版，第 2538 頁）

夫婦之禮有別。」如劉向之說，則名分猶存，恩義尙在，亦得合葬者也。劉向《列女貞順傳》云：「楚伐息，破之，虜其君，使守門。將妻其夫人，而納之於宮。楚王出遊，夫人遂出見息君，謂之曰：『妾無須臾而忘君也，終不以身更貳醮。生離於地上，豈如死歸於地下哉？』乃作詩曰：『穀則異室，死則同穴。謂予不信，有如皦日。』息君止之，夫人不聽，遂自殺，息君亦自殺，同日俱死。楚王賢其夫人，守節有義，乃以諸侯之禮合而葬之。君子謂夫人說於行善，故序之於《詩》。」如朱《傳》之說，則名分迥隔，恩義全無，妄冀合葬者也。朱《傳》云：「民之欲相奔者，畏其大夫，自以終身不得如其志也。生不得相奔以同室，庶幾死得合葬以同穴而已。」綜三說以考之，則合葬之當禮與否，亦斷之於名分恩義而已。夫名分所限者，其遷葬之宜禁，自不待言。而恩義已絕者，其遷葬之宜禁，亦不容弛。鄭《注》統言「生時非夫婦」者，蓋夫婦之義胖合則爲室家，離絕則同陌路。生前雖曾爲夫婦，而既出之後，即不得復以夫婦論。苟非其夫，迎喪以歸，若杞伯之逆叔姬，則不能同穴而葬矣。《春秋》：「成五年，杞叔姬來歸。」「八年，杞叔姬卒。」「九月，杞伯來逆叔姬之喪以歸。」《左傳》云：「杞桓公來逆叔姬之喪，請之也。杞叔姬卒，爲杞故也。逆叔姬，爲我也。」杜《注》云：「叔姬已絕於杞，魯復強請杞使還取葬，故卒稱杞。」《公羊傳》云：「杞伯曷爲來逆叔姬之喪以歸？脅而歸之也。」何《注》云：「已棄而脅歸其喪。」《穀梁傳》云：「夫無逆出妻之喪而爲之也。」楊《疏》云：「要叔姬免犯七出之愆，反歸父母之國，恩已絕矣。杞伯今復逆出妻之喪，而違禮傷教，言其不合爲而爲之。徐邈云：『爲，猶葬也。』言夫無逆出妻之喪，而葬理亦通矣。」今按：三《傳》之說互異，以情理酌之，夫婦非義絕不可復合者，亦不妨逆喪反葬。特其事當以夫意爲主，母家祇可請之，不可脅之耳。故有體亡父之遺意，迎出母喪柩反而合葬者。《通典》卷一百二《母非罪被出父亡後改葬議》云：「昔〔註35〕王濬、王沉與叔征南將軍昶書曰：『亡母少修婦道，事慈姑二十餘年，不幸久寢篤疾，會東郡君未〔註36〕到官而李夫人亡。是時亡母所苦困劇，不任臨喪。東郡君手書責遣，載病大歸，遂至殞亡。東郡君後深悼恨之。慈姑存無過行，歿荷出名。乞迎亡母神柩，改葬墓田，上當先姑慈愛之恩，次釋先君既往之恨，下蠲亡靈無負之恥。』博士薛謯議以爲：『《春秋》原心定罪，況尊親嬰沉篤疾而被七出之罰乎？其昭告先靈，還安兆域，使嚴父無違埋之舉，慈母雪沒代之恥，不亦可乎？』沈重與叔昶書述薛議，其叔答許之。沈《祭先考東郡君文》云：『沈亡母郭氏，克順於先姑。仰唯烈考，鑒亡姚素行，謹詣鄴迎郭靈柩，以某月日安厝，庶順烈考之舊心，全祖親之慈愛者也。』」君子未嘗不曲諒其子之心。《晉書・禮志中》云：「是時，沛國劉仲武先娶毋邱氏，生子

〔註35〕昔，《通典》作「晉」。（王文錦等點校，中華書局2016年版，第2677頁）
〔註36〕未，《通典》作「初」。（王文錦等點校，中華書局2016年版，第2677頁）

　　　　　　　　　　　　－123－

正舒、正則二人。毋邱儉反敗，仲武出其妻，娶王氏，生陶，仲武爲毋邱氏別舍而不告絕。及毋邱氏卒，正舒求祔葬焉，而陶不許。舒不釋服，訟於上下，泣血露骨，衰裳綴絡，數十年不得從，以至死亡。」今按：毋邱氏事與郭氏大同小異。然郭氏終得與機合葬，則沈之心慰；毋邱氏不得與仲武合葬，則正舒之心慼矣。而非父有遺意者，則不得援例於此也。有奉亡父之遺命，迎出母至家歿而不合葬者。《通典》卷九十四《出母父遺命令還繼母子服議》云：「晉傅玄〔註37〕曰：『征南軍師北海矯公智父前取夾氏女，生公智後而出之。未幾，重取王氏女，生公曜。父終之日，謂公智曰：公曜母年少，必當更嫁。可迎還汝母。及父卒，公智以告其母。母曰：我夾氏女，非復矯氏婦也。今將依汝居，然不與矯氏家事。三年喪畢，王氏果嫁。每有祭祀之事，夾氏不與。及公智祖母並姑亡，夾氏並不爲制服。後夾氏疾困，謂公智：我非矯氏婦，乃汝母耳，勿葬我矯氏墓也。公智從其母令，別葬之。公智以父昔有命，母還，於是爲服三年。公曜以夾氏母始終無順父命，竟不爲服。』博士劉喜云：『還歸夾氏，則他人矣，去就出處，各從所執，豈復矯父所得制乎？』少府劉克義以爲：『女子從人，出之則歸，命之則反，上奉夫母以爲姑，下育夫兒以爲子，而怡然無戚，言非逆命〔註38〕也。』宋庾蔚之謂：『臨亡使子迎母，自是申子之情私而〔註39〕。此母自處不失禮，而子不用出母之服，非也。公曜不服，當矣。』」君子未嘗不深哀其母之遇。《晉書·賈充傳》云：「初，充前妻李氏生二女。父豐誅，李氏坐流徙。後娶城陽太守郭配女。武帝踐祚，李以大赦得還，帝特詔充置左右夫人，充母亦敕充迎李氏。乃爲李築室於永年里而不往來。及充薨後，李郭二女乃欲令其母祔葬，賈后弗之許也。及后廢，李氏乃得同葬。」今按：李氏遇人不淑，較夾氏更爲困阨。其終得合葬，非始意所及料也。而非父有遺命者，更不得藉口於斯也。是即母之賢者如宋桓夫人，而其子襄公未聞迎喪於衛國；《衛風·河廣·序》云：「宋襄公母歸於衛，思而不止，故作是詩也。」鄭《箋》云：「宋桓公夫人，衛文公之妹，生襄公而出。襄公即位，夫人思宋，義不可往，故作詩以自止。」《正義》云：「以夫人爲先君所出，其子承父之重，與祖爲一體，母出與廟絕，不可以私反，故義不得也。」子之孝者如子思子，而其母庶氏之女未聞反葬於魯邦。《禮記·檀弓》云：「子思之母死於衛，赴於子思，子思哭於廟，門人至曰：『庶氏之母死，何爲哭於孔氏之廟乎？』遂哭於他室。」俞氏樾《癸巳類稿·子思之母爲庶氏女義》云：「注云：『姓庶氏。』以下正文云：『庶氏之女死。』故鄭知是庶氏女。《晉書·禮志》太康元年『尚書八座』引此文，云：『昔子思哭出母於廟，其

〔註37〕 玄，原作「元」。
〔註38〕 逆命，《通典》作「我母」。（王文錦等點校，中華書局2016年版，第2538頁）
〔註39〕 而，《通典》作「耳」。（王文錦等點校，中華書局2016年版，第2538頁）校記云：「『耳』原訛『而』，據北宋本、傅校本、明抄本、明刻本、王吳本乙改」。
（第2546頁）

門人曰：庶氏之女死，何爲哭於孔氏之廟？』又申之云：『異族之女，不得祔於先姑，藏其墓次。』合之鄭注，知漢晉時經文俱作庶氏之女。既云女，則鄭云改嫁，非也。鄭以伯魚卒時，子思或未有門人，故疑其歸久當嫁，實則經言庶氏之女，如宋襄公母及杞叔姬，均未改嫁也。」然則出母之恩義未盡絕，情事有可原者，尙難概行合葬之典矣。況嫁母之恩義已盡絕，情事無可原者，豈得妄爲合葬之舉乎？觀於唐之定安公主，初降王同皎，後降韋濯，又降崔銑，銑復先卒。及公主薨，同皎子繇請與其父合葬，此即遷葬之事也。給事中夏侯銛駁之，乃止。此即禁遷葬之事也。嗚呼！若銛之力持正論，可謂深明禮意者矣。《通典》卷八十六云：「開元二十一年二月，定安公主初降王同皎，後降韋濯，又降博陵崔銑，銑復先卒。及是公主薨，其子駙馬王繇請其父合葬。給事中夏侯銛駁之曰：『公主自昔降婚，梧桐半死，逮乎再醮，琴瑟兩亡。則生存之時，已與前夫義絕；殂謝之日，合從後夫禮葬。今若依繇所請，郤祔舊姻，恐魂而有知，王皎不納於幽壤；死而可作，崔銑必訴於玄〔註40〕天。國有典章，事難逾越。原繇此意，雖申罔極之情；本禮而行，或致不稽之誚。銛謬膺駁正，敢曠司存；請旁移禮官，並求指定。』」《唐會要》卷四十六約同《新唐書・公主傳》，云：「給事中夏侯銛曰：『主義絕王廟，恩成崔室。逝者有知，同皎將拒諸泉。』銑或訴於帝，乃止。」要之，遷葬與嫁殤同一非禮。然嫁殤者皆係早亡未婚，而遷葬者多係再醮失節。故嫁殤之禁，漢以後漸解；遷葬之禁，唐以後猶嚴。誠以嫁殤之過輕，而遷葬之咎重也。明乎此義，則鄭、賈之釋遷葬、嫁殤判然二事，昭然易知；而媒氏以遷葬與嫁殤並論，且首舉遷葬，次及嫁殤者，可以識其故矣。胡氏培翬《研六室文鈔・周禮嫁殤說》云：「細玩經意，當以《注疏》爲是。但成人鰥寡，生時非夫婦，死乃嫁之，似非情事所有。誠有如惠氏所云，未之前聞者。竊疑遷葬與嫁殤本屬一事，而遷葬尤爲非禮。或有嫁殤而不遷葬者，故先言遷葬而後言嫁殤。經中『與』字之義，或當如此。」今按：胡氏既知《注》、《疏》說是，又以惠氏所疑爲然，因爲是調停之議。果如其說，則經文但言禁遷葬嫁殤者足矣，「與」字及上「者」字，不竟成贅設之詞乎？惠氏不加深考，遽以成人鰥寡之遷葬爲未之前聞，而釋遷葬爲改葬。且明知《喪禮》有「改葬緦」之文，而既指爲變禮，又斥爲非禮。然究之變禮與非禮不同，非禮者失其正，變禮者不失其正，故非禮必禁而變禮不必禁。祔葬者，本葬於當葬之地，其合葬正也。故定其常禮之節。改葬者，仍葬於當葬之地，其合葬亦正也。故制其變禮之服。遷葬者，移葬於不當葬之地，其合葬不正也。故禁其非禮之萌。斷不得謂遷葬者非合葬，更不得謂遷葬者即改葬矣。況乎改葬之法，自應屬於冢人、墓大夫，不應屬

〔註40〕玄，原作「元」。

於媒氏。惠氏亦明知之，而又謂「媒氏聽陰訟，幽宅屬陰，且媒氏地官也」〔註41〕，故爲之禁。雖強爲傅會，而其義終未安也。豈非求其說而不得，又從而爲之辭耶？〔註42〕

〔註41〕 惠棟《禮說・禁遷葬嫁殤》（阮元編《清經解》第二冊，上海書店 1988 年版，第 50 頁），云：

媒氏禁遷葬。遷葬者，改葬也。改葬非禮也，故禁之。改葬非禮，則冢人墓，大夫之事也，曷爲媒氏禁之？媒氏聽陰訟，幽宅屬陰，且媒氏地官也，故爲之禁。然則冢人墓大夫曷爲弗禁也？冢人固有墓禁矣，墓大夫之禁令，改葬在其中焉。何以知之？以族葬知之。大司徒族墳墓以安民，圖其兆、正其位、巡其屬，守之百年，遷之一旦，豈安民之意哉？冢人墓大夫又安得漠然坐視而弗禁乎？然而古之改葬者多矣，何以知其非禮而禁之。《春秋・桓公十五年》，「天王崩」，桓王也。《莊公三年》「五月葬桓王」。自崩至葬，距七年，左氏以爲緩，穀梁子疑之，因有「卻屍以求諸侯」之說，似非人情。公羊子以爲改葬，蓋得其實。改葬不書改，而春秋二百四十二年之內，亦無改葬之文，以此知改葬非禮也，故禁之也。《左傳》隱公元年，「改葬惠公」，左氏謂「公弗臨，故不書。」子葬父，何故弗臨，曰隱爲桓攝，攝主不臨喪。是何禮也？蓋改葬非禮，故不書。然則喪服曷爲而有改葬緦？改葬緦者，康成謂「墳墓崩壞，將亡失屍柩。」昔王季歷葬於渦山之尾，灓水齧其墓，見棺之前和文王，於是出而爲之更葬。雖其說近誕，然仁人孝子或不幸而遭之，此禮之變也。非是而改葬者，則《春秋》鄭改葬幽公，齊改葬莊公，皆君弒，賊不討，葬不以禮。及鄭人斫於家之棺，齊人屍崔杼於市，賊既討而改葬其君，此皆得禮之變者，然非禮之正，故不書於經。則改葬非禮益明矣。古之葬也，筮宅，其辭曰：度茲幽宅兆基，無有後艱。是葬爲死者，非爲生者。後世有圖墓之術，以冢中枯骨求子孫富貴，於是遷者益多，則尤惑之甚者也，不可以不禁。媒氏遷葬與嫁殤本兩事，康成一之，謂「生非夫婦，死既葬遷之」。使相從如成人耶？則我未之前聞。如未成人耶？則曹孟德愛子沖死，爲聘甄氏亡女與合葬，是合葬非遷葬也。康成失之。周曰嫁殤，漢曰娶會，唐曰冥婚。（喪三日而殯，凡附於身者，必誠必信，勿之有悔焉爾矣，言既棺不可復開也。三月而葬，凡附於棺者必誠必信，勿之有悔焉爾矣，言既葬不可復改也。既葬而復改，猶既葬而復開，仁人孝子所不忍見、不忍言者也。後世無故而行之，遂成風俗，亦何異於狐埋之而不狐揾之者哉？壽張侯樊宏遺勑薄葬，又以爲棺柩一藏，不宜復見，如有腐敗，傷孝子之心，使與夫人同墳異藏，光武善而從之，合於古矣。）

〔註42〕 陳立《句溪雜著》卷三有同題文，（《清代詩文集彙編》第 632 冊，第 384～385 頁），曰：

鄭康成注「遷葬」，謂「生時非夫婦，死既葬，遷之使相從也。殤，十九以下未嫁而死者。生不以禮相接，死而合之，是亦亂人倫者也。」案：如後鄭之說，則遷葬與嫁殤爲一事矣。史浩謂遷葬者謂「以死者求婦，嫁殤者謂以死者求夫」。雖強分爲二事，要仍是一。惠半農以遷葬爲改葬。然《禮》有「改葬緦」之文，改葬本非所禁。悅改葬之禮，當冢人墓大夫職之，無緣屬之媒氏。惠氏又謂「後世有圖墓之術，以冢中枯骨求子孫富貴，於是遷者益多。」

然青鳥之説，不見於東漢以前，周時恐尚無此禁。然則遷葬當如鄭氏之説。其見諸史者，魏武帝爲倉舒聘甄氏亡女合葬，唐中宗爲重潤聘裴粹亡女爲冥婚，代宗爲承天皇帝聘張氏爲冥婚，謚恭順皇后。此史浩所謂「以死者求婦」者也。魏明爲女淑取甄后亡從孫黄與合葬，追封黄列侯，以郭氏從弟德爲之後，襲公主爵。此史浩所謂「以死者求夫」者也。此事皆在鄭氏之後，而鄭《注》已先及之，知非禮之禮行之久矣。故魏武本聘邴原亡女爲倉舒合葬，原辭曰：「合葬，非禮也。原之所以自容於明公，公之所以待原者，以能守訓典而不易也。」則即此之禁遷葬也。

至嫁殤之説，先鄭《注》云：「嫁殤者，謂嫁私人也。今時娶會是也。」漢世娶會之禮不可曉，以司農説推之，似謂夫未婚而殤，死而女仍從嫁之者。十九歲以下爲殤。古人二十而冠，冠而娶，則不爲殤。其六禮之行，容有在十九歲以内者。時若有夫之喪禮，不過既葬而除衰而弔。故《曾子問》：「曰：『取女有吉日而女死，如之何？』孔子曰：『壻齊衰而弔，既葬而除之。夫死亦如之。』」《注》：「未有期三年之恩也。」《郊特牲》云：「一與之齊，終身不改，故夫死不嫁。」《注》：「齊謂共牢而食，同尊卑也。」同牢合巹，所以合體。夫婦之道始成，子得妻之，父母始得婦之，故昏之，明日乃見於舅姑。然則必與之齊，乃夫死不嫁。其未齊者得嫁可知。故今律，未昏之女，改嫁仍得封誥，猶斯故也。則許嫁而壻死，爲壻守志，其父母爲之立後，皆屬非禮。禮之所非，即禮之所禁。且古禮，女未廟見而死，猶不遷於祖，不祖於皇姑，歸葬於女氏之黨，所以示未成婦。夫死不可即於墓而生，可即其室乎？生不同室而死可以同穴乎？生則爲女，死則爲婦，古無是禮也。先王制禮，過者俯而就之，不肖者跂而及之，世有過情之舉，未昏夫死守志者，則必有不及乎情，不釋服而即改適者，故一準乎禮之中，而以女之嫁壻之娶爲節，非此者則禮所不許也。如此，則嫁殤之義似與遷葬相比。然此止可論先秦之制。後世風俗日漓，夫婦道苦，果得一二守志過情者振頹救弊，則又聖人之所許寧厚毋薄，未可膠執古經以論世也。

《白居易集》卷六十六《得景嫁殤，鄰人告違禁。景不伏》（顧學頡校點，中華書局 1979 年版，第 1395 頁），云：

生而異族，死豈同歸。且非合祔之儀，爰抵嫁殤之禁。景天婚是恤，窀穸斯乖。以處子之蕣華，遷他人之蒿里。曾靡卜於鳴鳳，各異室家；胡爲相以青鳥，欲同宅兆。徒念幼年無偶，豈宜大夜有行。況生死寧殊，男女貴別。縱近傾筐之歲，且未從人；雖有遊岱之魂，焉能事鬼？既違國禁，是亂人倫，謀徵媒氏之文，無抑鄰人之告。

楊蔭杭《老圃遺文輯·俗話三》（楊絳整理，長江文藝出版社 1993 年版，第 99 頁），云：

京師有鬼婚之俗，浙東一帶亦有之。兒童死者，每擇他家已死之兒童爲之婚配。其迎娶一如常人，特嫁具以楮爲之；以合葬代合巹，奢者亦所費不貲，謂之「陰配」。此其俗至可笑，推其意，蓋謂鬼有飲食之事，而即有男女之事。迷信祭祀者，推論固應爾也。中國人父母本爲兒女主婚嫁，乃並爲兒女之鬼主婚嫁，誠奇談矣。

《周禮·地宮》禁「嫁殤」者，注謂「生時非夫婦，死而葬相從，嫁殤嫁死人」。則此俗極古。三國時，曹操愛子蒼舒早夭，求邴原死女合葬，邴原以爲

非禮，卒拒不許。以孟德之明達，猶未能免俗，實不可解。或愛子情癡，並藉此結納名士，而邴原不畏彊禦，雖死女枯骨，尚愛惜不使入權門。以視納女呈婦於朱溫，售妹獻妻於侂胄者，相去係啻天壤耶！

鬼鬼相婚，雖曰迷信，尚無大害。若未嫁之女，婿死而抱主結婚，則直人鬼相婚矣。此實大背於人道，而亦不合於古禮，「殲我良人」，等於《黃鳥》之悲；「樽酒平生」，竟爲銅爵之伎。謂之蠻風，誰曰不然？

但是，對此行爲，人們往往從人情的角度對之合理化。如葉廷琯《吹網錄》卷一《遷葬嫁殤》（遼寧教育出版社1998年版，第6頁），云：

《周禮·地官·媒氏》：「禁遷葬者，與嫁殤者。」注云：「生時非夫婦，死既葬，遷之使相從。殤，十九以下未嫁而死者。生不以禮相接，死而合之，是亦亂人倫者也。」《疏》云：「遷葬，謂成人鰥寡。不言殤娶者，舉女殤，男可知也。」據《注》、《疏》所言，蓋以葬者本鰥夫寡婦，遷之使合，第鰥者或本無妻，寡者必先有夫，合於彼則何以處此？事甚難通，疑必有說焉。惜注疏家辭尚簡要，未爲申言明晰也。此事本世所罕遇，即載籍亦不經見。若嫁殤，則《三國志》魏武幼子倉舒死，欲求邴原亡女合葬，原以非禮辭，乃止，仍爲聘甄氏亡女合葬。又明帝愛女淑卒，以甄后亡從孫黃與合葬。此殆即《媒氏·注》中鄭司農所謂「今之娶會者」歟？以下又見《北史》，穆正國子平城早卒，孝文時始平公主薨於宮，追贈平城駙馬·與公主冥婚。《舊唐書》蕭至忠甚承恩顧，敕亡先女冥婚韋庶人亡弟合葬。懿德太子重潤與監丞裴粹亡女冥婚合葬。又大曆三年詔故齊王倓追諡承天皇帝，與興信公主第十四女張氏冥婚，諡曰恭順皇后。而宋康與之《昨夢錄》云：「北俗，男女年當嫁娶未婚而死者，兩家命媒互求之，謂之鬼媒人。」知此事歷代常有之，唐以前帝王家且行之，恬不爲怪。今西北諸省民間，尚沿此風。余姊婿席愷官山西太原尉，女殤已葬，邑紳楊氏子亦殤，遣媒求婚於席，移女櫬歸，與子同穴，兩家稱姻媾焉。此與前引歷代事同。皆嫁殤而兼遷葬者，其爲非禮不待言。然席後南歸，脫然無亡女孤墳之慮，在宦遊者又甚便之。人情所溺，誠難概以禮法繩也。

又如姜宸英《湛園集》卷七《錢黃兩家合葬說》（陳雪軍、孫欣點校《姜宸英文集》，浙江大學出版社2015年版，第181頁），云：

無錫黃君某，聘錢氏女，未婚男女皆沒，兩家父母謀而合葬焉。邑人士與四方之客遊於兩家者，爲詩以詠歌其事。而請余爲之說。余按禮，男子年十九死，猶謂之上殤，不得立後而祀之，終其父母之世。女子既嫁未三月，廟見而卒，則歸葬於其父母之黨祔，亦如之未婚而沒。禮文不載，蓋不必載也。《周禮》：「媒氏禁遷葬者與嫁殤者」。遷葬以死而求婦，嫁殤以死而求夫，皆非禮之正。是以禁之，以其未成乎夫婦之道也。唯魏武帝愛子倉舒，明帝愛女淑，卒皆取他姓子女死者爲之合葬，史譏其違情背典。至唐家人禮始有冥婚之制，此君子所不道也。今既合葬，必當祔廟。夫婦祔廟，必當立後。使果爲此，此與曹氏之蔑棄典禮何異？兩家父兄皆守道君子，宜安所出。或謂禮緣人情，情生於人之所不自已。今兩家各哀其所生，至不惜越禮而爲之，其友又思助其哀，而作爲歌詩以相慰勉。見睦姻之意皆本於其所不自已者也。《傳》曰：「禮失求之野。」噫！其野也，其諸亡乎禮者之禮與？

或者對「禁嫁殤」持反對態度，如譚嗣同《蒼莽莽齋詩》卷二《鄧貞女詩並狀》（何執校點《譚嗣同集》，嶽麓書社 2012 年版，第 86 頁），云：

貞女名聯姑，湖南善化縣人。字同縣龔家慌。家慌夭，貞女夜聞風颯颯戶牖間。頃之，帳鉤鏘然有聲。詢得實，涕泣持服，父母擬奪之，即臥不食。幽憂晝哭，發爲之童。卒歸龔氏，行時復有聞如昔聲。尋歿，年二十有六。

獨繭之幕鉤珊瑚，酸風微曳鳴聲孤。陰磷四逼燈無華，鄧女此夕爲貞姑。宛然新婦登帷車，即死地下女有家。吁嗟死非人所無，匪難其竟難其初。臨機立斷識所趨，果力自策無滯濡。安步緩心氣不粗，久且彌屬同須臾。家人不識疑可渝，鬢髮凋落中自痛。生者可死死者蘇，天孫不渡河爲枯。俯視斷斷群小儒，孤持一義相牽拘。禮所未備義以敷，嫁殤之禁胡爲乎！先聖平情用永圖，整齊賢智不肖愚。至於精誠有獨徂，鬼神無力使勿舒。窮今互古乾坤俱，遑計舉世毀世譽。堯、舜揖讓湯征誅，安有往制供追摹。六月飛霜冰出魚，天行且以回其途。不信其心盡信書，坐守常例如守株。林中掛劍云贈徐，鬼安用此將非誣。此心既發不可虛，豈以無濟生嶇踽。況是繫屬葭中莩，煌煌名義何當辜。處士殉國良艱劬，敢云未仕宜謂迂。夫婦誼不君臣殊，我思夷、齊兩匹夫。

《彤史貞孝錄》載洪良品《鄧貞女事狀》（《湖北文徵》第 11 卷，湖北人民出版社 2014 年版，第 490～491 頁），云：

貞女姓鄧氏，名聯姑，湖南善化縣長沙府學附生鄧際時之次女。字同邑禮部員外郎龔鎮湘之第三子家慌。鄧與龔故徒母兄弟，龔官京師。光緒八年家慌死，訃鄧氏，鄧秘不告女。女夜臥，聞戶牖若有聲。已而帳鉤鳴，陰風肅然。曉起見家人私捂，疑之。其幼弟以告，則大慟。立脫簪珥，御素服。父見而怒之，謂本未成婦，何自苦爲。女聞而臥不食。父友李荔村農曹聞之，謂其父曰：女所爲一時激天性，迫而愶之，是速之死也。曷如徐俟其懈，乃別議。踰年，父以女年長，將圖所歸。乃使人示意，且引乾隆時守貞無旌例。女慨然曰：父愛女，故爲兒慮耳。兒命如斯，安所往而適志。兒知從一而已，他非所計也。父讀書人，宜諒兒，不然唯有死。父知不可奪，乃止。又踰年，女以龔久無音耗，懼兩家父母「不諒人只」，日夜愁歎憂鬱，髮額落，顏色日凋悴。父憫之，乃寓書於龔，告以故。龔悚然曰：有是哉！吾兒不幸而累此婦，吾兒何幸而有此婦也。但未嫁守義，事匪易易。可已則已，必不可已，則惟其志之從耳。無何，龔以連喪子。其夫人念女賢，思代子以歸，俾附之戚眷北來。始入門，行見舅姑禮。聞女將行，室中有聲，如同訃時。女父母向空語曰：女業願爲汝家婦，行過門而拜墓矣。聲遂絕。初女矢志時，年甫十五。至是年二十六，蓋其在家守貞，已十有二年矣。

舊史氏曰：自明世豔稱孟貞女柏樓事，嗣是未嫁者，類以守貞著。歸有光、毛奇齡懼失人道之常，嘗欲垂文以禁之，引《周禮》嫁殤爲之說。夫《周禮》之不可行於後世者多矣，豈獨一嫁殤。《禮》曰娶女有吉日而女死，壻齊衰而往弔。壻死亦如之。夫女未成爲婦，壻死許之往弔，以已受聘而名其婦也。既受聘而名其婦矣，可許之踵門以弔。豈有不可許其守志之理？特聖人不強人以所難爲，故有嫁殤之禁女也。吾向亦疑於歸、毛二家之說，而茲有感於鄧貞女事，以彼百折而不易其志，至誠所動，至於通幽明而感鬼神。此雖士君子臨變所守，罔或有以踰此者。吾知聖人復起，亦必將有取於是，以爲綱

嫁殤非未婚守志辨

鄭康成釋《周禮》「嫁殤」云：「殤十九以下未嫁而死者。」復引鄭司農云：「嫁殤者，謂嫁死人也。今時娶會是也。」二鄭之說，意實相同。司農所云「嫁死人」，即康成所云「未嫁而死者」也。康成之注，《周禮》備載杜子春、鄭大夫、鄭司農之注。凡諸家之注，或義有未盡，說有未安，則先引舊注而加「玄〔註43〕謂」於後，以補正焉。若其義已備，其說可從，則先述已意，而引舊注於後，以援據焉。此全書之通例也。《天官·序官》，賈《疏》云：「大略一部之內，鄭玄〔註44〕若在諸家上注者，是玄注可知，悉不言玄謂。在諸家下注者，即稱玄謂，以別諸家。又在諸家前注者，是諸家不釋者也。又在諸家下注者，或增成諸家義，或有破諸家者。」

今嫁殤之注，先述已意，後引司農，則是司農之言固康成所本，未嘗少有異矣。近代通人目未婚守志者為嫁殤，遂謂司農所言娶會即指此事。無論娶會即漢碑所言娉會，本係男女並殤同葬。《隸釋·夏堪碑》云：「娉會謝氏並靈合柩。」劉楚楨先生《漢石例》云：「此《周禮》嫁殤也。」今以為男殤而女不殤，於當日情事不符。即使漢時娶會果指未婚守志，康成未有不知。既不以娶會之解為然，何不先引司農，後申己見？然則娶會之即冥婚而非未婚守志，審矣。蓋未婚守志者，事雖近於冥婚，沈氏欽韓《幼學堂文稿·邵貞女贊序》云：「錢氏幼許字邵氏子，年十五其良夭，即日奔喪。吳俗，未婚者臨夫喪，則奉魂帛為匹偶，設對醮合巹，一如平生。是日，貞女成禮，村之婦若女觀者皆掩泣不忍視。」而實則迥異。冥婚者，男女並亡；未婚守志者，夫亡婦在。冥婚者本無婚姻之約，未婚守志者早定夫婦之名。則未婚守志非冥婚可比，明矣。且女子許嫁必笄，則男子聘妻必冠。許嫁者雖未二十而不為殤，則聘妻者雖未二十亦不為殤可知。《禮記·曲禮》云：「女子許嫁笄而字。」鄭《注》云：「以許嫁為成人。」《喪服小記》云：「丈夫冠而不為殤，婦人笄而不為殤。」鄭《注》云：「言成人也。婦人許嫁而笄。」《公羊僖九年傳》云：「婦人許嫁，字而笄之。死，則以成人之喪治之。」何《注》云：「不以殤禮降也。」此女子既許嫁即為成人不為殤之證。《左氏襄九年傳》云：「國君十五而生子。冠而生子，禮也。」杜《注》云：「冠，成人之服。故必冠而後生子。」《儀禮·士昏禮記》云：「女子許嫁，笄而醴之，稱字。」鄭《注》

常名教之大防，顧經生家必鰓鰓執一世俗之常禮以繩之。烏乎！亦以過矣。
另外，張翰儀編《湘雅摭殘》卷十六（嶽麓書社 2010 年版，第 863～864 頁）
有吳嘉瑞《讀鄧貞女事狀因題二絕》。

〔註43〕玄，原作「元」。
〔註44〕以下四「玄」字，原作「元」。

云：「笄，女之禮，猶冠男也。」今按：女子許嫁未有不笄，則男子聘妻未有不冠。蓋冠而後聘妻，故冠而後生子也。此男子既聘妻即爲成人不爲殤之證。安得目未婚守志者爲嫁殤乎？況據經典所言，參以史傳，凡未婚守志死而合葬者，實古禮之所有，聖賢之所許，非若嫁殤之宜禁〔註45〕。其證十二，請悉數之，以辨其疑焉。

〔註45〕　對於女子未婚守志，古人多有表彰。茲舉數例。

朱鶴齡《愚菴雜著》卷十四《跋王貞媛傳後》（《清代詩文集彙編》第22冊，第767頁）

余嘗讀《周禮·地官·媒氏》有遷葬嫁殤之禁，遷葬謂以死而求婦，嫁殤謂以死而求夫。嗚呼！別嫌之義，若是其嚴哉！後世有未嫁之女，輒奔其所字之喪，持服盡哀，沒與同穴。執禮者非之，震川先生所云女子無以身許人之道，其論誠正。乃余讀《鄘風·柏舟》之詩，又不敢信爲然也。《鄘·柏舟》，共姜自誓而作。《序》云：「衛世子共伯早死，其妻守義，父母欲奪而嫁之，誓而弗許，故作是詩以絕之。」然則共姜固未嫁女也。詩云：「髧彼兩髦，實維我儀。」兩髦者，分髮作兩髻，子事父母之飾《齊風·甫田》：「總角丱兮。」毛《傳》謂總角爲聚兩髦，是也。共伯以總角亡，故《序》云早死。共姜在室，父母欲別嫁之，亦人情也。共姜以死自誓，尤女子所難。故夫子首錄焉。推首錄《柏舟》之指，則未嫁守義固聖人之所許矣。又《禮》，婦人從夫爲諡，共姜從共伯諡曰共，則知共姜蓋亡於衛。其亡也，當與共伯同葬矣。夫嫁殤之事，《禮》方禁之，而《詩》顧子之，周、孔二聖何若是異乎？曰：禮以正爲坊者也，詩因情立教者也。待年之女，雖未成夫婦，然父母既許字之，則女亦以心許之矣。以心許之而復因變改易，中誠有所未安，故寧荼苦終身，誓無他適，此於情不可謂不正也。夫男女嫌疑之際，聖人立制不得不嚴，而守貞遂志之行，聖人又未嘗不深嘉之，以爲寡廉鮮恥之砥石。權衡二者之間，斯可得其中矣。王貞媛事，世多引《柏舟》詩美之。然此乃《鄘·柏舟》，非《邶·柏舟》也。《邶·柏舟》作於仁人不遇，劉向《列女傳》以爲衛宣公夫人，此蓋因共姜事而誤者也，不可不辨。若貞媛之奇節，穉恭、礎日諸公傳贊已備矣，何待余言。

王時敏《贈王貞媛詩》（毛小慶點校《王時敏集》，浙江人民美術出版社2016年版，第456～457頁），云：

從容仗節女程嬰，況復青閨未嫁身。心矢《柏舟》長灑淚，貞同雪窖不知春。樓頭繡佛垂虹映，月下鳴機落雁巡。皎皎孤芳堪勵俗，門閭旌賜貯絲綸。

李專《王貞媛詩》（鄭珍編次，黃萬機、黃江玲點校《播雅》，貴州人民出版社2012年版，第134頁），云：

吾鄉懷清臺，與水相映碧。斯人爲寡婦，寸心合不易。狨貗王家媛，方當發覆額。曾公慕其賢，爲子具幣帛。河冰及未泮，才郎就窀穸。藉令有更端，理順豈云逆。剛腸過百鍊，眾論一語闢。生訂伉儷盟，死效萁帚役。不知雲霄中，千古幾勁翮。還疑造物者，畀以風教責。吟成發三歎，書此示巾幗。

張九鉞《陶園文集》卷五《洛陽楊節婦傳》（雷磊校點《陶園詩文集》，嶽麓書社2013年版，第70～71頁），云「」

洛陽居民劉振揚女，幼字同邑楊清第三子憨兒、劉與楊爲世戚，女四歲善病，而舅姑絕愛其慧。父母亦以日者言與父母不相生，遂乞養於舅姑家。長憨兒

三歲，依舅姑如父母。年十七未成婚，而憨兒死。舅姑憐其少，送歸母家，諷令改嫁，父母將從之。女躃踴，號不肯，誓以死殉。鄰女聞女歸，群來問視，或謂當從女，或謂宜改嫁，或謂當終三年喪而嫁，呶呶爭淪。父曰：「吾將決之鄉先生知禮者。」少頃咸至，令女於帷後聽之。有曰：「女當改嫁，以其不成婦也。《禮》有之，不成婦則不告祖，不拜舅姑，不見兄弟姊妹，死則絕之。」有曰：「《禮》有之，娶女有吉日而女死，則婿齊衰弔，葬而除服。婿死，亦如之。必齊衰而弔，不忍絕也。葬而後除服者，謂其可以絕也。」女自帷中突出，長跪泣曰：「兒平嘗未讀書，不知所謂《禮》。第念兒劉氏女，無故而入楊之家・食楊之食，衣楊之衣。若父若母，舅姑之矣。若兄若嫂，兄嫂之矣。若諸父母姑姊妹之喪，則服之矣：猶謂非婦也，則前十二三年名分雖螫，洛河之水不足濯其羞矣。兒志決矣，何首鼠為？」眾又曰：「百年甚遙，倉卒決之，保無悔。且汝未笄，何得稱婦。」女益憤然曰：「百年，時也；決之須臾者，志也。兒志決矣，刀鋸鼎鑊，甘如飴矣。」即懷冠笄，徒步奔至婿墓，父母舅姑咸擁之行。女跪墓前，取冠笄自戴之，曰：「已笄矣，更何害。」父母無可如何，泣涕而歸。鄉之講禮諸先生相顧愕然，曰：「有是哉！女而婦也。」張子曰：禮之變也，變而不失其正。女也，可以婦矣。乃順門人清，作為傳以俟請旌。

郭嵩燾《湘陰郭氏家譜》八《傳狀誌銘》載錄白書紳《貞女郭李氏傳》（梁小進主編《郭嵩燾全集》第 5 冊，嶽麓書社 2012 年版，第 440 頁），稱：

貞女李氏，湖南長沙人，同年李公仁山之次女。性貞淑，言笑不苟，自少略覽文史，通曉大義，父母甚愛重之。仁山以己丑進士出宰浙之宣平，時郭君蓮舫亦以別駕駐次於浙，其子先楠有神童之目，仁山見而愛之，遂以女字焉。未幾，仁山卒，蓮舫以憂去，先後旋里。蓮舫既終制，謀為先楠授室，忽抱疾而殤。訃聞，女一慟幾絕，矢志守貞，其母勸之，泣不語。戚屬有勸其改字者，則塞耳，截髮以死自誓。母知其志不可奪，乃請於郭氏，而于歸焉。先是，女屢夢一少年，偕僕攜衣袱對之更衣，衣畢不言而去。及聞訃前一夕，少年又至，始握其手，且泣且告曰：我郭氏先楠也，白玉一方，名載其上，汝當什襲藏之。並邀至家與食，食次惟佐以紅椒四枚。噫！其亦隱示以潔白似玉、辛苦如椒之意乎！此殆不可以尋常之理測之者矣。

有明熙甫歸氏，以女子適人，受命父母，未嫁而守貞，為非禮。《禮》：「曾子問曰：『取女有吉日，而女死如之何？』孔子曰：『婿齊衰而弔，既葬而除之。夫死亦如之。』」夫既有齊衰、往弔之義，則夫婦名分定矣。況通以媒妁、加以弊（著者按：「弊」當作「幣」）聘，重以父母之命，而猶謂親迎未行，視同秦、越，則是庶人不傳質，即不必知有君也。聖人制禮，示中人以可守而已，不為過絕之行，予人以難企。未嫁而改適，不得議其非貞，而純篤之行，一往不顧，出乎情之正而行乎禮之經。忠臣烈士遭時之變，亙天地、光日月，其道不敝，率由是也。

余宰斯邑，愧無以激濁揚清，俾民俗蒸蒸日上。得是女卓絕之行，廉頑立懦，於是乎在。故特表而傳之，使後有聞焉。

劉人熙《書字洪姓方貞女事》（周寅賓編《劉人熙集》，湖南人民出版社 2009 年版，第 247～248 頁），云：

徽州歙縣方氏，有賢女，幼許嫁同里洪氏子，今永定河主簿方志勤之從姊也。

洪少孤，習賈江北。母氏擇吉迎婦，命洪歸成禮。舟覆溺，使人赴於女氏辭勿娶。女毀容欲奔喪，其母百端譬解之，弗能奪也。遂以吉日縞素歸洪，事洪之母，生事愛，死事哀。歙之人曰：「安見婦而賢若斯者乎？」皆歎息泣下。女有侍婢曰秋桂，年長矣，將擇婿遣之。秋桂泣不可，詰所以。婢曰：「從主母久，主母苦如此，而我捨之去，心良不忍。」女亦不能強也。同治五年五月，女病卒，年四十。秋桂亦哀痛成疾以終。歙人鮑康呈禮部，旌如例。

主簿之子樹人，從劉人熙遊，持其狀，並示所徵詩歌數篇。人熙曰：「《禮》，娶婦有吉日而女死，婿齊衰而弔，既葬而除之。夫死亦如之。」儒者釋之曰：「如之者，當斬衰，既葬而除之。斬衰者，婦之服也。既葬而除者，未成婦也。」疑者曰：「女既斬衰而弔，則已成為婦矣。弔之後，其若之何，其為婦乎，則不得既葬而除其不為婦也，則未見閨中之女而可斬衰弔人者也。」儒者又釋之曰：「使人弔也，此則於禮似可行也。」在禮，婦未廟見而死，則歸葬女氏之黨，示未成婦也。女從父母者也，六禮未備，則猶然父母之女也。未成婦而奔喪，則是女子自以身許人也，焉有閨中之女而自以身許人者乎？故文人之書事而正名也，曰貞女而不婦。二者皆人道之大防也。一則重從一之義，而不別從父母之命；一則從父母之命，而杜以身許人之嫌，是二義者，古之賢者未敢定論也。余以為聽人之自擇焉可也。方貞女矢死靡他，自行其志，歙之人愈久而愈不忍忘也。秋桂，婢也。一念之不忍而相依以死，所謂「德不孤，必有鄰」者，非耶？樹人從余講學，因書其事發其義，俾壽之家譜。

趙啟霖《紀張珊貞》（易孟醇校點《趙啟霖集》，湖南人民出版社2012年版，第210頁）云：

同里張烈女名珊貞，字蕭，未嫁而婿死，珊貞欲奔喪事舅姑，其志未遂，自刎。

至性出村媛，頹綱方陸沉。凜然立人極，於此見天心。豈背禮經訓，尤為邪說箴。〔歸震川不以女子守貞為然，其論殊謬。《禮·曾子問》，娶女有吉日而女死，婿齊衰往弔，夫死亦如之。明女未嫁，得往弔夫喪，即當為夫死也。〕崑山碩人狀，曾記顧亭林。

陸以湉《冷廬雜識》卷六「未婚守貞」條（上海古籍出版社2012年版，第221～222頁），稱：

女子未嫁守貞，歸震川以為非禮，作論辨之，後儒往往信其說，此一言而有乖名教者也，今以諸家之說正之。朱氏彝尊《原貞》云：「自婚姻之禮廢，而夫婦之道苦，民至有自獻其身者矣。《蒙》之《蠱》曰：『見金夫，不有躬。』貞也者，後世之所難。雖過於禮焉，苟合乎從一之義，是則君子之所深取耳。曰：古者，女未廟見而死，不遷於祖，不祔於皇姑，歸葬於女氏之黨，示未成婦也，而況其未婚者乎！謂之從可乎？曰：夫婦之道，守之以恒，而始之以感。夫男女異室，無異火澤之相睽。自將之以行媒之言，信之以父母之命，委之以禽，納之以純帛，則猶山澤之通氣，其感與之理已深，故曰男女睽而其志通也。因其所感，不以死生異其志，乃所謂恒其德也。《禮》：『女子未許嫁而笄，燕則鬈首；許嫁笄而字，則為之纓。』蓋至嫁而後主人親脫之。凡此者，明繫屬於人，所以養貞一也。則從之之義也。」武進劉文定公書《徐貞女事》云：「歷觀古史所揭，《獨行》、《卓行》諸傳，為中人以下男子示砭

曾子問曰：「取女，有吉日而女死，如之何？」孔子曰：「壻齊衰而弔，既葬而除之。夫死亦如之。」〔註46〕錢氏大昕謂「禮不去其夫之名」，見《潛研堂文集·記湯烈女事》，下同。深得聖人之意。蓋女既受聘，則夫婦之名已定。故上文或言男，或言壻，如男不入改服於外次及壻使人弔之類。而此獨言夫，見夫雖死而夫之名自在。即使其女不能守志，亦必待再受他人之聘，始與原聘之夫

者，不諱過情之節，豈一一規模經訓云乎哉？況女子哉！」仁和趙氏坦書《貞女張素雲事》云：「《禮·曾子問》曰：『取女有吉日，而女死，如之何？』孔子曰：『壻齊衰而弔，既葬而除之。夫死亦如之。』注云：『斬衰往弔。』《禮經》之文如此。夫既葬而除者，以其未成婚也。斬衰而往弔者，存夫婦之義也。其不著明嫁與未嫁者，聖人固不以守義強人，亦不禁人弗爲，殆欲人之自盡其道焉耳，此聖人之深心也。且許嫁之命，非出於父母乎？吾知守其初而已，吾何容心於其間也哉！」
也有對個體行爲表彰，但不主張大肆推廣，如朱用純《愧訥集》卷十一《題貞女顧季□傳後》（《清代詩文集彙編》第104冊，第148～149頁）載：
貞女之死也，或與之，或不與之。要其不與者，非掩其善也。揆諸聖人之道，不可謂之中也。夫賢者之制行，或狥其孤往之志，而君子之論事，必歸於中正之矩。貞女之死，特以性之所受偏於耿介，而循其所見，以爲不容不然耳，此其故。予不於從張君死見之，而於其母死亦欲死見之。夫子於父母之亡哀痛，摧毀不能復生，人情大抵皆然。然觀貞女之意，殆果欲死者，或語以有祖母在乃止。及聞張君死，遂以爲無復可生之理，奮不顧身。彼直不計夫婦之道有嫁與未嫁、可死可不死之分，使人於人倫之際遇所當爲，皆能如此立意較然，無復徘徊而卻慮，則貞臣孝子節女義士比肩接踵於當世矣，豈不甚幸！而惜乎貞女之死，其不能無過中之弊也。或曰：聖賢之道，亦求其是而已。如貞女者，安得謂之非？予應之曰：然然。固有未嫁，男子死，更從父母命而嫁者。子以爲然歟？否歟？天下無兩是之理，未嫁而死以爲是，則恐未嫁而不死者之不可勝非矣。或曰：然則比諸君臣之義，未有祿位而爲君死，如歸子、伯夷、叔齊之説非歟？曰：此誠不可以是論也。君臣之義，自我生之初食踐土而已定。然猶有以父母之故，不敢不有其身以從君。豈有不同牢其牢，則夫婦之道未成，且有父母在，而輕爲男子死者？或又曰：如子之説，則死一夫而復嫁一夫，何以勵天下之廉恥？予又非之曰：已嫁夫死而復嫁，如汝廉徐氏之議，則嫌於過激。聽者不察，誠爲害首。若未嫁而死，謂教人以寡廉鮮恥也，則非御猶御，孟子受焉，益可謂誨人以盜乎？大抵君子立論，欲爲法後世，自當求其至中。若夫一偏之行，此天地間高明果敢之氣之所爲，良有足取。予獨謂過不及之性，古今人不甚相遠。何以載籍所見，已嫁而夫死，則有如共姜之守義、杞殖之妻之從死；其未嫁則概未有聞，豈古遂無其人歟？要亦過高之行，不可訓世，故不具傳於後也。未嫁而死，比於刲股療親。昌黎鄠人之對，其論甚嚴。然世有其人，亦人子之奇節，難以排棄不道。但不侍疾、不嘗藥則不孝，不刲股則不爲不孝。故貞女之死，予亦嘉之而特不可以爲世勸。
〔註46〕見《禮記·曾子問》。

義絕。若其女果能守志，則原聘者之稱夫，終身不可易矣。《大傳》云：「異姓主名，治際會。名著而男女有別。」名者，人治之大者也。可無慎乎？然則未婚，夫歿而特著夫名，聖人本藉此正夫婦之名，而示以義也。名以義起，顧名者必當思義。生前既不去夫婦之名，死後焉可忘夫婦之義？合葬者，周公之所定，《禮記・檀弓上》云：「季武子曰：『合葬非古也。自周公以來，未之有改也。』」又云：「季武子曰：『周公蓋祔。』」鄭《注》云：「祔謂合葬。合葬，自周公以來。」孔子之所善。《檀弓下》云：「孔子曰：『衛人之祔也離之，魯人之祔也合之，善夫。』」鄭《注》云：「祔謂合葬也。離之，有以閒其槨中也。善夫，善魯人也。祔葬當合也，以其為夫婦之大義也。」未有終身名為夫婦，而既歿禁其合葬者也。其證一也。

　　康成《曾子問・注》云：「未有期三年之恩也，女服斬衰。」《正義》云：「所以既葬除者，壻以女未有期之恩，女於壻未有三年之恩。以壻服齊衰，故知女服斬衰。」今按：王肅議《禮》，好與鄭違，而於此全同鄭說。《通典》卷八十八云：「魏尚書左丞王毚，除陳相，未到國而王薨。王肅云：『《曾子問》曰：娶女，有吉日而女死，如之何？孔子曰：壻齊縗而弔，既葬而除之。夫死亦如之。各以其服，知〔註47〕服斬縗，斬縗而弔之，既葬而除之也。今毚為王相，未入國而王薨，義與女未入門夫死同，則毚宜服斬縗，既葬而除之。此禮之明文也。』」則不能更立異義可知。俞氏樾《癸巳類稿・女弔壻駁義》云：「『夫死亦如之』者，言女家使人往弔，不須齊衰葬除。其所『如』，僅在弔耳。」其說與上下語意全不聯貫，蓋有意與鄭君立異，不可從也。錢氏大昕謂「禮許其服婦之服」，其說最合《禮經》之旨。蓋聖人制喪服，於男女同等之親界限最嚴，故彼此相為服者，自兄弟姊妹以外，惟有夫婦，而嫂叔不與焉，兄公弟婦亦不與焉，所以推之使遠辨嫌疑，而大為之坊也。《禮記・檀弓》云：「嫂叔之無服也，蓋推而遠之也。」《日知錄》云〔註48〕：「以其分親而年相亞，故聖人嫌之，嫌之故遠之，而大為之坊。」至於既聘未婚之夫婦，則非但有服，而其服且與已婚者同。蓋雖無期三年之恩，而已有齊斬衰之服，是恩未全而義則定矣。《喪服傳》云：「夫者，妻之天也。婦人不貳斬，猶曰不貳天也。」未婚之婦既為未婚之夫服斬，則守志不改適，亦其分內所當然。朱氏彝尊《曝書亭集・書戴貞女氏〔註49〕》云：「女未婚而喪其夫，禮有往弔之文。凡弔者，出即釋其服，而女以斬衰，乃妻之本服。又必葬而後除之，則與賓不侔矣。且漢制，婦人不二斬，既服之以弔嫁，而為後夫服，是二斬也。貞女義

〔註47〕知，《通典》作「如」。（王文錦等點校，中華書局 2016 年版，第 2403 頁）
〔註48〕見《日知錄》卷五「兄弟之妻無服」條。
〔註49〕氏，當作「事」。《書戴貞女事》，載《曝書亭集》卷五十三。下文「其證十也」一節亦加援引，正作「書戴貞女事」。

勿敢出也。」而禮顧聽其既葬即除，且不禁其改適者，先王不欲強常人以其所難能，故爲立中制以節之，俾中人以下可以跂及。其有賢女淑媛，願終斬衰三年之喪，而守志不改適，如衛夫人之賦《邶風‧柏舟》，詳見下文。固先王所深爲嘉許，而必聽其終三年之服者矣。未婚之女爲夫服斬，設其時又遭父母之喪，其服制經傳無明文。今按：《喪服小記》云：「婦當喪而出，則除之。爲父母喪，未練而出，則三年。既練而出，則已。未練而反，則期。既練而反，則遂之。」鄭《注》云：「當喪，當舅姑之喪也。出，除喪絕族也。」以此例推之，夫既葬而除服，更受聘者，仍當爲父母服三年之服。若爲夫終三年之喪，不更受聘者，則當爲父母服期。蓋女之再受聘者，不啻婦之出而不反，其父母之服可加隆也。女之不再受聘者，不啻婦之出而復反，其父母之服必當降也。古之人有衰絰之服，必有哀戚之情，其情與服無不相稱。故三年然後除者，服之隆也；百歲必合葬者，情之至也。《詩‧唐風‧葛生》云：「百歲之後，歸於其居。」鄭《箋》云：「婦人專一，義之至，情之盡。」未有許其終斬衰之服，而不許其申合葬之情者也。其證二也。

婚姻之禮，既納徵用幣，而其約已成，其分已定。《儀禮‧士昏禮》云：「納徵，元纁，束帛，儷皮。」鄭《注》云：「徵，成也，使使者納幣以成婚禮。」賈《疏》云：「納此則昏禮成，故云徵也。」故許嫁以納徵爲斷。《士昏禮記》云：「女子許嫁，笄而醴之。」鄭《注》云：「許嫁已受納徵，禮也。」賈《疏》云：「以納采、問名、納吉三禮，雖使者往來，未成交親，故《曲禮》云：『非受幣，不交不親。』」《春秋》三書納幣。諸侯昏禮之納幣，即《士昏禮》之納徵。此昏姻重聘幣之證。《春秋》：莊二十二年「多，公如齊納幣。」《公羊》注云：「納幣即納徵。《禮》言納徵，《春秋》言納幣。《春秋》質也。」《穀梁傳》云：「《禮》有納徵。」范《注》云：「徵，成也。納幣以成婚。」《疏》云：「以《士昏禮》有納徵之文，欲明用幣雖異，而禮同也。」文二年「多，公子遂如齊納幣。」《左傳》杜《注》云：「納徵，始有元纁、束帛。諸侯則謂之納幣。其禮與士禮不同。」《正義》云：「以其幣帛多，其禮大，故異其名也。」成八年「夏，宋公使公孫壽來納幣。」《左傳》孔《疏》云：「士禮納徵，其諸侯則謂之納幣，以其幣多，故指幣言之。」既受聘幣則笄而繫纓，示其有所繫屬，以厲從一之貞心《禮記‧曲禮》云：「女子許嫁，纓。」鄭《注》云：「女子許嫁繫纓，有從人之端也。」《儀禮‧士昏禮》云：「主人入親，說婦之纓。」鄭《注》云：「明有繫也。」《公羊》僖九年何《注》云：「笄者，簪也，所以繫持髮，象男子節也。服此者，明繫屬於人，所以養貞一也。」《白虎通‧嫁娶》篇云：「故《禮記》曰：『女子十五許嫁，笄而字。』陰繫於陽，所以專一之節也，明其專一系心，防其淫佚也。」蓋不待親迎，而夫夫婦婦之定分已不可變易。《左氏昭元年傳》云：「鄭徐吾犯之妹美，公孫楚聘之矣，公孫

黑又使強委禽焉。犯請於二子，請使女擇焉，皆許之。子晳盛飾入，布幣而出，子南戎服入，左右射，超乘而出。女自房觀之，曰：『子晳信美矣，抑子南夫也。夫夫婦婦，所謂順也。』適子南氏。」今按：六禮之中，惟納徵用幣，其餘納采等禮皆用雁。《傳》言子南聘之，蓋已納徵而用聘幣矣。子晳始則強委禽，欲以是為納采也。繼則布幣而出，欲以是為納徵也。女言『子南夫也，夫夫婦婦』，蓋言既受聘幣，則子南乃未婚之夫。已定夫婦之名分，故不肯再受子晳之聘也。故婚禮雖貴親迎，而周時即有不親迎者，其事未嘗不載於《儀禮·士昏》。《禮記》云：「若不親迎，則婦入三月，然後婿見。」張氏爾岐云：「豈周公制禮，因其舊俗而為之節文與？」是古者夫婦繫屬之義定於納幣，非定於親迎。後世聘定之儀，即古人納徵之禮。其立名雖異，而繫屬之義則同。歸氏有光《震川集·貞女論》云：「未成婦，則不繫於夫也。聘則父母之事而已，固不自知其身之為誰屬也。」今按：此說謂受聘者不相繫屬，與經義顯然相違。錢氏大昕云：「女子笄而繫纓，已有繫屬於人之義。三年之恩未成，而繫屬之名已定。」其說名義甚精。蓋夫婦繫屬之義，欲其專一，不欲其紛更。胡氏承珙《求是堂文集·駁室女不宜守志議》云：「《禮》：『女子許嫁纓』，示有繫屬也。《士昏禮》：『主人入親，說婦纓』，明所繫之不苟也。設不幸而未嫁而婿死，將改聘焉，必重繫之矣。陰性專壹，苟其一系，不欲再繫也。庸何傷？」始於在室笄纓，終於幽宮合葬，必待死而同穴，然後繫屬之道乃全。《白虎通·崩薨》篇云：「合葬者何？所以同夫婦之道也。故《詩》曰：『穀則異室，死則同穴。』」未有繫屬於生前，《禮記·內則》云：「婦事舅姑，如事父母，衿纓綦屨。」鄭《注》云：「婦人有纓，示繫屬也。」而不得繫屬於身後者也。其證三也。

曾子問曰：「女未廟見而死，則如之何？」孔子曰：「不遷於祖，不祔於皇。姑婿不杖，不菲不次。歸葬於女氏之黨，示未成婦也。」鄭《注》云：「婿雖不備喪禮，猶為之服齊衰也。」今按：未廟見而婦死者，既當服齊；則未廟見而夫死者，必當服斬。古者廟見之期，上下所同，而成婚之期，則上下有異。士以下皆當夕成婚，三月廟見；大夫以上則三月廟見，然後成婚。《曾子問正義》云：「若賈、服之義，大夫以上無問舅姑在否，皆三月見祖廟之後，乃始成婚。」《曾子問》所言「女未廟見而死」，係指大夫以上。既廟見，乃成婚者而言。故不稱婦而稱女。其上文云：「三月而廟見，稱來婦也。擇日而祭於禰，成婦之義也。」「稱來婦」者，對舅姑之詞。《儀禮·士昏禮》云：「若舅姑既歿，則婦入三月，乃奠菜，祝稱婦之姓，曰：『某氏來婦，敢奠嘉菜於皇舅某子』；『某氏來婦，敢告於皇姑某氏。』」「稱擇日祭禰」者，對盥饋於舅姑之詞。《曾子問》上文，鄭《注》云：「謂舅姑歿者也，必祭，成婦義者。婦有供養之禮，猶舅姑存時饋，特豚於室。」然則所謂成婦

未成婦者，非視其既成婚與未成婚，亦視其既見舅姑與未見舅姑而已。《通典》卷五十九《已拜時而後各有周喪迎婦遣女議》云：晉懷帝永嘉中，太常潘尼爲子娶黃門郎李循女，已拜時，後各有喪〔註50〕，潘迎婦，李遣女。國子博士江統、侍中許遐同議：『已拜舅姑者，宜准女在塗之禮。降其親而服夫黨，非婦而何？《禮》，父母既歿而娶，三月廟見，成婦之義；舅姑存則盥饋特豚，以成婦道；皆明重其成婦，不繫其成妻也。然則未廟見，女死，還葬於女氏；若已見舅姑，雖無衽席之接，固當歸葬於夫家。』何琦駁江、許議曰：『愚以爲拜時及一日二日之婦，婦名既正，即宜一揆。其衾裯未接，歸葬其黨。』今按：江氏、許氏所謂「重其成婦，不繫其成妻」，深得經義。何琦駁之，非也。誠以拜舅姑爲重，接夫爲輕，故不言成妻而言成婦也。《通典·拜時婦三日婦輕重議》〔註51〕云：「晉武帝謂山濤曰：『拜於舅姑，可准廟見。三日同牢，允稱在塗。』濤曰：『愚論已拜舅姑，重於三日。』張華謂：『拜時之婦，盡恭於舅姑。三日之婚，成吉於夫氏。準於古義，可爲成婦。已拜舅姑，即是廟見。』常侍江應元等謂：『已拜舅姑，其義同於在塗。或曰夫失時之女，許不備禮，蓋急嫁娶之道也。三日之婦，亦務時之婚矣。雖同牢而食，同衾而寢，此麴室衽席之情義耳，豈合古人亡則奠荼，存則盥饋而婦道成哉？且未廟見之婦，死則反葬女氏之黨。以此推之，貴其成婦，不繫成妻，明拜舅姑爲重，接夫爲輕。所以然者，先配而後祖。陳鍼子曰：是不爲夫婦，誣其祖矣，非禮也。此《春秋》明義，拜時重於三日之徵也。』」若夫未婚守志之女，業已身至夫家，舅姑存者，必見舅姑於堂；舅姑歿者，必見舅姑於廟。既見舅姑，則婦禮成矣。婦禮既成，則身歿之後，可遷於祖，可祔於皇姑，可合葬於夫之墓，而不可歸葬於女氏之黨矣。況祔廟之後，夫婦同幾依神，以享祭祀。《禮記·祭統》云：「鋪筵設同幾，爲依神也。」鄭《注》云：「祭者以其妃配，亦不特幾也。」《正義》云：「謂祝辭與幾，皆同於夫，不特設也。」取既葬同穴，神合爲一之義。《詩·王風·大車》云：「死則同穴。」毛《傳》云：「死則神合，同爲一也。」《正義》云：「《春官·司几筵》注云：『祭於廟中，同幾，精氣合也。』」是既葬之後，神合爲一。神合，故可同穴也。即不啻合葬同牢。未有祭則同幾，而葬不同穴者也。其證四也。

《春秋》逆女稱婦之例有三。或因在塗見夫稱婦，《公羊隱二年傳》云：「女在其國稱女，在塗稱婦，入國稱夫人。」何《注》云：「在塗見夫，服從之辭。『公子結媵陳人之婦』是也。」或因入國見姑稱婦，《公羊宣元年傳》云：「其稱婦，何有姑之辭也？」《疏》云：「《隱二年傳》云：『在塗見夫而服從夫，故謂之婦。』至國對姑而服從姑，是以亦謂之婦

〔註50〕 喪，《通典》上有「周」。（王文錦等點校，中華書局 2016 年版，第 1663 頁）校記云：「原無『周』，乃清人妄刪，今據北宋本、傅校本、明抄本、明刻本、王吳本補回。」（第 1671 頁）
〔註51〕 見《通典》卷五十九。

－138－

矣。」《穀梁宣元年傳》云：「其曰婦，緣姑言之之辭也。」此常例也。或因姑親來逆稱婦，僖二十五年，「宋蕩伯姬來逆婦」。《公羊傳》云：「宋蕩伯姬者何？蕩氏之母也。其稱婦何？有姑之辭也。」何《注》云：「稱婦者，見姑之辭。」《穀梁傳》云：「其曰婦，何也？緣姑言之之辭也。」范《注》云：「伯姬魯女，爲宋大夫蕩氏妻也。自爲其子來逆婦。」此變例也。三例之中，對夫稱婦者居其一，對姑稱婦者居其二。而姑親來逆者，在其國即可稱婦，更不必俟其在塗。則逆女稱婦之例，當以見姑爲正，而見夫次之。就蕩伯姬逆婦之事比例以觀，壻不親迎而姑來逆者，既當稱婦，則未婚守志而已見姑者，亦當稱婦可知。姑至婦家相迎，即不復稱女，則婦至姑家守志，更不復稱女可知。安得謂未婚之女不可以稱婦哉？且子婦相宜，皆體父母舅姑之意。故《禮記‧內則》云：「子不宜其妻，父母曰：『是善事我。子行夫婦之禮焉，歿身不衰。』」既曰「夫婦之禮，歿身不衰」，則身後必依禮合葬。蓋父母既以爲婦，則子不得不以爲妻耳。況同一夫婦之倫，同一父母舅姑之意，而未婚守志者較諸不和當出者，其高下懸殊。未有不和當出者，容其用婦禮以合葬；而未婚守志者，轉不容其用婦禮以合葬者也。其證五也。

　　《逸禮記》云：「凡臣不殤君，子不殤父，妻不殤夫。」《通典》卷九十一「大功殤服」門引周制《喪服》，又引《喪服小記》，又引《檀弓》，其末引此三語。以上文所引記文推之，則此三語當是《逸禮記》之文。卷九十三《未踰年大喪不立廟議》引《五經異義》，曰：「許君按：《禮》云：『臣不殤君，子不殤父。』」卷八十二《爲諸王殤服議》云：「晉太常博士議：『臣不殤君，子不殤父。』」卷五十二《殤及無後廟祭議》云：「宋左丞徐爰議以爲：『臣不殤君，著在前經。』」合各條觀之，此數語出於《逸禮記》無疑，故亦可謂之前經也。《喪服小記》云：「丈夫冠而不爲殤，婦人笄而不爲殤。爲殤後者，以其服服之。」鄭《注》云：「言爲後者，據承之也。殤無爲人父之道，以本親之服服之。」《正義》云：「謂大宗子在殤中而死，族人爲後大宗，而不得後此殤者爲子也，以其父無殤義故也。既不後殤，而依兄弟之服，服此殤也。」《通典》卷八十二《繼殤後服議》云：「晉劉系之問荀訥：『若如鄭旨，各從本親，則爲殤〔註52〕者，可有無服之理。殤雖無爲人父之道，今既承之，不得不稱之爲父。無服之理有疑。』訥答曰：『若爲〔註53〕重服者，《記》當曰服斬，文約而旨明。今之所服，似非服重也。當以爲後之故，本施成人，而不從殤耳。』」今按：《記》言爲「殤後」，而《注》、《疏》及荀訥皆言不爲殤後，說誠未安。陳澔《集說》云：「其『族人爲後』者，即爲之子。『以其服服之』，子爲父之服也。」與劉系之所言正合，此說是矣。然謂此章舉「不爲

〔註52〕殤，《通典》下有「後」。（王文錦等點校，中華書局2016年版，第2221頁）
〔註53〕爲，《通典》作「應」。（王文錦等點校，中華書局2016年版，第2221頁）

殤」者言之，則此當立後者，乃是已冠之子，不可以殤禮處之，則又因牽涉上文而致誤。不知「冠而不爲殤」，此已冠者也；「爲殤後者」之殤，此未冠者也。一言殤，一言不爲殤，豈可強合爲一乎？蓋未冠者用殤禮，殤無爲人父之道。而既爲宗子，即當立後。《禮記・曾子問》：「孔子曰：『宗子爲殤而死，庶子弗爲後也。』」鄭《注》云：「族人以其倫代之，代之者主其禮。」《正義》云：「謂與宗子昭穆同者則代之，各以本服服之。」《通典》卷七十三《繼宗子議》引盧注云：「殤無爲人父之道，宗族無子，但主其喪，不爲後也。」今按：庶子爲殤而死，不得立後，古人所謂「殤無爲人父之道」，指庶子殤者而言。宗子爲殤而死，必須立後。古人所謂「子不殤父」，指宗子殤者而言。「庶子弗爲後」者，謂宗子雖殤，庶子但可攝祭，而不得即爲殤者父之後，仍當以庶子之子爲殤者之後，所以重宗子之統也。《喪服小記》云：「爲殤後者，以其服服之。」即謂庶子之子爲宗子殤者之後，以子爲父之服服之也。杭氏世駿《道古堂集・爲殤立後議》云：「《記》云：『子不殤父』。經無明文，事無顯據，南北諸儒無異同之論。余以意度之，是必取昆弟之子以後三殤，所以濟禮之窮，而重絕人世也。」其說實勝於盧、鄭之注。然謂子不殤父無明文顯據，則未免習焉不察。《小記》言「爲殤後者，以其服服之」，非即子不殤父之明文顯據乎？已冠者，用成人之禮。成人有爲人父之道，即不爲宗子，亦當立後。古者婚必先加冠，故既聘妻者，雖年未二十，可從成人之例。《通典》卷九十一「大功殤服」門：「晉長史姜輯議安平獻孫服曰：『《禮》，男子冠而不爲殤。既冠婚姻，不復得以殤服服之。謂以爲嗣孫，年已十八，備禮冠娶，當從成人之例。』」冠而後生子，故既立後者，雖年未二十，亦從成人之例。《禮記・曾子問》：「孔子曰：『祭成，喪者必有尸，尸必以孫。祭成，喪而無尸，是殤之也。』」鄭《注》云：「人以有子孫爲成人，子不殤父，義由此也。」丈夫冠而不爲殤，故未婚守志之婦可以服斬，此妻不殤夫之義也。「爲殤後者，以其服服之。」故未婚守志之婦，可以立後，此子不殤父之義也。爲嗣父之妻者，即爲嗣子之母。嗣子服嗣父以父之服，亦服嗣母以母之服。《儀禮・喪服》云：「爲人後者。傳曰：何以三年也？受重者必以尊服服之，爲所後者之妻若子。」鄭《注》云：「若子者，爲所後之親，如親子。」《疏》云：「妻謂死者之妻，即後人之母也。」即使嗣母早亡，年未二十，爲嗣子者固不可以殤父，又焉可以殤母？蓋嗣母未婚守志者，業以夫之服服嗣父，則嗣子受重承祧者，必以母之服服嗣母矣。《曲禮》云：「生曰父曰母，死曰考曰妣。」生既有嗣母之號，歿必有先妣之稱。未有稱之爲先妣，而不與厥考合葬者也。其證六也。

《儀禮》、《禮記》述女子之許嫁，必受其禮於廟。《注》、《疏》謂以先祖之遺體，許人不可專輒。《儀禮・士昏禮》云：「主人筵於戶西。」鄭《注》云：「主人，

女父也。筵，爲神布席也。戶西者，尊處，將以先祖之遺體許人，故受其禮於禰廟。」賈《疏》云：「知受禮於禰廟者，以《記》云『凡行事，受諸禰廟』也。」《禮記·曲禮》云：「齋戒以告鬼神。」鄭《注》云：「昏禮，凡受女之禮皆於廟爲神席，以告鬼神，謂此也。」《正義》云：「謂嫁女之家受於六禮，並在於廟布席告先祖也。明女是先祖之遺體，不可專輒許人。」是許嫁者固由於受父母之命，即無異受先祖之命矣。《春秋》之義，王父命重於父命。《公羊哀三年傳》云：「不以父命辭王父命。以王父命辭父命，是父之行乎子也。」《穀梁哀二年傳》云：「信父而辭王父，則是不尊王父也。其弗受，以尊王父也。」女子許嫁之時，既受命於祖廟，則未婚守志之念，先祖實式憑之。縱使父母欲奪其志，爲女子者不肯以先祖遺體再許他人，亦得奉王父之命以辭父命。歸氏有光《貞女論》云：「夫女子未有以身許人之道也。未嫁而爲其夫死，且不改適者，是以身許人也。」今按：許嫁之時已告祖廟其不肯以先祖之遺體再許他人正所以尊祖命也震川轉謂其以身許人豈非深文周內之詞耶。矧爲父母者稍知義理，斷不肯強其女再許他人，申己命而改先祖之命也。李氏兆洛《養一齋集·跋守貞記》云：「狐突之言曰：『父教子貳，何以事君？』父之以其女字人也，度亦當教之以貞矣。夫死而命之改適，是教之以不貞也。」是故覛室之命，致於納徵之時；居室之命，行於守志之日。父母既已許其覛室，即可許其居室。胡氏承珙《駁室女不宜守志議》云：「夫昏禮成於納徵，其辭曰：『吾子有命，覛室某也。』既謂之爲室矣，何不可居室之有？」生時以屋爲室，死後以冢爲室。《詩·唐風·葛生》云：「百歲之後，歸於其室。」毛《傳》云：「室，猶居也。」鄭《箋》云：「室，猶冢壙。」今按：上文云「百歲之後，歸於其居」，鄭《箋》云：「居，墳墓也。」蓋生則居於室，死則居於冢也。未有生可以居其室，死不可以葬其冢者也。其證七也。

　　夫婦之義等於君臣，故晉謝奉論婦之拜時，比於臣之策名委質。《通典》卷五十九《已拜時而後各有周喪迎婦遣女議》載謝奉與郗愔牋云：「夫拜時之禮，雖未入壻門，今年吉辰拜後，歲俗無忌，便得成婦迎之，正以策名委質有定故也。」「質」與「贄」，古字通用。據《左氏春秋》之義，書名於策，委贄於庭者，必死節於其君而不敢懷貳。蓋其分已定，故其志不移也。《左氏僖二十三年傳》云：「子之能仕父，教之忠，古之制也。策名委質，貳乃辟也。」服《注》云：「古者始仕，必先書其名於策，委死之質於君，然後爲臣，示必死節於其君。」惠氏棟《補注》云：「服讀『質』爲『贄』。《晉語》云：『臣委質於翟之鼓。』韋昭曰：『質，贄也。』士贄以雉，委贄而退。《尚書》稱『二生、一死、贄』，故云委死之贄。」沈氏欽韓《補注》云：「《士相見禮》，卑者奠贄再拜，不親授。若始見於君，執贄至下。所謂委贄者，委之於庭，不敢送於君前也。」杜以「質」爲形體委爲「屈膝」，於典制毫無所知，鄙倍甚矣。試思婚禮，納聘幣必先問名，不猶臣之書名

於策乎？《儀禮·士昏禮》云：「賓執雁，請問名，主人許，賓入授。」見舅姑，必先奠贄，不猶臣之委質於庭乎？《士昏禮》云：「質明，贊見婦於舅姑。婦執笲棗栗，自門入，升自西階進拜，奠於席。降階受笲腶脩，陞進，北面拜，奠於席。」鄭《注》云：「舅尊，不敢授也。」然則未婚守志之婦，其名已達於夫家，即可以見舅姑而行婦禮。胡氏承珙《駮室女不宜守志議》：「《曲禮》曰：『男女非有行媒，不相知名。』既相知名矣，何不可事其父母之有？」其贄已獻於堂上，即可以謁祖廟而告婦來。萬氏斯大《禮記偶箋》云：「三月廟見，即《士昏禮》所謂『婦入三月，然後祭行』也。謂行祭於高曾祖廟，此指舅姑在者言。擇日而祭於禰，即《士昏禮》所謂『姑既沒，則婦入三月乃奠菜』也。孔氏謂『廟見祭禰』，只是一事。然則舅姑在者，高曾祖之廟，婦可以不見乎？」其志不移如臣心之無二，其分已定如臣節之莫渝，其不改適他姓，譬諸遺民之匿跡新朝。沈氏欽韓《幼學堂文稿·金貞婦龍氏墓版》云：「一言期於久要，一贄誓以死生，此古忠臣烈士之風義也。」焦氏循《雕菰樓集·李貞女詩》云：「或云未嫁義可斷，此語迂腐殊齟齬。前朝未仕歸新朝，往往慚恧假此語。吾恐猶羞見此女。」其以死殉亡夫，譬諸處士之致身故國。焦氏循《雕菰樓集·自書貞女辨後》云：「余昔以歸熙甫論貞女之非也〔註54〕而辨之。

〔註54〕歸有光《震川先生集》卷三《貞女論》（上海古籍出版社2007年版，第58～59頁）：

女未嫁人，而或為其夫死，又有終身不改適者，非禮也。夫女子未有以身許人之道也。未嫁而為其夫死，且不改適者，是以身許人也。男女不相知名，婚姻之禮，父母主之，父母不在，伯父世母主之，無伯父世母，族之長者主之。男女無自相昏姻之禮，所以厚別而重廉恥之防也。女子在室，唯其父母為之許聘於人也，而己無所與。純乎女道而已矣。六禮既備，壻親御授綏，母送之門，共牢合巹，而後為夫婦。苟一禮不備，壻不親迎，無父母之命，女不自往也，猶為奔而已。女未嫁而為其夫死，且不改適，是六禮不具，壻不親迎，無父母之命，而奔者也，非禮也。陰陽配偶，天地之大義也。天下未有生而無偶者。終身不適，是乖陰陽之氣，而傷天地之和也。曾子問曰：「昏禮既納幣，有吉日，壻之父母死則如之何？」孔子曰：「壻已葬，致命女氏。曰某之子有父母之喪，不得嗣為兄弟，使某致命。女氏許諾而弗敢嫁也。弗敢嫁而許諾，固其可以嫁也。壻免喪，女之父母使人請壻，弗取而後嫁之，禮也。夫壻有三年之喪，免喪而弗取則嫁之也。」曾子曰：「女未廟見而死，則如之何？」孔子曰：「不遷於祖，不祔於皇姑，不杖不菲不次，歸葬於女子氏之黨，示未成婦也。未成婦，則不繫於夫也。」先王之禮，豈為其薄哉！幼從父兄，嫁從夫，從夫則一聽於夫，而父母之服為之降，從父則一聽於父而義不及於夫。蓋既嫁而後夫婦之道成，聘則父母之事而已。女子固不自知其身之為誰屬也，有廉恥之防焉。以此言之，女未嫁而不改適為其夫死者之無謂也。或曰以勵世可也。夫先王之禮不足以勵世，必是而後可以勵世也乎？

申時行《賜閒堂集》卷十八《題徐貞女贈言》（明萬曆刻本）云：

余嘗讀歸太僕《貞女論》，其稱女子未嫁而為夫死，與終身不改適者，尚未協

於禮經，以爲賢智之過。世亦韙之，然未詳於古今之際也。古之男女，年踰冠笄，乃求婚媾。今之世，則有孩提羈貫而約爲婚姻者矣。業已從父母之命，納聘受約，以身許人，即未嫁，疇不稱某氏婦者。豈必三日廟見，共牢合卺，然後成爲婦哉？昔王蠋死盡其忠烈兩言爲萬世綱常之鵠。爲人婦爲人臣，其許身等耳。世道寖衰，忠臣不少概見，卑疵折頸波流風靡者既不足道，而皎皎易污，以烈丈夫自命，陽與而陰棄之者，不知於許身之義何若，奈之何求多於女子也。夫大過之行，可以風世，聖賢猶有取焉，況女子從一而終，之死靡忒，有足樹表儀，垂名教，而愧天下之懷二心者乎？余謂貞女蓋嫻於禮者，而又嘉其兄士弘貧不克振，而卒以成其志也。故爲書此，以附於闡幽之義。乃其事，則袁太宰諸公之述備矣。

鄭獻甫《補學軒散體文》卷一《女子未嫁而守志殉死不得爲禮論》（《近代中國史料叢刊續編》第 22 輯第 213 冊，第 651～655 頁）

世有迂儒不情之論，託於聖人未言之理，而遂以誤後世，無謂之貞者，若文士烈女傳諸作是也。故未嫁而守志，與未嫁而殉死，漢未嘗有，六朝未嘗有，唐亦未嘗有。自「餓死事小，失節事大」正論昌明，而曉一孔者，矯持過當，而女子之有志者惑焉，文人之無識者，又從而獎焉。如汪堯峰之《宋烈女傳》，姚姬傳之《張貞女傳》，毛鶴舫之《王烈女誌》，皆今人所謂難，而實古人所未有，則持論之爲禍，於女子亦烈矣哉！夫激烈捐生，事之至難，孤苦畢世，事之至慘，雖太過而聖賢不忍非，如割股以爲孝，納肝以爲忠，有不顧是非而甘之者，然不必義之有處，未嘗不出於心之所安。

今女未嫁則名未正也，名未正則禮未備也，禮未備則情未生也。名未正，而冒以行之，近於嫌；禮未備，而亟以行之，近於賤；情未生，而勉以行之，近於僞。數者皆非心之所安，而反若爲義之所迫，則文人之議論有以入之也。昔曾子問昏禮，「既納幣，有吉日，而女之父母死，則如之何？」又問：「女未廟見而死，則如之何？」又問：「取女有吉日而女死，則如之何？」亦若逆知後人遭事之變，有不能守禮之常者，故不憚預爲問以求備。而孔子於婿之父母死者，則述致女之命曰：某之子有父母之喪，不得嗣爲兄弟，使某致命，女許諾而不敢嫁，禮也。婿免喪，女之父母使人請婿弗取而後嫁之，禮也。夫未嫁者，婿之父母死，別嫁而不爲非禮，豈婿死而不嫁，反以爲禮耶？孔子於未廟見而死者則曰：不遷於祖，不祔於皇姑，婿不杖、不菲、不次，歸葬於女氏之黨，示未成婦也。夫未廟見者，猶示未成婦，豈未親迎者，反示已成婦耶？惟於女死言婿齊衰而弔，既葬而除，則婿死亦如之。似當斬衰而弔，既葬而除。所以然者，婿以女未有期之恩，女於婿未有三年之恩也。夫婿未娶不以爲妻，豈女未嫁而可以爲夫耶？然則聖人雖未明言其不可，何嘗不隱示以未可。文人乃不據此，而率其胸臆以爲說，則何也？況夫婦之禮未成，而遽喪三年太厚。夫婦之禮未成，而遽不二斬太薄。子未以爲妻而翁則以爲婦，父未以爲妻而子則以爲母，太不倫。於義無一可者也。

乃爲之說曰：女子未嫁而以身許人，猶男子未仕而以身殉國，皆聖人所深許而不敢概之。凡人者，不知此爲國家鼎革，君父危亡而言耳，未聞魯國之民不可作齊國之臣，必勉爲柳下惠之不去也；先朝之民，不可作後朝之臣，必勉爲秦子車之殉葬也。然則，聖人何以許伯夷之不食周粟？曰：伯夷之不食周粟，爲武王伐紂，故不忍也。若文王事紂，則已就養也，何不食之有？彼

女子之未嫁而夫死，豈有殺之者而他適，又豈即殺之者耶？且夫女子之在室，無他，惟從父母之命而已。猶臣子之在朝，無他，惟從君之命而已。吾嘗推論此義，謂管仲之奉子糾，僖公命也；魏徵之事建成，高祖命也；狐偃之從重耳，獻公命也、其後仲改事桓公，徵改事太宗，則非先君之命也，故可以死，可以無死。若狐偃之不改事惠公，則亦無先君之命也，故不可從，可以不從。設當未亂之前，而僖公命改奉小白，高祖命徵改事秦王，獻公命偃改事夷吾，而亦用狐突之說，曰：名在某有年所矣，不可以二，而敢於違命，則是結私黨，仇公家，其去亂賊有幾哉！

故曰：在家從父，出嫁從夫。今也未嫁而守，果父母之命耶？是嫁殤也，禮宜禁。如非父母之命耶，是私奔也，法宜禁。即不從而禁之，奈之何又從而獎之？致令天下之賢女，怨且死於無謂之貞節也。前朝歸震川作文頗以為譏，而近儒反以其言為過愚，不禁大咈其旨，且使論臣節者不得肆其口焉。嗚呼！守節大義也，死節大烈也，不得其當然之分而譽之，猶足以禍世，然則苟不得其當然之分而毀之者，其因以禍世，又可不慎哉！

賀長齡《耐庵文存》卷四《李烈女節略書後》（《清代詩文集彙編》第550冊，第68～69頁），云：

黔西烈女李氏，幼許字貴築周頲，嘉慶丙戌，頲隨侍父石藩大令於河南輝縣任，越八年病歿。訃聞，女不食，其母之姒，孀也，樓居奉佛，謂之曰：「盍從我誦經乎？」女諾之，以不食甘旨、不下樓自誓。俄而其母惑於媒氏之言，將奪其志，女遂潛於佛前，持剪自祝其髮，老婢葛氏見而強奪之，女急刺頸深寸許，血溢襟袖，逾二日歿。臨歿謂母曰：「兒不肖，不能終事吾母，願吾母勿以兒為念。」此道光甲午九月初三日事也，距其生二十有三年矣。

其葬也，在黔西拉里橋，女曾大父大司馬恭勤公之墓側。石藩大令哀其志，出所著節略示余，並擬移其櫬以祔於子頲之墓。余曰：「不可。《周禮》媒氏禁遷葬與嫁殤，蓋慮有此也。」「然則何以不沒吾婦乎？」余曰：「其事良，不可無述，而其義尤不可以不辨。」世以室女未婚守節及其身殉者為例所弗旌，遂援《曾子問》「女未廟見而死，不遷於祖，不祔於皇姑，歸葬於女氏之黨」之文以相難，如震川歸氏之《貞女論》，至訾為悖禮。甚哉！其泥於文而不求乎理之安也。句山陳星齋既著論以辟之矣，而辨之精而義之確，則高安朱文端公之《書山西崞縣賀烈女傳後》有足述者。

文端以婚禮之最可疑，無如三月廟見。《左傳》鄭公子忽如陳逆婦，陳鍼子曰：「先配後祖，是不為夫婦，夫先祖而後配，是未婚即廟見矣。」或云鍼子所謂祖，乃告而親迎，非廟見也。信斯說也，既以親迎告矣，婦人而遲之三月而後見，事死如生之義固如是乎？解者曰：「三月之內，恐有可去之事，故不廟見」，然則廟見矣，雖有可去之事，將不去乎？竊意《春秋》於親迎書至，至者以婦之至告諸廟而見之也，是至日廟見之明證也。婚三月矣，擇日而祭於禰亦云廟者，前以新婦見，至是乃以主婦見也。《禮》曰：「若舅姑既沒，則婦人三月乃奠菜。」《注》云：「如舅姑存時，盥饋特豚於室也。」又云：「此謂適婦供養統於適也，然則眾婦與適婦之舅姑在者，將終不成婦乎？未三月而死者，歸葬乎否乎？」即就《曾子問》言之，親迎在途而婿之父母死，改服布深衣以趨喪，《釋》云：「若冢婦則主喪拜賓。」如以未為婦也，安用趨喪乎，又安得而為之主乎？又曰：「取女有吉日而女死，婿齊衰而弔，夫死亦

如之。」夫婦人不出疆而弔，今以室中處子，於素不覯面之人斬衰而哭，不謂之夫婦可乎？或疑詩書史傳所紀未聞有此，是殆古人所不爲歟？抑有之而載筆者擯弗錄歟？曰：正史以格於令式而缺焉未備，其他雜見於傳記小說，則儒者所不道也。然《易》、《詩》有之矣。《易·歸妹》之上六曰：「女承筐無實，士刲羊無血。」朱子《本義》謂約婚而不終者。夫不終矣而猶稱歸，儼然婦贄於舅姑也，而婦之義則虛矣。《柏舟》詩曰：「髧彼兩髦，實維我儀。」兩髦者，剪髮垂眉，本童子飾，成人弗去，示人子事親已長，不忘孺慕也。《詩》蓋曰：「彼垂髫者，孰謂非我匹乎？」《小序》謂衛世子共伯妻作此以自誓，豈有世子妻寡而可奪而嫁者乎？況考《史記·衛世家》，共伯之死已立爲君矣。《序》與《史記》俱不足信，要之此詩爲節女誓志而作無疑矣。

且古今禮俗固有未可概論者，古者風俗淳厚，所重在禮，今世人情反覆，所重在信，非謂信行而禮可廢，不使不信者藉口於禮之未備也。律載已報書及有私約而悔者笞，別聘者改正，豈不以一言許諾，夫婦之倫已定，而終身不可易。夫是以貧富貴賤之中，更以及流離瑣尾兩不相知，至於愆期而卒不敢他乎？夫生而悔者嚴其罰，死而不二者斬其旌，國家立制，夫豈苛刻於節女，其謂此非常之事，聽有志者之自爲，若樹之風聲，將有作而致其情者矣。夫國家無旌法則無冀幸，詩書隱其文則無所效法，無所冀幸效法而爲之者，發乎至情而不容自己者也。

予長女許嫁李氏既有吉期而婿死，女守節十有三年而歿，矢志之初有引禮經難之者，曰：「吾知非禮，吾志不可強也。」將歿曰：「勿請旌，本無可旌也。」吾女自以爲不合禮而不能強其志之所不爲，若賀氏者，則不知有所謂禮，而直率其性之所欲爲而已。斯所謂無所冀幸效法，而發乎情之所不容自己者乎？文端此論，洵深得禮意律意之精微，而所云不合於禮者，特其女自抑之辭耳。善乎蕺山劉念臺之言曰：「禮也者，性之流行也，斯須而去禮，即斯須而滅性矣。李烈女甫聞夫訃即不食，繼以可遂其志，即誓不下樓，卒乃迫於其母，遂以一死自完。是直率其往之所欲爲，而適協乎禮之不可易，所謂不學而能，一誠自將者非邪？顧賀之死，則以欲爲夫立後而不可得，遂一死以畢其志，而其婢安氏實成之，並以身殉。李則欲完其節而不可得，至爲婢所持而適以速之死，所遇微有不同。要之二女之義烈，初不以人爲前卻也，衷於一是而已。余職司風化，其事既信而有徵，誠不可聽其湮沒，而特爲詳著文端之論者，蓋欲天下咸曉然於大義之不可假易，而此舉之非過，庶不惑於俗說，而得以各即乎人心之所安，匪直爲李烈女一人志也。

陳兆崙《紫竹山房文集》卷六《廣貞女論》（《清代詩文集彙編》第 293 冊，第 87～88 頁），云：

忠臣不事二君，烈女不更二夫。道之正乎曰正。事二君，更二夫之爲不正乎曰如此則正，不如此則不正。此較然易明也。乃亦有可以不如此而必如此，而不得謂之非正；不可以不如此而竟不如此，而不得謂之非不正者。不得謂之非正者，謂此一正之不可以例眾正也，不得謂之非不正者，謂此一不正之不可以例眾不正也。此微眇難知者也。武王誅暴救民，夷、齊餓死，可以不如此而必如此者也。夷、齊餓死空谷，而微、箕受封，不可以不如此而竟不如此者也。君子於夷、齊之餓死，則弔之而亟表之，不得謂之非正故也。於微、箕則畧其封而不論，不得謂之非不正故也。不得謂之非不正，以是責微、

熙甫又撰《張氏女貞節記》。張氏女，未婚守節者也。熙甫又引夷、齊未有祿位於朝，而恥食
周粟，孔子謂之仁。以爲論仁者宜取法孔子，熙甫固大悔於前之論矣。」是故臣之忠義者，
必入葬於兆域之前，既不因殤死而儀文稍殺。《日知錄》〔註55〕云：「《冢人》：『凡
死於兵者，不入兆域。』《注》：『戰敗無勇，投諸塋外以罰之。』若敵無存死，而齊侯三襚之，
與之犀軒與直蓋而親推之三。童汪踦死，而仲尼曰：『能執干戈以衛社稷，可無殤也。』豈得

箕而微、箕不辭，君子傷心焉，故不論也。

前明歸氏震川作《貞女論》，今山東趙氏著論駁之。歸氏曰：「女未嫁而爲其
夫死，或終身不改適，非禮也。女子未有以身許人之道也。」趙氏曰：「女既
納采問名，是已定於所天也。昔晉狐突不召二子，其時重耳未爲君，則狐偃
有不純臣之誼。而狐突以爲不可者，重委贄也。男子委贄而君臣之分定，女
子委贄而夫婦之議成，又何説焉？」歸氏曰：「男女無自相婚姻之禮，六禮既
行，壻親御授，綏母送之門，共牢合巹，而後爲夫婦。一禮不終，壻不授綏，
不親迎，無父母之命，女不自往也，猶爲奔而已。女未嫁而爲其夫死，且不
改適，是六禮不具，壻不授綏，無父母之命而奔者也，非禮也。」趙氏曰：「廉
恥者，禮義之所生也。女子貞於一，不二其操者，禮義之大者也。捨禮義之
大，而從父之二命，陷其親於不義，不以爲恥，而轉恐人之行禮義之大者，
失廉恥之防。其爲説悖而愿，亦過矣。此説也行，吾恐天下之恥於爲善而喜
於爲惡也。」歸氏曰：「《曾子問》：『昏禮既納幣，有吉日，則如之何？孔子
曰：壻巳葬，致命女氏曰：某之子有父母之喪，不得嗣爲兄弟，使某致命，
女氏許諾而不敢嫁也。壻免喪，女之父母使人請壻，勿取而後嫁之，禮也。』
勿取則嫁，禮固云然。」趙氏曰：「歸氏撦禮之糟粕，以取快議論，而實非也。
壻有父母之喪，固不可得而取。免喪而取，其亦何害之有？而遂請絕，是遵
何德哉？僕之疑此久矣。夫記之不可施於實者甚多，皆後儒之僞，而非聖人
之言也。君子從其粹而已。」

凡趙氏駁歸氏之説，其理甚長而文亦繁，今但錄其畧以表善善之公不可得而
易也。雖然，歸氏取快議論，至以守貞之女與奔者類例，是猶詆夷、齊爲失
節，固爲可笑。而趙氏反之，其論末謂不死而改適者猶或遠於鑽穴踰墻，猶
或遠云者，疑於不遠者也。此似激於猶奔之説，而甚其詞耳，僕亦未敢謂然。
或曰：如子言二子之論，以趙氏爲長，而亦不無過激，是評論而異乎著論也。
子且論女未嫁而爲其夫死，與終身不改適者，其正不正若何？曰：爾不既有
其夫之云乎？不既有改適之云乎？名未定，何有夫？適無所，何云改？寧死
而不改適，不得謂之非正也。反是者，又云何？曰：名則既巳定矣，適亦知
有處矣，特未嫁而猶爲女耳。不爲之死而且改適，不得謂之非不正也。

歸氏之非，易辨也，趙氏過於峭直刻深。人生遭際有幸不幸，一家之情事，
至變而刻苦奇慘之行，又至難。今不可令人恥於爲善而喜於爲惡，又豈可令
人競榮名而莫必其終，蒙惡聲而蓄忿以沒乎？此吾所以以不論論之也。〔自
記。〕

彙兩家之説，而中懸衡焉，忠厚平恕，藹然仁人之言。東坡有云，要在於不
可易也。〔受業莊存與謹識。〕

〔註55〕見卷五「不入兆域」條。

以此一概。隋文帝仁壽元年詔曰：『投生殉節，自古稱難。隕身王事，禮加二等。自今以後，戰亡之徒，宜入墓域。』可謂達古人之意。」今按：《周禮》賈《疏》云：「《曲禮》云：『死寇曰兵。』《注》云：『當饗祿其後。』即下文云『凡有功者居前』是也。云『居前』，則不問爲諸侯與卿、大夫、士。但是有功，則皆得居王墓之前，以表顯之也。此則《曲禮》云『死寇曰兵』，兼餘功，若《司勳》王功、事功、國功之等皆是也。」據此，則臣之忠義者，不獨當入兆域，其位次且居前矣。婦之貞烈者，必合葬於邱封之內，亦不因未婚而制度少更。未有守貞殉烈之婦，能表墓而不能祔葬者也。其證八也。

　　王肅《喪服要記》云：《御覽》九百六十所引。「桃湯者，起於衛靈公。有女嫁，乳母送新婦就夫家，道聞夫死，乳母欲將新婦返。新婦曰：『女有三從，今屬於人，死當卒哀。』因駕素車白馬，進到夫家，治三桃湯以沐死者，出東門北隅，禮三終，使死者不恨。」今按：衛靈公之女，見於《左傳》者惟孔文子之妻伯姬一人，與此事迥異。《哀十五年傳》云：「衛孔圉取大子蒯聵之姊，生悝。」又云：「遂入，適伯姬氏。」杜《注》云：「孔圉，孔文子也。蒯聵姊，孔伯姬。」此外別無可考，未審《要記》本於何書。且以爲魯哀公葬父之時，與孔子問答，《要記》上文云：「」昔者魯哀公祖載其父，孔子問曰：『寧設三桃湯乎？』答曰：『不也。』下文云：「吾父無所恨，何用三桃湯爲？」而不知孔子反魯歲月，與定公葬期相距甚遠。定公以十五年二月薨，九月葬，是時孔子早已去魯。至哀公十一年，孔子反魯。則相隔已十數年矣。孫氏星衍以爲王肅依託，其說誠然。但王肅卒於魏時，而生於漢末，先考《青溪舊屋文集・王肅生卒考》云：「肅本傳但云『甘露元年薨』，不言薨時年若干，又不載生於何年。《魏志・朱建平傳》：『惟相司空王昶、征北將軍程喜、中領軍王肅有蹉跌云。肅年六十二，疾篤，眾醫並以爲不愈。肅夫人問以遺言，肅云：建平相我踰七十，位至三公，今皆未也，將何慮乎？而肅竟卒。』據此，則肅卒年六十二有明徵矣。從魏甘露二年，逆數至漢興平二年，凡六十二年，則肅生於興平二年也。」是必漢時習俗，以未婚守貞之女，可爲亡夫治沐，然後依託其文詞。亦必漢時議論，以奔喪視斂之事，合於女子從人，然後依託乎古昔。足見貞女之奔喪視斂，漢時久有行之者，不自近日始矣。夫奔喪之時，業已視斂，則送葬之時，必當臨穴。未有始則聽其奔喪，繼則聽其送葬，而終則不聽其合祔者也。其證九也。

　　《世說新語》云：卷六《賢媛門》。「郗嘉賓死，婦兄弟欲迎妹還，終不肯歸，曰：『生縱不得與郗郎同室，死寧不同穴？』」今按：嘉賓係郗超之字。據「欲迎妹還」之語，則此婦必已至郗氏，不在母家。據「不得與郗郎同室」之語，則雖適郗超，尚未成禮。孝標《注》引《郗氏譜》云：「超娶汝南周氏，女名

馬頭。」既謂之娶而又未同室者,當是童養待年之婦也。超卒於東晉太元二年十二月,據《通鑑》卷一百四。年四十二,據《晉書・郗超傳》。其婦周氏當是繼妻。蓋超以寧康三年夏秋之間丁母憂,其時超之父愔猶在,超當服齊衰期服。《晉書・郗愔傳》云:「轉會稽內史,以年老乞骸骨,因居會稽。三子,超最知名。」《郗超傳》云:「母喪去職。服闋,除散騎常侍,不起。以爲臨安太守,加宣威將軍,不拜。年四十二,先愔卒。」《通鑑》云:「寧康三年五月,桓沖以謝安素有重望,欲以揚州讓之,自求外出。桓氏族黨皆以爲非計,莫不扼腕固諫,郗超亦深止之,沖皆不聽。」今按:愔晚年在會稽,則超以母喪去職亦必居於會稽。桓沖求外出,超尙進說以止之,則其時必猶在建康。是寧康三年五月以前,超尙未去職。其丁母憂,至早亦必在是年六月以後。《儀禮・喪服》云:「父在爲母。傳曰:何以期也?屈也。至尊在,不敢申其私尊也。」今按:唐高宗時,武后始請父在爲母終三年之服,前乎此者皆循古禮。超爲晉人,其時父在止爲母服齊衰期也。至太元元年秋冬之間,禫服已除。《禮記・雜記》云:「期之喪,十一月而練,十三月而祥,十五月而禫。」鄭《注》云:「此謂父在爲母也。」然必終三年心喪,而後可行嘉禮。《儀禮・喪服傳》云:「父必三年,然後娶,達子之志也。」今按:父必三年然後娶,則子必三年然後娶,更不待言。所謂達子之志者,即終子之心喪也。《日知錄》〔註56〕云:「惟夫二十七月之內,不昏嫁,此所謂心喪,固百世不可改矣。」至太元二年秋冬之間,超之心喪甫畢,不過兩三月而即身亡。意者未丁母憂以前迎婦待年,因居喪而不及成禮歟?抑或既除母服以後迎婦視疾,因身歿而不及成禮歟?二者雖難以臆斷,而其爲童養未婚之婦,固可以推測而知也。然則童養守貞者,生異室而死同穴,有明徵矣。朱氏彝尊《書戴貞女事》云:「《詩》言之矣,『穀則異室,死則同穴』,以言未同牢而食者也。」今按:朱氏引《詩》,係屬斷章取義。然與郗超婦所言正合,可以證不同室而同穴之義。蓋生既不肯歸於母家,死亦必不肯葬於母黨。未有既不歸葬於母黨,又不祔葬於夫墓者也。其證十也。

《列女貞順傳》載衛夫人之事,云:《列女傳》原文,「夫人」上有「宣」字。顧氏廣圻《列女傳考證》云:「按:宣夫人乃《孽嬖傳》所謂衛宣公姜,此『宣』字誤。考《史記世家》衛兄弟代立者作戴夫人爲近之,但未敢專輒。又王伯厚《詩考》及《後序》所引,亦俱作『宣』也。」今按:「宣」字有誤,誠如顧氏之說。然考《左氏閔二年傳》云:「十二月,立戴公以廬於曹。齊侯使公子無虧歸公乘馬,祭服五稱。歸夫人魚軒,重錦三十兩。」《正義》云:「此年之末,文公即位,計戴公爲君不過十數日耳。」據此,則戴公即位之時,本有夫人。在位十數日而薨,不得有再娶於齊之事。況《鄘風・蝃蝀・序》云:「衛文公能以道化其民。

〔註56〕見卷五《三年之喪》。

淫奔之恥，國人不齒也。」則文公閨門之內，克修禮義，可知《列女傳》所言「弟立請願同庖」，斷非文公之事。《史記》敘列國世及之次序，頗有牴牾。意者衛君兄弟代立，非由篡奪者，不止於戴公、文公，而《世家》誤以兄弟爲父子，亦未可知，惜無明文可據。又按：胡氏承珙《閩貞集序》引《列女傳》，作「衛寡夫人」。今考《周易‧說卦傳》爲「寡發」，《集解》從，虞本「寡」作「宣」。《經義述聞》云：「隸書『寡』字或作『𡧕』，與『宣』字相似而誤。」疑胡氏改「宣」爲「寡」，即係此意。《列女貞順傳》有魯寡陶嬰、梁寡高行、陳寡孝婦，則作衛寡夫人者，亦屬可通。然究無確證，今姑闕疑以俟考。「夫人，齊侯之女也。嫁於衛，至城門，而衛君死。保母曰：『可以還矣。』女不聽，遂入，持三年之喪。畢，弟立請曰：『衛，小國也，不容二庖。請願同庖。』終不聽。衛君使人愬於齊兄弟，齊兄弟皆欲與君，使人告女，女終不聽，乃作詩曰：『我心匪石，不可轉也。我心匪席，不可卷也。』君子美其貞壹，故舉而列之於《詩》也。」焦氏循《貞女辨》引此傳而申之，云：「此即未婚夫死不嫁者也。劉向爲《魯詩》學，經之所傳，漢儒之所重，可知也。」胡氏承珙《閩貞集序》亦引此傳而申之，云：「此蓋《魯詩》之說，雖與毛異，亦必有所受之。夫共姜誠節婦，而衛夫人猶然貞女也。然而兩《柏舟》，聖人並取之者，亦可以見其無殊義矣。」今按：劉子政世傳《魯詩》之學，王氏應麟《漢書藝文志考證》云：「蓋《魯詩》出於浮丘伯。劉向爲楚王交之孫，交亦受《詩》於浮丘伯，劉向之學《魯詩》之流也。」而亦兼述《韓詩》。《經義述聞》云：「《列女傳‧貞順傳》：『蔡人妻傷夫有惡疾，而作《芣苢》。』與《文選‧辨命論‧注》所引《韓詩》合。《賢明傳》：『周南大夫妻』云云，與《後漢書‧周磐傳‧注》所引《韓詩章句》合。《貞順傳》：『召南申女』云云，與《韓詩外傳》合。然則向所述者，乃《韓詩》也。」《列女傳》以《邶風‧柏舟》爲衛夫人作，用《韓詩》之說。王氏應麟《詩考》云：「《韓詩‧柏舟》，衛宣姜自誓所作。」自注云：「李迨仲云：『魯詩與韓詩或異或同，均未可定。』」王氏應麟《詩考後序》云：「劉向《列女傳》：『衛宣夫人作《邶‧柏舟》。』楚元王受《詩》於浮丘伯向乃元王之孫，所述蓋《魯詩》也。」丁儉卿先生《詩考補遺》云：「厚齋既著《魯詩源流》，而荀卿、劉向引《詩》不編入《魯詩》者，良以經師授受間有改移，不敢爲意必之說，蓋其愼也。」而其爲經師相傳古義，足證周時未婚守志之貞女，已得列於聖經，則固無可疑也。《禮記‧雜記》云：「夫人不命於天子，自魯昭公始也。」則魯昭公以前，諸侯之夫人皆受命於天子可知。衛夫人未婚而服三年之喪，終其身守貞不貳，存既受夫人之爵命，薨必用夫人之葬儀。生既不與新君同庖，歿必仍與舊君同穴。《列女傳‧頌》云：「後君欲同，女終不渾。作詩譏刺，卒守死君。」蓋夫人終與舊君合葬也。後世未婚守志之女，得請

誥命勅命以封贈者，實昉於此。未有膺命婦之秩，而不祔命夫之墓者也。其證十一也。

《續漢書·百官志》云：「三老掌教化。凡有孝子順孫貞女義婦，皆扁表其門，以興善行。」焦氏循《貞女辨》引此，謂「今之旌表貞女，自漢已然」。其考訂甚爲詳審。今更得一確據，可以證明焦氏之說焉。按：漢末陸公紀爲當代名儒，其女鬱生以未婚守貞見獎。蓋公紀雖爲孫權所辟，《三國吳志·陸績傳》云：「字公紀。孫權統事，辟爲奏曹掾。」而其卒時，孫權尚未建國稱吳，故臨歿，仍稱有漢志士。《續傳》云：「豫自知亡日，乃爲辭曰：『有漢志士，吳郡陸績。受命南征，遘疾遇厄。遭命不幸，嗚呼悲隔。』」《傳》但言「年三十二卒」，未記何年。其上文云：「年六歲，於九江見袁術。」術之奔九江，在初平四年。《後漢書·袁術傳》云：「初平四年，術退保雍邱。又將其餘眾奔九江。」《通鑑》云：「初平四年，袁術走九江。揚州刺史陳瑀拒術不納，術退保陰陵。」據此，則術之在九江未踰年也。上溯五年以前，爲中平五年，公紀生之歲也。下推二十六年以後，爲建安二十四年，公紀卒之歲也。《續傳》云：「從今已去，六十年之外，車同軌，書同文，恨不及見也。」今按：晉武帝太康元年滅吳，而天下一統。上溯建安二十四年，凡六十一年，數正相合。《傳》但言「出爲鬱林太守」，亦未記何年。《續漢書·郡國志》，鬱林郡屬交州。以史鑑參互考之，交州之屬孫氏，始於建安十五年。《三國吳志·士燮傳》云：「建安十五年，孫權遣步騭爲交州刺史，燮率兄弟奉承節度。」《步騭傳》云：「建安十五年，出領鄱陽太守。歲中徙交州刺史，士燮兄弟相率供命。南士之賓，自此始也。」《通鑑》云：「建安十五年，孫權以番陽太守臨淮步騭爲交州刺史，由是嶺南始服屬於權。」公紀之出守鬱林，當即始於是歲。《續傳》云：「以直道見憚，出爲鬱林太守，加偏將軍，給兵二千人。」今按：公紀以守鬱林，其加將軍給兵，亦以嶺南爲新附之地故也。其女以建安十七年生於鬱林，故以鬱生爲名。至吳黃武三年，鬱生年甫十三歲。《續傳》注云：「績於鬱林所生女，名曰鬱生。」今按：公紀之守鬱林，始於建安十五年，終於建安二十四年，首尾十載。必知鬱生以建安十七年生者，由黃武三年上溯十二年前，正建安十七年也。嫁於張白，未及廟見成婚，而白因其兄溫被誣連坐，兩弟遂遷死於遠郡。《續傳》注云：「適張溫弟白。《姚信集》有表稱之曰：『臣竊見故鬱林太守陸績女子鬱，生年始十三，適同郡張白。侍廟三月，婦禮未及，白遭罹家禍，遷死異郡。』」今按：《張溫傳》云：「二弟，祗、白，亦有才名，與溫俱廢。」《通鑑》敘張溫廢斥之事，在魏黃初五年，即吳黃武三年也。鬱生立志守貞，與白之姊妹同處，備嘗困阨苦節，以終其身。姚信表云：「鬱生抗聲昭節，義形於色，冠蓋交橫，誓而弗許。奉白姊妹嶮巇之中，蹈履水火，志懷霜雪。義心固於金石，體信貫於神明。」今按：《張溫傳》

注引《文士傳》云：「溫姊妹三人，皆有節行。爲溫事，已嫁者皆見錄奪。其中妹先適顧承，官以許嫁丁氏，成婚有日，遂飲藥而死。吳朝嘉歎，鄉人圖畫，爲之讚頌云。」與此表所言，可以互證。其族姊之子姚太常，《三國吳志·陸遜傳》云：「隨從祖廬江太守康在官。遜年長於康子績數歲。」是遜乃公紀之族子，鬱生之族兄也。《傳》又云：「遜上疏陳太子正統，既不聽許，而遜外生顧譚、顧承、姚信，並以親附太子，枉見流徙。」是信之母亦係陸氏，乃公紀之姪女，鬱生之族姊也。《孫和傳》云：「寶鼎二年十二月，遣守丞相孟仁、太常姚信等，東迎神於明陵。」上表於吳主，援貞女表閭之例，請褒爲義姑。姚信表云：「淑婦貞女，表跡家閭。蓋所以闡崇化業，廣殖清風。乞蒙聖朝，斟酌前訓。褒鬱生以義姑之號，以屬兩髦之節。」其身後雖無合葬明文，然表稱其「送終以禮，邦士慕則」，蓋張白卒於遠方，家人迎喪以歸，鬱生葬送如禮，故爲邦人所稱也。其存時既受義姑之旌，則歿後必祔張氏之冢，此亦事理之所宜然者矣。況公紀與虞仲翔、龐士元爲友，所學能通貫群經，《續傳》云：「博學多識，無不該覽。虞翻舊齒名盛，龐統荊州名士，年亦差長，皆與績友善。又意在儒雅，作《渾天圖》，注《易》釋《玄〔註57〕》，皆傳於世。幼敦詩書，長玩《禮》、《易》。」其先世以孝悌德行相承，《續傳》云：「父康，漢末爲廬江太守。」《注》引謝承《後漢書》云：「康少惇孝悌。」《後漢書·陸康傳》云：「祖父續在《獨行傳》。父褒有志操。康以義烈稱。少子績幼年曾謁袁術，懷橘墮地者也。」故鬱生雖少孤失怙，而深知節義。公紀卒於建安二十四年，鬱生年甫八歲。姚信表云：「少履貞特之行，幼立匪石之節。」不可謂非經訓禮教所陶淑也。姚太常師事范子安，學有淵源，尤深於《易》理。《晉書·儒林傳》云：「范平，字子安。研覽墳素，遍該百氏。姚信、賀邵之徒，皆從受業。」《隋書·經籍志》經部易類有《姚信注》十卷，子部名家類有姚信《士緯新書》十卷，集部別集類有《姚信集》二卷《錄》一卷。孫氏堂《輯姚信周易注序》云：「今其全書雖逸，然觀其解《明夷》『右槃』之義，述伏義得河圖之說，及引《詩》之『盱日』釋『盱豫』，信乎其能穿貫群書。」其闡揚從母之貞烈，亦所以維持公義，而非僅以稱頌私親，宜其文之卓然可傳也。夫鬱生守貞，當蜀漢初年，吳黃武三年即蜀漢建興二年。去東漢未遠足證。《續漢志》表門之貞女，必指未婚守志無疑。然則後世貞女請旌法制，實沿襲乎漢代。《六韜》卷一云：「旌別淑慝，表其門閭。」王氏鳴盛《尚書後案》以爲《僞古文·畢命》「旌別淑慝，表厥宅里」二語，即本於此。今按：《六韜》上文云：「帝堯王天下之時」，則旌表之典，唐虞時已行之矣。《列女賢明傳》云：「宋公聞之，表其閭，號曰女宗。」即旌表婦女之制。特貞女之旌表，至漢代始可考耳。其門閭既能旌表，則邱隴亦得崇封。未有荷褒顯於門閭，而禁合祔於邱隴者也。其證十二也。

〔註57〕玄，原作「元」

　　合十二證以觀，則未婚守志死而合葬者，實古禮之所有，聖賢之所許，非若嫁殤之宜禁，其疑可以決矣。李氏兆洛《跋守貞記》云：「子嘗讀《柏舟》之詩，以爲此必女未嫁而矢志以從者。不曰『君子』，不曰『良人』，不曰『予美』，而曰『我儀』、『我特』者，不敢指言，忸怩之詞也。『母也天只，不諒人只』，假使已嫁而父母奪之，詎不能援禮自固，據經力爭乎？而惟宛轉求諒也。」今按：《鄘風·柏舟》爲世子共伯之婦共姜守節而作，自來皆無異說，與《邶風·柏舟》舊說指爲貞女者不同。且「我儀」、「我特」係夫婦匹偶之詞，較諸「君子」、「良人」、「予美」尤爲親切。李氏指爲貞女，特揣測之詞，今不援以爲證。乃世之議未婚守志者，多謂誓不再適者其節太高，不免偏執而過乎中。殁後合葬者，其意近厚，不免矯枉而失其正。不知節有太高而過乎中者，一物不具，一禮不備，夫家迎女，迫以訟獄而不從，是其事也。《列女貞順傳》云：「召南申女者，既許嫁於酆，夫家禮不備而欲迎之，遂不肯往。夫家訟之理，致之於獄，女終以一物不具，一禮不備，守節持義，必死不往，而作詩曰：『雖速我獄，室家不足。雖速我訟，亦不汝從。』」今按：《周禮·大司徒》云：「以荒政十有二，聚萬民，十曰多昏。」《注》云：「荒，凶年也。多昏，不備禮而娶，昏者多也。」《衛風·有狐》，《序》云：「古者，凶荒則殺禮而多昏。」《召南·野有死麕》，《傳》云：「凶荒則殺禮，猶有以將之。」是物不具，禮不備者，本可以隨時變通。申女所執者太高，而過乎中矣。若未婚守志誓不再適者，節高而非偏執，不得謂之過乎中矣。意有近厚而失其正者，聘妻之男無恙，許嫁之女早亡，夫家迎柩葬於先塋而待祔，是其事也。胡氏培翬《研六室文鈔·周禮嫁殤說》云：「或問曰：世有許字未嫁而死，而夫家迎柩而葬之者，非歟？」若未婚守志，死後合葬者，意厚而非矯枉，不得謂之失其正矣。太高而過中者，君子未嘗不嘉而傳之。《列女貞順傳》云：「君子以爲得婦道之儀，故舉而揚之，傳而法之，以絕無禮之求，防淫欲之行焉。」況不過於中者乎？近厚而失正者，君子未嘗不矜而容之，胡氏培翬《周禮嫁殤說》云：「《禮》，『女子許嫁纚』，示有所繫屬。既嫁而後，夫親脫其纚，則女許字即屬於夫。其生時已有夫婦之道矣，未可以嫁殤比。女許字未嫁，而夫家迎而葬之，是與未婚守志同爲風俗之厚。雖過禮從之，可也。」況不失其正者乎？古人議昏，大都不欲過早，故行聘與迎娶，相隔不得過遙。焦氏循《貞女辨》云：「古之貞女少，今之貞女多，何也？古男女議昏晚，聘與娶一時事，故如衛宣夫人者偶也。今人齠齔議昏，或遲五年，或遲十年，甚至二三十年聘，與娶縣隔甚遠，其中死亡疾病自不能免。」而聘幣既行，即無可移易。或偶有不幸，遭父母舅姑之喪，止可如《歸妹》之「愆期」，不得更思改聘。萬氏斯大《禮記偶箋》解《曾子問》「婚禮既納弊〔註58〕，有吉日」一節云：「其葬而致

〔註58〕弊，當作「幣」。

命，謂雖已葬而喪未除。需除喪卜吉之意，原非使之別嫁他人也。其弗敢嫁，弗敢從前吉遣嫁，以俟其除喪，原非欲嫁他人而不敢也。」考《士昏禮》，宗子父母沒，則已命人迎而不親往，故有不親迎之禮。此云『壻弗取』者，不親迎也。『而後嫁之』，即嫁此壻也。《內則》篇云：『女子二十而嫁。有故，二十三年而嫁。』所謂『有故』，即有父母之喪也。『二十三年而嫁』，即嫁十五許嫁之夫也。豈適他人乎？要之，免喪之後，捨已定之婚配，而別求他偶，即六禮豈能遽行？歲月更須有待，所謂嘉禮之時，恐因之而更矢矣。且前此納采、問名、納吉、納徵、請期，皆其父主之，告於禰廟而行之，亦既慎重其事矣。一旦無故而絕之，此豈近於人情乎？盧氏文弨《白虎通校語》云：「『壻不娶』者，哀未忘，不即圖娶也。『而後嫁之』，即嫁於壻之既已納幣者。」今按：萬、盧二說小異，然皆謂遭喪之家，但愆期而不改聘，可謂深明經義者矣。或更有不幸，膺未婚斬衰之服，果欲從恒德之貞一，亦當自誓靡它。《易·恒》卦六五爻詞云：「恒其德，貞。婦人吉。」《象》曰：「婦人貞吉，從一而終也。」今按：《王制》云：「道路，男子由右，婦人由左。」《內則》云：「道路，男子由右，女子由左。」《大戴禮·本命》篇云：「男子謂之丈夫，女子謂之婦人。」《經義述聞》據此以釋《屯》卦之「女子貞不字」，謂「婦人亦稱女子」。然則婦人、女子對文則異，散文則通。婦人從一而終，猶言女了從一而終。未婚與已婚皆在其內，無論貞婦、貞女，均以從一爲主。《繫辭傳》云：「貞夫一者也」，即守貞從一之義也。但人情不齊，可善導而不可強抑。故先王制禮，非不望既嫁者悉守節，未婚者悉守貞，而其勢有所不能。是以既嫁夫亡者，三年喪終除服，聽其再適人。此先王不得已而立此法也。汪氏中《述學·與劍潭書》云：「孟子曰：『鰥寡孤獨，天下之窮民而無告者。』而夫死妻穉子幼，無大功之親，於是有同居、不同居繼父之服，豈非人道之窮？雖聖人亦不能事爲之制歟。」未婚夫亡者，三月葬後除服，聽其再受聘，亦先王不得已而定此制也。勞氏史《餘山遺書·論未昏守節》〔註59〕云：「夫《曾子問》中所云，特勢有所不可強，且酌於理而無甚害，姑求其當可而爲，此不得已之論。此正聖賢處世，參贊裁成之至意也。而可不曲爲體會乎？」再適人者不許其封贈，而再受聘者許其封贈，此論人貴寬不肯深求耳。非謂再受聘者爲古禮所有，而不再受聘者反爲古禮所無也。焦氏循《自書貞女辨後》云：「惜乎熙甫尚牽於前說，不肯自任其咎。一則曰賢智者之過，聖人所不禁；一則曰雖不要於禮，亦君子所樂道。嗚呼！此而過，此而非禮。將夫死即嫁者，轉得爲禮也哉？」再適人者，爲後適之夫守節，不許其請旌；而再受聘者，爲後聘之夫守節，許其請旌。此成人之美，無須責備耳。非謂再受聘者爲聖賢所許，而不再受聘者反爲聖賢所非也。胡氏承珙《駁

〔註59〕劉咸炘《清文科》稱：「勞餘山《論未昏守節》。義最完足。」（《推十書》壬癸合輯第 3 冊，上海科學技術文獻出版社 2009 年版，第 954 頁）

室女不宜守志議》云：「先王之制禮也，不強人以甚難，亦不禁人以獨遂。其所言者，皆人之所能行。其所不言而苟有艱苦刻厲以自遂其志者，雖聖人復起，猶將許之。必以先王所未言者即爲非禮，此所謂好議論，不樂成人之美，豈非與於不仁之甚者哉？」然則壹與之醮，終身不改，此節婦所守之志，固恒情所難能也。《禮記・郊特牲》云：「壹與之齊，終身不改，故夫死不嫁。」鄭《注》云：「齊謂共牢而食，同尊卑也。」齊或爲醮。《經義述聞》云：「《列女傳・賢明傳》，宋鮑女宗曰：『婦人一醮不改，夫死不嫁。』《貞順傳》：蔡人之妻曰：『壹與之醮，終身不改。』息君夫人曰：『終不以身更貳醮。』義皆本此。是古本正作醮。」一受其聘，終身不二，此貞女所守之志，尤薄俗所罕見也。《明史稿・項貞女傳》云：「昔賢以一劍許人，猶不忍負，況身乎？」《林貞女傳》云：「予名氏、歲月飾而檜之以歸陳，忍自昧哉？」蓋不事二夫，誠爲烈女；而不聘二夫，尤爲女之至烈者矣。若因再受聘者爲禮所不禁，遂謂不再受聘者爲禮所禁，則再醮者亦禮所不禁，又可謂不再醮者爲禮所禁歟？胡氏承珙《駁室女不宜守志議》云：「室女有受聘而夫死，守其志不改適者，今之議者乃以接夫爲重，謂袵席未連而居夫之室，事夫之父母爲無恥。將必改適而接他人之袵席，然後爲有恥乎？」試思既嫁夫亡，不待三年喪終而再適人者，既干不義之條，《唐律》，居夫喪而嫁者，謂之不義，在十惡之列。今律同。則未婚夫亡，不待三月葬後而再受聘者，亦在不義之列。特斬衰弔服之禮，後世不能通行，故未葬受聘之刑，近代未曾議及。然出乎禮，即入乎刑。《後漢書・陳寵傳》云：「禮之所去，刑之所取。失禮則入刑，相爲表裏者也。」服制與刑律，相爲表裏。《禮記・服問》云：「」罪多而刑五喪多而服五上附下附列也。鄭《注》云：「列，等比也。」古禮有既葬除服之儀，安見無未葬釋服之禁乎？沈氏欽韓《左傳補注》云：「《御覽》六百四十《董仲舒決獄》曰：『甲夫死未葬，法無許嫁，以私爲人妻，當棄市。按漢律，夫喪未葬而嫁爲不道。夏姬將適巫臣，故詭求襄老之屍。』」今按：未婚夫死，不待其葬而遽釋服受聘，雖視已嫁者情節較輕，難比傅於不道之律。然其身蹈不義，亦禮教之罪人，在古律自當有禁也。奈何議禮者，不援據古禮以禁不義，獨附會古禮以禁守貞？即有調停其間者，亦止謂未婚守貞者足以激厲頑懦，在古時宜禁，而在今日宜旌。信如其言，則是後代教化簡略，風俗澆漓，而守貞者尙爲俗吏所欽，蚩氓所重；上世教化修明，風俗淳厚，而守貞者顧爲聖王所棄，賢哲所譏也。何怪是今非古者，動輒謂古禮難用於今時哉？又何怪不學無術者，動輒謂經學無補於治術哉？此義不明，吾恐繼今以往，且有移《周禮》嫁殤之禁，施諸未婚守志之女者。而旌表貞女之事，甚至欲沮格不行。勞氏史《餘山遺書》云：「建州張仲嘉謂：『未婚遭故而女守節者，一切不必旌獎。』果如其議，則是前人本恕以待世，今人反因之刻以繩人。

不能善會聖人處世之苦心微意，而反掩人之大節，甚可惜也。」彼流俗之朝死夕忘者，轉得藉斯言爲口實，於世道之污降升降，大有所繫也。是不可以不辨〔註60〕。

〔註60〕　對於未婚守志，亦有反對者，如毛奇齡《西河集》卷一百二十四《禁室女守志殉死文》，俞正爕在其《癸巳類稿》卷十三《貞女說》、《節婦說》等。